Anthony Norvell

Wie man seine Wünsche und Träume erfolgreich verwirklicht

Verlag DAS BESONDERE · D-8137 Berg am Starnberger See

META-PHYSICS: NEW DIMENSIONS OF THE MIND
by Anthony Norvell
Original English language edition published by
PARKER PUBLISHING CO., INC.
Copyright © 1971 by PARKER PUBLISHING CO., INC.

Aus dem Amerikanischen übertragen und bearbeitet von Cornelia Menzel
Copyright © der deutschen Ausgabe Verlag DAS BESONDERE, 1983
Alle Rechte, auch die des auszugsweisen Nachdrucks, der Übersetzung und
jeglicher Wiedergabe vorbehalten.
Printed in West-Germany
ISBN 3-8138-0015-6
Gesamtherstellung: Franz Spiegel Buch GmbH, Ulm

**Bisher sind von Anthony Norvell folgende
Werke in unserem Verlag erschienen:**

Stand 1. 11. 1983

- Wie man seine Wünsche und Träume erfolgreich verwirklicht
- Sei erfolgreich und wohlhabend —
  Die Macht des kosmischen Magnetismus

Inhalt

Einführung

Im Lauf der Zeiten hat es immer wieder bedeutende Persönlichkeiten gegeben, die durch die Macht ihres höheren Geistes scheinbare Wunder vollbringen konnten. Diese Männer und Frauen bedienten sich einer kosmischen Kraft, die jedem verfügbar ist, der gelernt hat, die Kraft seines eigenen Geistes zu konzentrieren.

Es gibt erstaunliche Wunder, wie Schwerkranke heilen; Blinde sehend machen; Gelähmten und Krüppeln den Gebrauch ihrer Glieder zu ermöglichen, doch sind das nicht die einzigen Wunder, mit denen wir uns in diesen metaphysischen Studien befassen werden.

Es gibt auch die kleinen Alltagswunder, die Sie vielleicht sofort zu praktizieren beginnen, und die sich auf Ihre Gesundheit, Ihre Arbeit, auf höheres Einkommen, Glück in Liebe und Ehe oder auf Heilung von Disharmonie und Depressionen beziehen, und durch die Sie inneren Frieden und innere Sicherheit gewinnen.

In unserem gemeinsamen Studium werden Sie erfahren, daß auch Sie Wunder tun können; daß Sie den geistigen Zauberstab des Glaubens schwingen und aus der Substanz Ihrer Gedanken und inneren Träume die konkreten Dinge erschaffen können, die Sie sich für Ihr Leben wünschen.

Sie können die Kraft des höheren, kosmischen Bewußtseins erschließen und herrliche Werke schaffen, gleichwertig denen der großen Geister der Vergangenheit, die diese wunderbare Kraft gebrauchten. Beethoven hat durch dieses höhere innere Bewußtsein herrliche Musik geschaffen, obwohl er taub war; Edison sind mit Hilfe des kosmischen Bewußtseins mehr als 300 Erfindungen – von der Filmkamera bis zur elektrischen Birne – gelungen, die unser heutiges Leben bereichern. Er bediente sich der Kraft, die wir gemeinsam studieren werden, und es gibt keinen Grund, warum Sie durch dieselbe metaphysische Kraft nicht ebenfalls Großes vollbringen sollten.

Abraham Lincoln hat wahre Wunder vollbracht; obwohl er ein Opfer wurde wie später Gandhi und John F. Kennedy, hat er seiner von Kampf und Zwietracht geplagten Nation Einigkeit und Größe gegeben.

J.P. Morgan war Finanzier und Industrieller, aber er bediente sich der metaphysischen Wunderkraft, die wir gemeinsam erforschen werden, um eines der größten Finanzreiche aller Zeiten aufzubauen. Diese Wunderkraft ist heute keineswegs tot; sie wird noch immer angewandt, um Reichtum zu manifestieren, der nicht nur denen nützt, die ihn erworben haben, sondern mit den von ihnen gestifteten öffentlichen Bibliotheken, Forschungszentren und Schenkungen an Kunstgalerien und Museen praktisch der ganzen Menschheit dienen.

Die Wunder von Lourdes sind allgemein bekannt, und ich habe in der heiligen Grotte gestanden und die fortgeworfenen Krücken, Bandagen und die Rollstühle gesehen, die die Kranken zurückließen, nachdem sie ihr Wunder erfahren und sich gesund auf den Heimweg begeben hatten, geheilt von einer wunderbaren Kraft, die ihnen geholfen hatte, bei anderen indes scheinbar nicht wirken konnte.

Die sensationellen Wunder, die der große Heiler Jesus vollbrachte, und jene, die wir an Stätten wie Lourdes beobachten können, sind jedoch nicht die einzigen Zeichen der Existenz dieser Kraft, die auch gewöhnlichen Sterblichen verfügbar ist; es gibt in unserem Zeitalter genügend Beweise, daß diese Kraft noch immer lebendig ist und genutzt werden kann, um das Leben von Millionen noch nicht geborener Menschen zu retten. Jonas E. Salk bediente sich dieser höheren Wunderkraft, um sein Serum gegen spinale Kinderlähmung zu entwickeln; Alexander Fleming fand durch diesen erhabenen intuitiven Geist das Penicillin; Madame und Monsieur Curie entdeckten durch Hören auf die innere kosmische Stimme, von der sie sich führen ließen, das Radium; und Louis Pasteur war ohne Zweifel ein schier einmaliger Wunderwirker durch die Beobachtung, die ihn veranlaßte, Impfstoffe zur Behandlung und Verhütung von Krankheiten einzusetzen. Die Wunder, die Buddha und Jesus durch Anwendung der Metaphysik vollbrachten, waren in der Tat ungeheuerlich; sie schienen die natürlichen Gesetze unserer Welt aufzuheben und ein höheres, dynamisches geistiges Gesetz, das Wunder wirkt, in den mentalen Brennpunkt zu stellen. Doch diese Kraft war mit ihnen nicht erschöpft; diese Wunderkraft ist noch immer lebendig und kann von jedem Menschen erschlossen werden, der nur einige Stunden darauf verwendet, die geistigen Prinzipien und Gesetze zu studieren, die in diesem Buch erklärt werden.

DAS ZEITALTER
DER MODERNEN WUNDER

Wir leben heute wie nie zuvor in einer Zeit moderner Wunder. Jesus wandelte über den See, doch der moderne Mensch gleitet nicht nur über die Oberfläche des Wassers, sondern vermag in seinen atomgetriebenen U-Booten Hunderte von Meilen unter der Oberfläche zurückzulegen und ohne aufzutauchen um die Welt zu schwimmen.

Durch das Wunder der Ätherwellen kann der Mensch seine Stimme sowie Bilder und Klänge Tausende von Meilen durch Zeit und Raum übertragen. Die Erfindungen von Rundfunk, Fernsehen, Cinerama und Telstar beweisen, daß wir mitten in einem weiten, kosmischen Meer von Intelligenz leben, das auf unsere dynamischen Gedankenströme reagiert und uns erstaunliche Wunder und Töne bewußt macht, die wir hundert Jahre zuvor noch nicht aufzunehmen imstande waren.

Das elektrische Teleskop ist ein Wunder des 20. Jahrhunderts, das die unsichtbare Welt enthüllt, die in einer anderen Dimension von Raum und Zeit existiert. Durch das Wunder der außersinnlichen Wahrnehmung kann der Mensch eine weitere Dimension mentaler und geistiger Kraft entdecken, innerhalb der er mystische Türen zu Geheimnissen der Vergangenheit und Zukunft öffnen kann. Der höhere, kosmische Geist in Ihnen ist stärker als das elektronische Teleskop, denn dieser höhere Geist war es, der jenes elektronische Wunder erfand!

Wie steht es mit Wundern moderner Autos, Eisenbahnen, Düsenflugzeugen, der Atomkraft, der superschnellen Autobahnen, der chemischen und technischen Erfindungen, die uns neue Produkte wie Plastik und Nylon und tausend andere Werkstoffe bescherten in diesem Zeitalter voller Wunder, mit denen kein anderes der Geschichte je gesegnet war?

Wahrlich, wir leben in einer Zeit der Wunder!

Laßt uns nun miteinander erforschen, wie auch Sie diese wunderbare Kraft der Metaphysik erschließen und in Ihren Geist lenken können, damit Sie ebenfalls Wunder wirken und für sich und Ihre Angehörigen das Schicksal formen können, das Sie sich wünschen.

Sechsundzwanzig Gründe, warum dieses Buch Ihr Leben völlig verändern kann

Zum erstenmal in den 25 Jahren meiner Lehr- und Vortragstätigkeit an der weltbekannten Carnegie Hall in New York veröffentliche ich die Ergebnisse meiner Studien uralten Wissens aus Indien, China, Tibet und der Philosophen aus Griechenlands Goldenem Zeitalter in einem einzigen, leichtverständlichen Buch, das es dem Leser ermöglicht, sein persönliches Leben positiv zu ändern.

Die Anwendung Ihrer metaphysischen Wunderkraft wird folgendes für Sie bewirken:

1. *Sie werden in Ihrem persönlichen Leben Wunder vollbringen können*, ebenso, wie es der Meister-Metaphysiker Jesus, der Buddha, Konfuzius und andere große Philosophen und Lehrmeister der Vergangenheit vermochten. Es gibt viele unterschiedliche Formen des Wunders, von der Heilung des kranken Körpers bis zur Heilung geistiger und seelischer Störungen, sozialer Krankheiten und der Heilung finanzieller Schwierigkeiten, der Heilung von Trübsinn, Unzufriedenheit, Angst und Sorge.

2. *Sie werden lernen, Ihr Denken von materieller Begrenzung zu befreien* und sich in das inspirierende und erhabene Reich der geistigen Dimensionen des Lebens zu erheben. Hier haben alle großen Persönlichkeiten der Geschichte ihre göttliche Inspiration und die intuitive Führung im Erreichen ihrer hohen Ziele empfangen.

3. *Sie werden zum erstenmal entdecken, daß Sie eine wunderwirkende Kraft in sich haben*, die Sie für jedes Unternehmen einsetzen können. Diese Wunderkraft, die Persönlichkeiten wie Columbus, Newton, da Vinci, Michelangelo, Lincoln, Edison, Pasteur und Burbank lenkte, steht Ihnen zur Verfügung, sobald Sie gelernt haben,

sich ihrer zu bedienen. Sind Sie erst auf die geistige Wellenlänge innerer Größe eingestimmt, die dieses Buch erklärt, werden Sie den Verlauf Ihres persönlichen Lebens verändern, wie diese Genies den Verlauf der Geschichte für die ganze Menschheit verändert haben.

4. *Sie werden Schritt um Schritt zur Entfaltung Ihrer geistigen und seelischen Gaben geführt.* Indem Sie die drei Seelen unseres Bewußtseins zu entfalten lernen, werden Sie sich zu einer außerordentlichen Persönlichkeit entwickeln. Die meisten Menschen leben eindimensional und erfahren nie die reine Freude eines erweiterten, kosmischen Bewußtseins, das jenen aufgeht, die die vier Dimensionen des Lebens entdecken, wie diese Buch sie erklärt und beschreibt.

5. *Sie werden die verborgenen Schätze des Universums zu erschließen lernen, die Ihnen unerschöpflichen Reichtum und Erfolg bringen können.* Welche metaphysischen Geheimnisse besaßen Leute wie Rockefeller, Morgan, Baruch, Vanderbilt und Astor? Wodurch konnten sie Hunderte von Millionen gewinnen? Dieses Buch wird Ihnen zeigen, wie Sie sich einer Kraft bedienen können, die allen materiellen Reichtümern zugrundeliegt. Die metaphysische Lampe Aladins wird in Ihre Hand gegeben. Wie Sie diese ungeheuere Macht gebrauchen, liegt bei Ihnen!

6. *Sie werden erfahren, auf welche Weise die großen Mystiker des fernen Ostens die verborgenen Kräfte des Lebens buchstäblich zu kommandieren und Ihrem Willen gefügig zu machen vermochten.* Wünschen Sie, andere Menschen zu ihrem Besten zu leiten? Möchten Sie Macht über die unberechenbaren Kräfte der Natur besitzen? Möchten Sie anderen ein Gefühl von Überlegenheit und Anziehungskraft vermitteln? Das dynamische Prinzip allgemeiner Herrschaft und Kontrolle wird in diesem Buch ausführlich erklärt. Es ist bisher noch nie veröffentlicht worden!

7. *Dieses Buch enthüllt Gottes Geheimnisse der Schöpfung;* es erklärt, wie Sie dasselbe göttliche Prinzip der Kreativität anwenden können, das Sie veranlassen wird, ein Bild und Gleichnis dessen zu schaffen, was Sie in Ihrem Bewußtsein festhalten. Sie können die schöpferische Idee, die Sie im Sinn haben, mit Tatkraft erfüllen und ihr exaktes Gegenstück in der äußeren Welt hervorbringen.

8. *Sie werden das metaphysische Hirnprojektionsprinzip kennenlernen,* das Ihnen zeigt, wie Sie Ihre innersten Träume und Sehnsüchte projizieren und sie in der Realität erscheinen sehen können. Durch dieses Prinzip allein können Sie schon zu einem schöpferischen Giganten werden.

9. *Möchten Sie Ihre Persönlichkeit positiv verändern?* Ihre äußere Erscheinung verbessern? Ihren Körper mit Kraft, Jugend und Vitalität erfüllen? Dieses Buch offenbart ein metaphysisches Prinzip aus Tibet und China, das als die mondverbindenden und sonnenverbindenden Übungen bekannt ist. Allein durch dieses Grundprinzip haben Menschen scheinbare Wunder einer völligen Lebensumgestaltung bewirkt.

10. *Lernen Sie den Spiegelkreis Ihres Geistes kennen; wie er als gigantisches Teleskop oder Mikroskop dienen* und Ihr Bewußtsein so erweitern kann, daß es das gesamte Universum erfaßt. So wie der Mensch seinen Gesichtskreis erweitert hat, um den Weltraum zu erobern, können Sie mit Hilfe des metaphysischen Spiegelkreiskonzepts den Horizont Ihres Lebens erweitern und neue Perspektiven einfügen, die Ihnen zusätzlich Freude, Erfolg und Befriedigung bringen.

11. *Bedauern Sie, jede Nacht acht Stunden an den Schlaf zu verlieren? Erfahren Sie in diesem Buch, wie Sie in dieser Zeit phantastische Reisen in die Dimensionen der Vergangenheit, Gegenwart oder Zukunft unternehmen* und in Ihrem Astralleib Geheimnisse anderer Planeten, anderer Zeiten, anderer Völker und Kulturen erleben können. Was wir als Träume bezeichnen, kann gesteuert und in fruchtbare Gebiete metaphysischer Forschung gelenkt werden, die reiche Ernte einbringen. Stärken Sie Ihr Gedächtnis, lernen Sie Fremdsprachen, entdecken Sie neue Welten durch diese Traumprojektionsmethode.

12. *Lernen Sie, wie man die Alltagswunder vollbringt,* Probleme zu lösen, mit anderen in Harmonie zu leben und die Freunde und Gefährten anzuziehen, die Sie sich wünschen

13. *Lernen Sie das geheimnisvolle Land Shangri-la zu betreten, in dem Sie einen Zustand geistiger Erhebung erreichen können,* der Sie für

äußere Schmerzen und Beschwerden unerreichbar macht. Welche wunderbare Kraft besitzen die Mystiker Indiens, die ihnen ermöglicht, auf einem Nagelbett zu liegen oder über glühende Kohlen zu schreiten, ohne Schmerz zu fühlen oder verletzt zu werden?

14. *Lernen Sie John D. Rockefeller Senior's „Randvoll-mit-Geld-gestopfte-Taschen-Theorie"*, die völlig auf Metaphysik beruht. Sie brauchen nie wieder im Leben Mangel zu leiden, wenn Sie diese außergewöhnliche Technik beherrschen.

15. *Entdecken Sie die Kunst der Prämonstration und Demonstration, durch die Sie Bedingungen und Dinge, die Sie im geistigen Mittelpunkt Ihres Wesens halten, objektivieren können.* Augenblickliche Wunder sind möglich für den, der diese Methode kennt.

16. *Erschließen Sie Ihre höheren geistigen und prophetischen Begabungen und lernen Sie die Kunst des Vorhersehens* oder Vorhersagens der Zukunft. Woher weiß die Biene, wie eine sechseckige Wabe zu bauen ist? Welche innere Intelligenz sagt der Raupe, daß sie sich einspinnen muß, um ein Schmetterling zu werden? Diese göttliche Intuition ist in Ihnen, entdecken Sie, wie Sie diese erhabene Kraft einsetzen können.

17. *Entdecken Sie, wie Sie mittels der geistigen Kräfte des Glaubens und Betens die wunderbare Heilkraft des göttlichen Geistes anwenden können.* Die Methode, der sich der Meisterarzt Jesus bei seinen verblüffenden Heilwundern bediente, ist heute bekannt und kann von Menschen, die die Macht des göttlichen Geistes anzurufen wissen, angewandt werden.

18. *Erfahren Sie, wie Sie Geld, Arbeit, Dinge, Personen und Umstände, die Sie in Ihrem Leben wünschen, anziehen können.* Das dynamische Gesetz des mentalen und geistigen Magnetismus bewirkt Wunder im Leben jener, die sich seiner zu bedienen wissen.

19. *Lernen Sie, geistiges Saatgeld zu pflanzen und Reichtum und Fülle zu ernten.* Das Gesetz des Zehntengebens, von den Mystikern des Fernen Ostens offenbart, bewirkt Wunder für alle, die mehr Geld und Erfolg demonstrieren möchten.

20. *Entdecken und gebrauchen Sie die zehn mentalen und geistigen Gesetze, die moderne Wunder für Sie bewirken können.* Diese

dynamischen Gesetze basieren auf uraltem Wissen, das bis in die Zeit der Pharaonen zurückgeht. Die Kunst der Transmutation, das Geheimnis der Transfiguration, das Wunder der Utilisation – alle diese dynamischen Kräfte können Ihnen helfen, moderne Wunder zu vollbringen.

21. *Das grenzenlose Reich des Kosmos wird erforscht in diesem Buch, das Ihnen zeigt, wie Sie sich seelisch und geistig auf die Genies der Zeitalter einstimmen können.* Sie können ihre gewaltigen mentalen und physischen Leistungen nachvollziehen und erstaunliche kosmische Kräfte gewinnen. Michelangelo, Marco Polo, Columbus, Edison, Plato, Sokrates und Burbank, alle großen Gestalten der Geschichte besaßen das Kosmische Bewußtsein. Lernen Sie sich auf unermeßliche mentale und geistige Kraft einzustimmen.

22. *Es wird Ihnen erklärt, wie Sie Ihre sechs Grundgefühle von der größten Kraft des Universums durchströmen lassen können.* Durch diese Gefühle werden Sie lernen, wie man Inspiration, dynamische Energie und schöpferische Talente und Begabungen gewinnt, die Sie wahrhaft in Entzücken und Staunen versetzen werden. Die größten Werke in der Welt wurden durch das geistige Feuer geschaffen, das der erhabenen Empfindung der Liebe entströmt. Lernen Sie, sich dieser dynamischen Kraft zu bedienen.

23. *Studieren und gebrauchen Sie die fundamentalen geistigen Gesetze, die von allen bedeutenden Mystikern, Lehrern und Propheten angewandt wurden.* Wer diese Prinzipien voll verstanden hat, kann sein Leben meistern und in Heilung, Demonstration und Leistungen Wunder vollbringen, die gewöhnlichen Sterblichen unmöglich sind.

24. *Lernen und üben Sie die 15 Methoden, die metaphysische Wunderkraft Ihres höheren Bewußtseins für Reichtum und Erfolg einzusetzen.* Ein einziger Entschluß brachte einem Mann eine Million; Sie können dieses Prinzip in Ihrem Leben vervielfältigen.

25. *Studieren Sie die ZEHN GOLDENEN SCHLÜSSEL, die Ihnen die Tür zu den tiefsten Mysterien des Lebens öffnen können.* Erfahren Sie, wie die Natur diejenigen mit ihrer Fülle überschüttet, die mit ihren dynamischen Gesetzen im Einklang sind. Unvorstellbarer Reichtum liegt bereit für alle, die dieses Geheimnis kennen.

26. *Bewirken Sie das Wunder vitaler Gesundheit und eines langen Lebens, indem Sie sich der dynamischen solaren und atomaren Kräfte des Universums bedienen.* Es heißt, manche Menschen im Himalaja seien 200 Jahre alt; was ist das Geheimnis ihres langen Lebens und ihrer Vitalität? Erschließen Sie die Kraft Ihres höheren Bewußtseins, das Ihnen die unschätzbaren Geheimnisse der Langlebigkeit, Energie und Verjüngung durch dynamisches, vitales Atmen, richtige Ernährung und geistige Übungen offenbaren kann.

1. Kapitel

Die metaphysische Erfolgskraft in Ihnen

Es *gibt* eine wunderbare Kraft im Universum, die der Mensch erschließen und in seinem Leben für jeden Zweck einsetzen kann. Diese Kraft durchströmt die gesamte Schöpfung; sie schafft und erhält alles, was lebt. Sie ist eine kosmische Intelligenz, die bestimmten dynamischen mentalen und geistigen Gesetzen untersteht. Wenn Sie einmal gelernt haben, diese Kraft zu erkennen und sie mittels Ihres höheren Geistes zu lenken, können Sie buchstäblich Wunder bewirken. Manche nennen diese Kraft Gott; andere bezeichnen sie als kosmischen oder göttlichen Geist. Für welchen Namen sie sich auch entscheiden, bestehen bleibt die Tatsache, daß der Mensch diese machtvolle schöpferische Intelligenz niemals wirklich zu begreifen vermag, aber er kann sich ihrer bedienen, um tagtägliche Wunder von Gesundheit, Fülle, Zuneigung, Glück und innerem Frieden zu vollbringen.

Das Wunder im Ei

Als ich zehn Jahre alt war, ging ich mit meinen Pflegeeltern in die Kirche und hörte den Pfarrer über Wunder predigen. Ich verstand nicht so recht, wovon er sprach. Als wir heimkamen, nahm mich mein Pflegevater bei der Hand und führte mich vor den Brutapparat, in dem einige Eier lagen. Während wir durch die gläserne Tür schauten, sah ich gerade, wie der erste winzige Schnabel eine Eierschale von innen aufzupicken begann. Mein Vater sagte: „Siehst du, mein Junge, das ist ein Wunder; so etwas hat der Pfarrer in seiner Predigt gemeint."

Erstaunt und verwirrt blickte ich zu ihm auf und sagte: „Für mich ist das Wunder zuerst mal, wie das Küken da reingekommen ist!"

Wahrlich, das Mysterium des Lebens ist ein Wunder an sich, das wohl kein Mensch verstehen kann. Ein voll entwickeltes Küken, das nach 21 Tagen aus seiner Schale herauskommt, ist eines der unergündlichsten Wunder des Lebens, und doch wissen wir, daß es in der Natur so alltäglich und selbstverständlich geschieht, wie nach den Gesetzen der Anziehungskraft und Schwerkraft die Sonne auf- und untergeht oder der Mond um die Erde kreist, während sich die Erde um die Sonne dreht.

Indem der Mensch sich dieses Gesetz des Universums zunutze macht, kann er in seinen Düsenflugzeugen und Raumschiffen fliegen und vielleicht bald den Mond und auch andere Himmelskörper im Weltraum erforschen.

Ja, wir leben in einem Zeitalter der Wunder, und das größte Wunder von allen ist Ihre eigene, geheimnisvolle Geburt, die Erschaffung Ihres vollkommenen Körpers innerhalb von neun kurzen Monaten. Denken Sie an das Wunder Ihrer Augen, die Farbschwingungen aufnehmen, sie Ihrem Hirn anpassen und genau wiedergeben können, was Sie in der Außenwelt sehen. Denken Sie an das Wunder Ihres Gedächtnisses, das im Lauf Ihres Lebens Billionen Eindrücke speichert und jeden einzelnen davon augenblicklich aus der Kartei Ihres Hirns hervorziehen und präsentieren kann. Denken Sie an das Wunder Ihrer akustisch perfekten Ohren, die Tausende von Noten einer Sinfonie aufnehmen und die Instrumente, von denen sie ausgehen, exakt unterscheiden können. Denken Sie an das Wunder Ihres Herzens, das alle paar Augenblicke das Blut durch Ihren Körper pumpt und sogar fortfährt, zu schlagen, während Sie schlafen.

Sie werden eindeutig erkennen, daß eine höhere Intelligenz in Ihnen alle diese Lebensfunktionen automatisch steuert, sogar ohne Ihr Wollen und ohne daß Sie sich darum kümmern. Das zeigt, daß Ihnen eine metaphysische Kraft innewohnt, die Ihrer Herrschaft und Lenkung untersteht. Sie existieren in einem weiten Meer ätherischer Intelligenz, ähnlich wie ein Fisch im Wasser existiert. Wie der Fisch sind Sie sich der Substanz, in der Sie leben, weben und sind, nicht bewußt. Diese Lebenskraft ist eine pulsierende, antreibende dynamische Potenz, die allen Geschöpfen der Erde Leben gibt. Wenn Sie erst gelernt haben, mit dieser Wunderkraft zu arbeiten, können sie Ihr Leben in jeder gewünschten Richtung motivieren und formen und ein Schicksal gestalten, das Gesundheit, Glück und Erfolg beinhaltet.

Der Kunstgriff der Prämonstration

In der Metaphysik gibt es ein dynamisches Gesetz, das besagt: Was Sie zu erlangen wünschen, müssen Sie sich zuerst geistig vorstellen. Ich nenne das in unserem Studium den Kunstgriff der Prämonstration. Sie wünschen sich vielleicht das Entstehen eines Millionen-Dollar-Vermögens und haben das Gefühl, nicht eher zufrieden sein zu können, bis Sie einen derartigen Reichtum erlangt haben. Wenn Sie nicht zuerst den Kunstgriff der Prämonstration anwenden, ist es Ihrem Denken fast unmöglich, sich eine solche Summe bildlich vorzustellen.

Fünf einzelne Schritte sind nötig, um eine Prämonstration zu erreichen:

1. Stellen Sie sich das Objekt, das Sie demonstrieren oder erlangen möchten, deutlich vor.
2. Machen Sie eine „Blaupause" von dem, was Sie gewinnen möchten; das heißt, sehen Sie es in allen Einzelheiten in Ihrer Vorstellung; danach schreiben Sie Ihren Plan exakt auf.
3. Setzen Sie sich still und entspannt hin und fragen Sie den höheren Geist in Ihnen, welche Schritte Sie zur Erlangung des Gewünschten unternehmen sollen.
4. Danach sehen Sie sich im Geist diese Schritte tun, so als würde ein innerer Film in der äußeren Welt auf eine riesige Leinwand projiziert. Das ist Prämonstration: etwas deutlich in der Vorstellung zu sehen, bevor es in der äußeren Welt geschieht.
5. Der Prämonstration folgt die Demonstration; das heißt, das, was Sie in Gedanken geplant haben, wirkt sich in Ihrem Leben aus, als sei es tatsächlich geschehen. Die Demonstration ist der fünfte und letzte Schritt in der Prämonstration.

Laßt uns ein tatsächliches Geschehnis untersuchen, das einer Teilnehmerin an meinen Vorträgen und Kursen in der Carnegie Hall widerfuhr.

Die betreffende Dame, in mittleren Jahren, war es müde, in einer engen Stadtwohnung leben zu müssen. Ihr Mann arbeitete in New York und verdiente gut, aber ein Haus für sich allein im Außenbezirk konnten sich die beiden nicht leisten. Doch sie wünschten es sich mehr als alles in der Welt.

Nachdem die Dame öfter zu meinen Vorträgen gekommen war, hörte sie von dem Kunstgriff der Prämonstration. Sie ging nach Hause und begann zuversichtlich, die oben erklärten fünf Schritte zu unternehmen, um den Traum, der sie und ihren Mann nicht losließ zu verwirklichen.

Es schien für dieses Paar keinen Weg zu geben, sich den Wunsch nach einem eigenen Heim außerhalb der Stadt zu erfüllen. Sie hatten nur ein paar Tausend Dollar gespart; sie hatten keine Kinder, und die Frau arbeitete nicht. Wie sollte sich also ihr Traum realisieren?

Zunächst setzten sie sich zusammen und besprachen, wie sie sich ihr eigenes Zuhause vorstellten. Dann schnitten sie aus Wohnungsmagazinen Fotos aus, die das erwünschte Haus deutlicher zeigten; diese Bilder legten sie in ein großes Album, auf das sie *„Unsere Zukunft"* schrieben. Nachdem sie alle Fotos eingeklebt hatten, arbeiteten sie einen genauen Plan aus, in dem stand, wie Hof und Garten aussehen, wieviele Zimmer das Haus haben und in welcher Gegend es liegen sollte. Danach lasen sie beide jeden Tag diese Beschreibung durch und stellten sich Haus und Grundstück in allen Einzelheiten deutlich vor. Als nächsten Schritt, Nummer 3, setzten sich beide jeden Abend eine halbe Stunde still hin und baten um Führung, was sie unternehmen sollten, um das ersehnte Haus zu demonstrieren. Im vierten Schritt malten sie sich ihre Zukunft in Einzelheiten aus. Sie sahen im Geist Freunde zum Abendessen in ihr Haus kommen, sie sahen sich im Garten arbeiten, und sie stellten sich deutlich vor, wie sie alle möglichen kleinen Dinge erledigten, die es im eigenen Heim zu tun gibt.

Der fünfte Schritt bestand darin, das Leben, das sie in ihrem Haus führen würden, praktisch zu üben. So gewannen sie das Gefühl, ihr Haus bereits gefunden und bezogen zu haben; sie möblierten es in Gedanken; sie machten Schaufensterbummel, erstanden in ihrer Vorstellung alle möglichen Kleinigkeiten für die verschiedenen Zimmer und benahmen sich ganz so, als sei ihr Traum bereits Wirklichkeit.

Dann begann die praktische Suche nach dem Haus. Der höhere Geist in ihnen, den sie um Führung baten, motivierte sie, die Grundstücksangebote in den Tageszeitungen zu verfolgen. Sie fanden nichts, das ihrem Traumhaus entsprach, aber eines Tages hörten sie durch einen Bekannten von einer Witwe, die verkaufen und nach Europa gehen wollte. Unser Paar eilte nach Jersey, um sich den Besitz anzusehen: es war in jeder Einzelheit das Traumhaus, das sie sich ausgemalt hatten! Doch die Besitzerin verlangte 25 000 Dollar in bar! Sie hatten nur 3000 auf der Bank. Im Gespräch mit der Witwe zeigten sie sich aber derart begeistert, und ihr Traum übertrug sich so lebendig, daß die alte Dame ihnen am Ende anbot, sie ohne Bezahlung in das Haus zu lassen, wenn sie die erste Hypothek übernehmen und ihr dann monatlich 250 Dollar zahlen wollten. Das war exakt der Betrag, den sie zur Zeit für ihre Miete entrichteten, und so akzeptierten sie nur zu gern. Mit dem Erwerb des Hauses war eine kleine Dividende verbunden: die Witwe überließ ihnen gegen bare 2000 Dollar ihre Möbel. Sie waren gut und gern ihre Zehntausend wert!

Träume gehen Taten voraus

Mit dem Kunstgriff der Prämonstration wenden wir ein altes metaphysisches Gesetz an, das besagt: Träume gehen Taten voraus. Gottes Traum von seiner Schöpfung muß der Errichtung seines Universums vorausgegangen sein, vom winzigen Atom bis zu den kompliziertesten Konstellationen. Und Ihr geistiger Traum wird zum Entwurf, der aus dem Unbewußten alle Elemente zusammenfügt, die zu seiner Erfüllung führen. Die Wirklichkeit ist nur eine äußere Offenbarung des inneren Traums. Einstein hat in seiner Relativitätstheorie bewiesen, daß mentale Energie in ihr exaktes physisches Äquivalent umkehrbar ist; und daß alle Materie wiederum in ihr unsichtbares Gegenstück zurückverwandelt werden kann. Ein Wolkenkratzer oder eine Brücke, die greifbare Realität scheinen, sind effektiv eine Unzahl vibrierender Atome, zusammengehalten durch ein unsichtbares Gesetz, das wir Schwerkraft nennen. Wenn diese Atome auseinandertreiben oder sich aufspalten, kehren sie in die Erde zurück und verschwinden. Um irgendeine Art von Materie zu formen, benötigt der menschliche Geist eine plastische Vorstellung oder einen Traum, von dem er ausgehen und auf dem er aufbauen kann. Dieser Traum kann jede beliebige Form haben, wie beispielsweise die simple Idee, die dem Menschen kam, als er einen Stein einen Abhang hinabrollen sah und davon zu träumen begann, etwas Schweres mit Hilfe eines Rollkörpers fortzubewegen. Die Wissenschaft bezeichnet das Rad als die größte Erfindung aller Zeiten, denn es wurde zum Ausgangspunkt für den Wagen, das Flugzeug, den Düsenantrieb und sogar unser Raumzeitalter. Nach dem Traum war es für den Menschen verhältnismäßig einfach, ein brauchbares Rad herzustellen, das ihn von Ort zu Ort bringen und ihm das Schleppen schwerer Lasten abnehmen konnte.

Seit unvordenklichen Zeiten träumte der Mensch davon, wie ein Vogel fliegen zu können. Der Traum begann sich zu handfester Realität zu kristallisieren, als der große Künstler Leonardo da Vinci auf seinen Entwurf des ersten Flugzeugs der Welt schrieb: *Dem Menschen werden Flügel wachsen.* Sein Flugapparat konnte nur gleiten, da der Motor noch nicht erfunden war, aber mit dieser ersten Skizze und Konstruktion einer Flugmaschine war ein Flugzeug mit Selbstantrieb bereits auf dem Weg, Wirklichkeit zu werden. Die Gebrüder Wright trugen den Traum einen Schritt weiter, nachdem ein anderer inzwischen einen Motor in die Realität geträumt hatte.

Wie große Männer der Vergangenheit diese Kraft anwandten

Große Persönlichkeiten der Geschichte haben sich dieser metaphysischen Kraft bedient. Sie blickten sich um in der Welt, in der sie lebten, und sahen die vielen Mängel, die zahlreichen Übel, die Krankheiten, die Armut, die Kriege und Katastrophen, die in regelmäßiger Wiederkehr die Menschheit plagten, und sie fragten sich: „Wie kann ich zu einer Besserung der Dinge beitragen?"

Ausgehend von dieser Prämisse wurden sie von ihrem höheren Geist zu Entdeckungen, Erfindungen und Methoden geführt, mit deren Hilfe sie das Los der Menschheit änderten und eine bessere Welt für uns schufen.

Wenn Sie unsere jetzige Welt betrachten, müssen Sie als Tatsache erkennen, daß wir noch immer einen langen Weg vor uns haben, bis wir in das Utopia gelangen, von dem der Mensch träumt. Sehen Sie die Realität, aber lassen Sie sich *nicht blind machen für den höheren Traum*, den alle Menschen anstreben.

Noch nie zuvor in der Geschichte der Menschheit war es für unsere Welt so dringend notwendig wie heute, daß wir die metaphysische Wunderkraft zu gebrauchen lernen. Allein in unserem Land sind mehr als 25 Millionen Menschen in irgendeiner Weise behindert: blind, verkrüppelt, leidend. In 5000 Jahren sogenannter Zivilisation hat der Mensch nur etwa 100 Jahre Frieden gekannt. In der übrigen Zeit war immer irgendwo in der Welt Krieg. Wir haben soziale Aussteiger, Jugendkriminalität, Drogenabhängigkeit und Verbrechertum in hohem Maß.

Es gibt über acht Millionen Alkoholiker; zahlreiche Menschen leben noch immer unter kümmerlichsten Bedingungen, und das in der reichsten Nation der Welt.

Noch immer hungern Millionen Menschen auf unserer Erde, die uns alle reichlich ernähren könnte. Nie zuvor hat es eine Epoche gegeben, in der die Menschheit an einer derart gravierenden seelischen und geistigen Agonie gelitten hätte. Wir müssen eine größere Kraft als Bücherweisheit allein mobilisieren, um dem Menschen zur Verwirklichung seines Traums von Frieden, Reichtum und Glück zu verhelfen, die er so verzweifelt sucht.

Bedenken Sie, welche Wunder die großen Persönlichkeiten der Geschichte vollbrachten, nachdem sie gelernt hatten, die metaphysische Kraft ihres höheren Geistes zu erschließen.

Columbus gebrauchte diese Kraft, als er in seinem Innern nach Führung suchte, um unbekannte Länder zu finden. Die Stimme seines höheren Geistes sagte ihm, daß die Erde keine flache Scheibe sei, wie man damals glaubte, sondern eine Kugel, und sein Traum von der Entdeckung einer neuen Welt erfüllte sich.

Burbank hat pflanzliche Produkte veredelt, indem er seinen höheren inneren Geist gebrauchte. Er konnte das Wachstum verändern und neue Arten züchten, weil er diese metaphysische Kraft praktisch einsetzte.

Michelangelo, der große Maler und Bildhauer, wandte sich um neue Ideen jener Wunderkraft zu, und er schuf die vollkommensten Marmorstatuen, die man je sah. Seine Energie und Schaffenskraft blühten noch in seinen Siebzigern, als ihn der Papst aus dem Ruhestand holte und ihm auftrug, die Sixtinische Kapelle auszugestalten. Diese Wandgemälde wurden als das bedeutendste Kunstwerk bezeichnet, das je von Menschenhand geschaffen wurde.

Pasteur, Edison, Franklin, Einstein, Florence Nightingale, Jeanne d'Arc, Newton, Plato und Marco Polo...alle diese großen Männer und Frauen der Geschichte erfuhren göttliche Führung im Vollbringen ihrer Entdeckungen, Erfindungen und schöpferischen Werke. Niemals hätten sie eine solche Größe erreicht, hätten sie sich nicht jener inneren Wunderkraft zugewandt, die wir gemeinsam erforschen. Sie wurden Genies und entwickelten fast übermenschliche geistige und seelische Kräfte.

Was hast du in deinem Haus?

Beginnen Sie heute, Ihre kleinen Alltagswunder zu wirken. *Warten Sie nicht* auf eine bessere oder günstigere Zeit. Sobald Sie diese Methode studieren, können Sie anfangen, die Wunder zu vollbringen, die Sie sich wünchen und die Ihnen ein besseres Leben bescheren werden. In der Bibel heißt es: „Was hast du in deinem Haus?"

Ein einziger Mann änderte durch Anwendung dieses metaphysischen Prinzips das Geschick des amerikanischen Südens. Ich habe das

Tuskeegee Institute in Alabama besucht, während der große Wissenschaftler und Lehrer George Washington Carver es leitete. Er führte mich durch sein Laboratorium und zeigte mir Dutzende von Produkten, die er aus der gewöhnlichen Erdnuß gewonnen und dadurch die Industrie des Südens völlig revolutioniert hatte. Es gab da Plastik, Dämmplatten, Isolierstoffe, Asbest, Lacke, Farben, Trockenfutter und alle möglichen anderen Erzeugnisse aus Erdnüssen. Dr. Carver suchte die wunderwirkende Kraft, die ihn zur Vervollkommnung und Schaffung aller dieser neuen Erzeugnisse führen konnte, in seinem inneren Geist. Er ging nicht nach New York oder irgendeinem anderen Zentrum, um Reichtum und Macht zu suchen; er machte sich dort, wo er war, daran, das vorhandene Material zu gebrauchen, und der göttliche Geist in ihm führte ihn unfehllbar, die richtigen Schritte zu unternehmen und eine große Aufgabe zum Nutzen der Allgemeinheit zu finden.

Schauen Sie sich heute um, in welcher Umgebung Sie auch leben mögen, und sehen Sie, was Sie tun können, um Ihr Leben zu verbessern oder die Bedingungen Ihrer Umwelt zu ändern. Die Wunderkraft beginnt in dem Augenblick für Sie zu wirken, in dem Sie erkennen, daß Ihrem Geist eine lebendige, dynamische Intelligenz innewohnt.

Der wunderwirkende innere Vater

Der große Meister-Metaphysiker Jesus sprach in bezug auf seine erstaunlichen Wunder von dem „Vater, der in mir wohnt". Jahrhundertelang haben die Menschen darüber gerätselt, was genau er damit gemeint haben könnte. Heute, in unserem wissenschaftlichen Zeitalter, haben wir erkannt, daß jeder Mensch diesen wunderwirkenden Vater in sich hat; es ist das höhere Verstehen, die geistige Intelligenz, die in der gesamten Schöpfung wirkt; es ist die Kraft, die Ihnen das Leben gab; der göttliche Geist, der Sie veranlaßt, zu atmen, der Ihr Blut durch Ihre Venen und Arterien strömen läßt; es ist die Intelligenz in Ihren Zellen, die den Körper aufbaut und wiederherstellt, die die Kranken heilt, die das Kind im Mutterleib heranbildet.

Wie alle großen Kräfte im Universum ist dieser innere Vater unsichtbar und doch ebenso real – nur mächtiger – wie das materielle Universum, das er beherrscht. Dieser erhabene Geist, den manche Gott nennen, ist in der vierdimensionalen Welt, in der die wunderwirkende Kraft wohnt.

Sie können diesen erhabenen, wunderwirkenden Geist durch ein einfaches tägliches Programm, das wir nun gemeinsam studieren werden, hervorrufen. Er kann durch die Macht des Glaubens in diesem Augenblick erreicht werden, um zu tun, was Sie verlangen. In Ihrem Bewußtsein ist wie in dem Märchen von Aladins Lampe ein Zaubergeist, den Sie anrufen können, damit er Ihnen beim Vollbringen der Wunder des täglichen Lebens hilft. Laßt uns nun sehen, wie Sie diesen Zaubergeist Ihres höheren Bewußtseins beschwören, um tägliche Wunder zu wirken.

Das wunderwirkende System

1. Glauben Sie an diese Wunderkraft. Vertrauen Sie darauf, daß diese Kraft Ihres höheren Bewußtseins dasselbe für Sie tun kann, was sie für die Großen der Vergangenheit getan hat. Rufen Sie täglich diese höhere Kraft hervor, indem Sie den neuen Tag mit einem kurzen Gebet beginnen, etwa: „Vater in mir, in aller Bescheidenheit bitte ich dich, meine heutigen Angelegenheiten zu übernehmen. Führe mich, immer das Richtige zu sagen und zu tun. Ich vertraue dem inneren Vater, ich ordne mich jetzt in den göttlichen Kernpunkt allen guten und aufbauenden Wirkens ein und weiß, daß mir nur Gutes geschehen kann. Ich bin jetzt der Kernpunkt göttlicher Aktion, und alles, was ich tue, wird mir von dem höheren göttlichen Bewußtsein in mir eingegeben."

2. Schauen Sie jeden Tag um sich und erkennen Sie bewußt die Wunder, die der innere Vater geschaffen hat, und die bereits ohne Ihr Zutun für Sie arbeiten. Die Lebenskraft durchströmt Sie und gibt Ihnen Gesundheit und Kraft für Ihr Tagewerk. Die Wunderkraft in

34

der Erde hat die Nahrung wachsen lassen, die Sie heute zu sich nehmen: Kaffee kommt aus Brasilien; Zucker aus Rüben oder Zuckerrohr ist vorhanden; die Eier zum Frühstück werden auf einer bereits existierenden Farm gelegt; Fleisch für Ihren Abendbrottisch wird irgendwo gezüchtet; für Ihre Autoreifen wird Gummi produziert; Stahl, Eisen und Kohle wurden zum Gebrauch für Maschinen, Radio, Fernsehen und Film in die Erde gelegt. Alle diese Dinge gibt es, weil die Wunderkraft diese Elemente geschaffen hat, lange bevor Sie geboren wurden. Das Öl, das Ihren Wagen antreibt, Ihnen Wärme im Winter und Kühlung im Sommer bietet, ist vor Billionen Jahren entstanden. Die Wolle für Ihren Mantel wächst längst auf einer weit entfernten Schafherde, die Baumwolle für Hemden, Kleider und ähnliches sprießt jetzt auf einer entlegenen Plantage. Verdeutlichen Sie sich diese Wunderkraft des göttlichen Geistes, die im Universum wirkt und in diesem Augenblick für Ihr persönliches Wohl tätig ist.

3. Setzen Sie sich täglich mindestens eine halbe Stunde lang ruhig hin und konzentrieren Sie sich auf die Macht dieses höheren Geistes in Ihnen. Bitten Sie diese Macht um vollkommene Gesundheit. Wenn Sie krank sind, vertrauen Sie dieser Macht: machen Sie sich bewußt, daß jeden Tag Millionen Menschen wunderbare Heilungen erfahren, und daß dieselbe Kraft auch in Ihnen zu wirken vermag. Wenn Sie sich in den Finger schneiden, welche Kraft in Ihrem Körper läßt die Wunde heilen? Diese Kraft läßt neue Haut wachsen, sie schickt die weißen Blutkörperchen zu der verletzten Stelle, um die eindringenden Bakterien zu vernichten, und läßt dort neue Zellen wachsen. Wenn ein Knochen gebrochen ist, trägt diese wundervolle Kraft sofort Kalzium und andere Stoffe an den betreffenden Ort, baut den Knochen wieder auf und macht ihn sogar an der Bruchstelle stärker, als er vorher war.

4. Wenn Sie abends zur Ruhe gehen, sollten Sie in Ihren letzten wachen Minuten Ihrem inneren Geist mitteilen, welche Wunder Sie von ihm während des Schlafs oder für den nächsten Tag erwarten. Sie können dem metaphysischen Geist präzise Vorschläge machen oder eine Bejahung für allgemeines Wohlbefinden sprechen, zum Beispiel:

„Vater in mir, ich gehe jetzt schlafen und vertraue dir, daß du inzwischen meinen Körper heilst und wiederherstellst. Für alles, was ich morgen und in den nächsten Tagen zu tun habe, bitte ich um göttliche Führung. Besonders wünsche ich mir inneren Frieden und Harmonie zu Hause und bei der Arbeit. Ich bitte um Ideen, die mein Einkommen verbessern und meine Zukunft sichern. Ich bitte darum, daß das Wunder der göttlichen Liebe alle Menschen in meiner Umgebung segnet. Ich lege mich zur Ruhe in der Gewißheit, morgen früh erfrischt, gesund und seelisch und geistig verjüngt zu erwachen."

5. Um die Kraft des höheren inneren Geistes zu konzentrieren, machen sie jeden Tag eine Liste der positiven und aufbauenden Dinge, die Sie erfahren möchten. Diese Liste sollte Ihre Arbeitsbedingungen, Ihr Zuhause, Ihr Privatleben, Ihre Talente und Gaben, Ihre pekuniären Angelegenheiten und Ihren Gesundheitszustand umfassen. Haben Sie keine Scheu, den inneren Vater um alles zu bitten, was Sie sich wünschen; bedenken Sie, er hat das Universum und alles darin geschaffen, damit Sie es nützen und genießen. So etwa könnte Ihre Liste aussehen:

A. Ich wünsche mir eine andere Arbeit; führe mich zu einer Stellung, in der (folgt Beschreibung der gewünschten Tätigkeit).

B. Ich möchte zusätzlich 1000 Dollar verdienen, um zu kaufen, was ich mir wünsche: ein neues Fernsehgerät, einen Wagen, eine Klimaanlage (führen Sie alles einzeln auf und stellen Sie sich dabei jeden Gegenstand deutlich vor).

C. Ich wünsche mir ein romantisches Erlebnis und einen Menschen, der alle mir wichtigen Eigenschaften besitzt. (Beschreiben Sie Typ und Eigenschaften der Person, die Sie heiraten möchten.)

D. Ich würde gern reisen, ermögliche mir, nach (zählen sie die Orte und Länder auf, die Sie besuchen möchten).

Eine Dame aus unserer Vortragsgruppe schrieb Reisen auf ihre Wunder-Führungskarte, und alsbald fand sie Arbeit als Maniküre auf einem Ozeandampfer. Auf dieser Fahrt lernte sie einen reichen Witwer kennen, verliebte sich in ihn und heiratete ihn am Ende der Reise. Damit erfüllte sich ein weiterer Wunsch, den sie auf Ihrer Führungskarte vermerkt hatte: einen passenden Gefährten und finanzielle Unabhängigkeit.

Man kann nie wissen, auf welchem Weg das Gute kommt. Wenn Sie die ungeheure Kraft Ihres höheren Bewußtseins freisetzen, werden Sie von allen Seiten Wunder auf sich zukommen sehen; es werden Dinge geschehen, die Sie nie für möglich gehalten hätten. Vertrauen Sie dieser Kraft und zweifeln Sie nie an ihrer geistigen Realität – die Tatsache Ihrer Existenz ist der lebendige Beweis einer wunderwirkenden Macht im Universum, die größer ist als jede andere existente Kraft.

Zusammenfassung

1. Es gibt eine wunderwirkende Kraft im Menschen, die wir in der Metaphysik als göttlichen Geist bezeichnen.
2. Wie der Kunstgriff der Prämonstration für Sie arbeitet.
3. Die fünf Schritte zur Prämonstration, Demonstration, und wie man Dinge in die Existenz träumt.
4. Träume gehen Taten voraus; große Männer der Geschichte, die diese Kraft anwandten.
5. Wie man die wunderwirkende Kraft des göttlichen Geistes erschließt.
6. Das wunderwirkende System für den täglichen Gebrauch.
7. Die fünf Schritte in Ihrer Wunder-Führungskarte.

2. Kapitel

Wie man durch metaphysische Verfügungen Wunder bewirkt

Wir wissen nun, daß die Wunderkraft in uns ist, und daß wir uns mittels eines bestimmten Systems, das wir im ersten Kapitel gelernt haben, ihrer bedienen können.

Laßt uns jetzt sehen, wie man Wunder durch kreative metaphysische Verfügungen erreicht, die wir an den inneren Vater richten, der die von uns gewünschten Wunder vollbringt.

Unsere Hirn- und Körperzellen gleichen winzigen Batterien; unser ganzer Körper ist durch sie atomar und elektrisch aufgeladen. Vor noch nicht allzu langer Zeit hat die Wissenschaft entdeckt, daß bei einem erkrankten Menschen die Hirn- und Körperzellen gewissermaßen kurzgeschlossen sind, so daß sich ihre Ladung von Elektrizität, Magnetismus und Lebenskraft erschöpft. Die wunderwirkende Kraft des göttlichen Geistes in uns hält normalerweise Hirn und Körper gesund. Sie ist auf Gesundheit, nicht auf Krankheit programmiert; nicht auf Tod, sondern auf Leben; nicht auf Armut, sondern auf Reichtum; nicht auf Elend, sondern auf Erfolg; nicht auf Streit, sondern auf Frieden; nicht auf Haß, sondern auf Liebe.

Wenn Sie Wunder von Gesundheit und Erfolg oder Liebesglück bewirken möchten, müssen Sie lernen, zum Ursprung Ihres Lebens zurückzugehen und mit der göttlichen Intelligenz zu arbeiten, die Ihrem Geist und Ihrem Körper eingegeben wurde.

Um diese wunderwirkende kreative Kraft zu konzentrieren, müssen Sie die positiven, heilenden Gefühle durch metaphysische Verfügungen in machtvolle Schwingungen versetzen.

Es werde Licht

Das erste Schöpfungswort in der Bibel lautet: „Es werde Licht."

Durch den Impuls dieser machtvollen Bejahung setzten sich die Atome und Moleküle des unsichtbaren Raums in Bewegung, und die Schöpfung begann.

Licht ist gleich Geist oder Intelligenz. Dunkelheit bedeutet Unwissenhit und steht für die Kräfte des Bösen. Also auch hier wie im gesamten Leben zwei einander entgegengesetzte Polaritäten; die eine repräsentiert die Macht des Guten oder Gottes; die andere die Kraft des Bösen oder, wie fromme Menschen sagen, die Kraft des Teufels.

Und so wie Gott den dynamischen Befehl sprach: „Es werde Licht," so können auch Sie alle schöpferischen Kräfte Ihres Geistes und Körpers durch Anwendung einer ähnlichen Verfügung aufrufen und die wunderbare Kraft beschwören, die Ihr vielleicht negatives, sorgenerfülltes und unglückliches Dasein in ein Leben in Gesundheit, Freude und Erfüllung verwandeln kann.

So wie wir auf Erden Licht und Dunkel haben, so haben wir auch in uns selbst einander entgegengesetzte Bewußtseinszustände, die sich beständig um die Vorherrschaft streiten. Diese Bewußtseinszustände können durch Ihre Worte hervorgerufen werden. Ihre Worte verursachen in Ihrem Gchirn kleine elektrische Aufladungen, die sich auf die Nerven und Muskeln des Körpers übertragen und die Bedingungen bewirken, die Sie durch Ihre Worte bezeichnet haben.

Der große Metaphysiker Jesus sagte: „So ihr in mir bleibet, und meine Worte in euch bleiben, werdet ihr bitten, was ihr wollt, und es wird euch widerfahren (Joh. 15,7)."

Was heißt das? Es bedeutet, daß die schöpferische Intelligenz des göttlichen Geistes in uns durch Anwendung von Worten oder schöpferischen Befehlen erschlossen wird. Positive Worte, Gedanken und Gefühle setzen in Ihrem Körper positive, schöpferische Kräfte frei, während negative Gefühle, Worte und Gedanken zerstörerische Kräfte in Ihren Körper leiten.

Viele moderne Ärzte verbieten bestimmte Worte in Gegenwart des Patienten, weil sie wissen, daß negative Bemerkungen schädlich für den Patienten sind und die Heilkraft des Körpers beeinträchtigen.

Komprimieren Sie Ihre schöpferische Wunderkraft

Jeder Mensch hat eine vage Vorstellung, daß er glücklich sein, daß er einen gesunden Körper und ein erfreuliches, befriedigendes Leben haben möchte, doch die meisten von uns setzen nur gelegentlich durch positive Gedanken und Gefühle soviel schöpferische Kraft frei, daß sie im Leben gerade so durchkommen. Einige gebrauchen unbewußt die richtigen kreativen Behauptungen und erfahren dann erstaunliche Ergebnisse. Die große Masse jedoch ist so in ihre negativen Gedanken, Worte und Empfindungen verstrickt, daß sie gar keinen Weg sieht, die herrlichen dramatischen Resultate zu erreichen, die vollkommene Erfüllung, Glück und Lebensfreude bringen würden.

Um die innere Wunderkraft freizusetzen, müssen wir die schöpferischen Fähigkeiten unseres Denkens und Fühlens komprimieren. Ebenso, wie die Sonnenstrahlen mit Hilfe einer Lupe gebündelt werden können, um ein Stück Papier oder Holz zu entzünden, können auch Ihre schöpferischen mentalen Kräfte durch einen Prozeß der Konzentration gebündelt werden, um buchstäblich die kreative Flamme in Ihnen zu entzünden.

Das Geheimnis der geistigen Kommunikation

So wie der Gebrauch von Worten eine Kommunikation unter Menschen ermöglicht, so gibt es auch eine geistige Verständigungsmöglichkeit zwischen dem menschlichen Bewußtsein und dem göttlichen Geist. Unser Bewußtsein ist der Sitz des Verstandes, der Logik und der Vernunft; die Seele ist der Sitz des höheren, inneren göttlichen Geistes im Menschen; hier findet die geistige Kommunikation statt. Im Gebet erreichen wir durch eine innere Sprache jenen verborgenen geistigen Mittelpunkt der Seele und rufen Gottes Hilfe und Führung hervor.

Die Sprache der Seele ist ebenso real wie die Sprache, die der Mensch gebraucht, um sich mit seinen Mitmenschen zu verständigen. Wenn Sie den inneren göttlichen Geist auffordern möchten, Ihre Wünsche und Träume zu erfüllen, müssen Sie die Methode der geistigen Kommunikation anwenden. Um die dynamische Energie dieses höheren Bewußtseins freizusetzen, ist es unerläßlich, darauf zu achten, daß Sie die richtigen Worte und Formulierungen gebrauchen. Laßt uns in der folgenden Liste jeweils zwei Bewußtseinszustände untersuchen, die einander widersprechen und somit ausschließen.

Leben	Tod
Frieden	Krieg
Reichtum	Armut
Gutes	Böses
Gesundheit	Krankheit
Jugend	Alter
Freude	Trübsal
Schönheit	Häßlichkeit
Liebe	Haß
Vertrauen	Furcht

Wenn Sie durch schöpferische Verfügungen Wunder bewirken möchten, müssen Sie sichergehen, sich dem göttlichen Mittelpunkt mit Worten geistigen Verstehens zu nähern, die die positiven, belebenden und heilenden Eigenschaften des göttlichen Geistes zum Ausdruck bringen. Wenn Sie die Bilder der rechten Spalte beschwören, werden Sie damit mentale und chemische Kräfte freisetzen, die Ihre Energie erschöpfen, Ihre Vitalität verringern und in Ihrem Körper und Ihren äußeren Lebensumständen zerstörerische Bedingungen hervorrufen werden.

Die Wissenschaft bestätigt die Wunderkraft

In unserem forschungsfreudigen Zeitalter bestätigt endlich auch die Wissenschaft die wunderbare Kraft, die der Mensch in seinem Geist, seinem Körper und seiner Seele besitzt.

42

Eine Reihe von Laboratoriumsversuchen mit Schulkindern hat ergeben, daß der Blutzuckerspiegel durch den Willen der Versuchsperson erhöht oder gesenkt werden konnte. Ferner wurden zwei Gruppen von Kindern gleichen Alters und mit gleichem Bildungsweg und Leistungsgrad dieselben Aufgaben gestellt. Den Kindern der Gruppe A wurde erklärt, sie könnten diese Aufgaben ohne Mühe lösen, denn sie seien nicht schwer; und während die Kinder arbeiteten, wurden sie vom Lehrer ermutigt und für ihren Fleiß gelobt.

Den Kindern der Gruppe B wurde gesagt, es handle sich um äußerst komplizierte Aufgaben, deren Lösung ziemlich schwierig sei; außerdem wurden die Kinder durch den Lehrer entmutigt und verunsichert.

Gruppe A hatte weniger Fehler und wurde mit der Arbeit schneller fertig als Gruppe B; das Überraschendste jedoch war das Ergebnis der nachfolgenden Blutuntersuchung. Gruppe A wies einen höheren Blutzuckerspiegel auf als Gruppe B. Dieser zusätzliche Blutzuckergehalt gab dieser Gruppe mehr Energien und half, die Aufgaben schneller und exakter zu erledigen als Gruppe B. Auch zeigte die Blutuntersuchung weniger Zucker und mehr Ermüdungsazide, als man bei der A-Gruppe gefunden hatte. Das war der wissenschaftliche Beweis, daß die kreative Energie von Geist und Körper, die Drüsensekretion und alle anderen Hirn- und Körperfunktionen durch die Worte, Gedanken und Empfindungen, die unser Bewußtsein aufnimmt, drastisch beeinflußt werden.

Wie man positive schöpferische Anordnungen gibt

Der göttliche Geist in uns führt unsere Anordnungen aus. Seine Macht ist gewaltig, denn es ist dieser schöpferische Geist, der ursprünglich Sie und das gesamte Universum erschaffen hat. Sie haben einen göttlichen Funken in sich, der Ihre Existenz begründet hat; genauso wie in dem Küken die schöpferische Kraft wohnt, die das Wunder neuen zukünftigen Lebens durch das Ei ermöglicht. Ihre kreativen Verfügungen erreichen den göttlichen Mittelpunkt Ihres Wesens und setzen die wunderwirkende Kraft frei, mittels der Sie alles zu tun vermögen, was Sie wünschen. Diese Kraft kann Ihren Körper heilen, wenn Sie krank sind; sie kann Sie gesund, stark und jugendlich bewahren, während Sie älter werden; sie kann Sie zu einer für Sie richtigen Arbeit führen; sie kann Ihnen Lieder, Erfindungen, Gedichte, Geschichten und jede Art von schöpferischen Ideen geben, die Sie nur wünschen, und die Ihnen ein Vermögen eintragen können. Alles das und noch mehr vermag dieser göttliche Geist für Sie zu tun, sobald Sie gelernt haben, seine dynamische Kreativität durch schöpferische Verfügungen anzurufen.

Das System, Ihrem höheren Geist schöpferische Befehle zu erteilen: Geben Sie Ihrem höheren Geist jeden Morgen beim Erwachen eine Reihe schöpferischer Anordnungen, in denen Sie sich der belebenden und positiven Worte bedienen, die Sie weiter zurück in der linken Spalte finden. Wenn möglich, sprechen Sie Ihre Verfügungen laut; andernfalls sagen Sie sie in Gedanken zu sich selbst. Sprechen Sie sie mehrmals, um ihre Wirkung zu verstärken. Danach, wann immer Sie im Lauf des Tages mehr Kraft, mehr Energie, mehr intuitive Führung benötigen, wenden Sie die schöpferischen Befehle an, die der jeweiligen Situation entsprechen.

1. *Leben.* Ich bin Leben. Die Lebenskraft durchströmt jetzt meinen Geist und meinen Körper und erfüllt mich mit Vitalität und Energie. Ich atme jetzt tief, und meine Lebenskraft wird gestärkt. Ich bin jung. Ich bin kräftig. Ich begegne jetzt allen Herausforderungen mit Optimismus und neuem Mut. Das göttliche Zentrum meines Wesens weitet sich und gewinnt unter dem Antrieb des göttlichen Geistes an Kraft.

2. *Frieden.* Ich bin jetzt im Zentrum von Frieden, Ausgeglichenheit und Kraft. Streit und Disharmonie verblassen. Ich erfahre die Freude vollkommener Heiterkeit, und wie ein friedvoller See spiegle ich das Blau des Himmels wider; meine ruhige Seele reflektiert jetzt die Freude und das Strahlen des göttlichen Antlitzes, und ich bin in Frieden mit der Welt.

3. *Reichtum.* Ich befehle jetzt den Kräften des Lebens, mir Fülle, Wohlstand und Reichtum zu geben. Ich bitte um göttliche Führung zu

dem für mich richtigen Platz im Leben. Die Schätze des Universums wurden für mich geschaffen, und ich nehme ihre Fülle jetzt an.

4. *Gutes.* Ich bin gut, und daher ziehe ich nur Gutes in meinen Lebensbereich. Da Gott gut ist, bin ich jetzt durch meine täglichen Aktivitäten ein Kanal für den vollkommenen Ausdruck von Gottes Güte. Ich gebe Gutes, und Gutes kommt zu mir zurück. Ich wirke unter dem Gesetz des Guten, und das Böse hat keine Macht, mein Leben zu berühren.

5. *Gesundheit.* Ich fordere die wunderwirkende Kraft meines höheren Geistes auf, meinen Körper von allen negativen Erscheinungen zu heilen, die man als Krankheit bezeichnet. Ich befehle den belebenden Kräften in meinem Geist und Körper, die Arbeit meiner Drüsen zu regulieren und in meinen Organen zu wirken, auf daß ich Gesundheit, Vitalität, Energie und Lebenskraft erfahre.

6. *Jugend.* Ich stärke und belebe jetzt meinen Geist und meinen Körper mit dem Bewußtsein von Jugend. Ich erkenne, daß die Lebenskraft oder göttliche Energie niemals alt, krank oder müde ist; daher kann mein Körper nur die Energie und Begeisterung der Jugend kennen. Ich lebe und bin jetzt im Bewußtsein von Unsterblichkeit und Göttlichkeit; die Seele ist immer jung und im ewigen Bild und Gleichnis Gottes.

7. *Freude.* Ich vibriere vor Freude und Glückseligkeit. Beflügelt von Hoffnung und Optimismus erhebe ich mich in ein neues Bewußtsein, in dem sich alle meine Träume verwirklichen. Ich bin glücklich, und mein Glück überträgt sich auf alle, die mir begegnen.

8. *Schönheit.* Ich bin von dem Idealbild geistiger Schönheit erfüllt, das die Begrenzungen des physischen Selbst überwindet. „Schönheit liegt im Auge des Betrachters", und ich sehe jetzt die Schönheit des Sonnenaufgangs und -untergangs, der Meere und Berge, der blühenden Blumen, des blauen Himmels und all die verborgene Schönheit meines Alltags. Wo ich bin, umgibt mich Schönheit, und ihr schöpferisches Wunder verwandelt jetzt meine Welt in ein Zauberland beständigen Entzückens.

9. *Liebe.* Ich lebe jetzt in dem strahlenden Bewußtsein der Liebe. Auf jeden, der mir begegnet, strahle ich Liebe aus. Dieser leuchtende Strom göttlicher Liebe löst allen Haß und Groll. Ich bin wie ein liebendes, argloses Kind und bringe allen Menschen Vertrauen entgegen, denn ich weiß, daß in der Seele jedes Menschen das göttliche Bild der Liebe wohnt.

10. *Zuversicht.* Ich umgebe mich jetzt mit einer Aura von Zuversicht und Gelassenheit. Ich fürchte nichts mehr im Leben. Ich weiß, der Herr ist mein Hirte, mir wird nichts mangeln. In meinem beruflichen und privaten Leben strahle ich Zuversicht aus. Ich bin in der Gegenwart anderer gelöst und in jeder Situation ruhig und ausgeglichen.

Sprechen Sie das metaphysische Schöpfungswort: Das Wunder geschehe

Wenn Sie erst einmal diese Form der Kommunikation mit dem göttlichen Geist im Kern Ihres Wesens üben, können Sie bald das schöpferische Wort sprechen und das Wunder fast augenblicklich erhalten. Während Sie in der Anwendung dieser kreativen Verfügungen zur Bewirkung von Wundern immer sicherer und stärker werden, wird es Sie überraschen, wie schnell und mühelos sich alle Kräfte der Natur Ihrem Willen beugen.

Ein wahrer Fall: Sie bat um 100 000 Dollar — und bekam sie

Eine Dame, die eine siebzehnjährige Tochter hatte, besuchte etwa ein Jahr lang meine Vorträge und Kurse in der Carnegie Hall. Ihr Mann lebte nicht mehr, und sie hatte hart arbeiten müssen, um ihre Tochter aufzuziehen und ausbilden zu lassen. Das Geld hatte immer nur gerade für das Nötigste gereicht.

Nachdem sie nun den metaphysischen Weg, Wunder zu bewirken, gelernt hatte, bat sie ihren inneren göttlichen Geist kurz entschlossen um 100 000 Dollar! Zwar hatte sie keine Ahnung, wie eine derartige

Summe zu ihr kommen sollte, dafür aber den festen Glauben, daß die innere Kraft ihr dazu verhelfen konnte.

Eines Tages beim Meditieren hatte sie plötzlich die Vision, sie würde das Geld durch den Erwerb eines Totoscheins bekommen. Sie hatte nie in ihrem Leben gespielt und war über die Intensität ihrer Vision äußerst erstaunt.

Sie kaufte ein Los für ein bestimmtes Rennen, und als die Ziehung kam, fiel auf dieses Los einer der höchsten Preise, 144 000 Dollar. Am Tag des Rennens dann hat sie diesen Betrag gewonnen, denn ihr Pferd lief als erstes durchs Ziel. So kam sie zu ihrem erträumten Wohlstand und konnte nun all das tun, was sie sich ihr Leben lang gewünscht hatte.

Ich habe mir in meinem ganzen Leben nie einen Totoschein gekauft und möchte gewiß niemandem raten, durch ein so ungewisses Medium wie das Spiel die Demonstraton eines Vermögens zu versuchen, aber in diesem Fall gab es vielleicht für jene Dame keinen anderen Weg, eine derartige Summe zu demonstrieren, und deshalb konnte der göttliche Geist ihr die intuitive Führung gegeben haben, jenes Billet zu erstehen. Die Kraft wirkt bei verschiedenen Menschen auf verschiedene Weise. In manchen Fällen mag es länger dauern, aber wenn jemand beharrt und ehrlich an die Wunderkraft glaubt, wird sie ihm schließlich das bringen, wovon er träumt.

Die Methode zur Auslösung der Wunderkraft durch schöpferische Worte

1. Konzentrieren Sie Ihre geistige Schöpferkraft, indem Sie Ihre Gedanken positive statt negativer Bilder beschwören lassen. Bedenken Sie, Gedanken sind Dinge; durch ihre inneren Gedanken schaffen Sie die äußeren Umstände Ihres Lebens. Üben Sie sich jeden Tag in positiven Vorstellungen von Gesundheit, Glück, Friede, Wohlstand und Freude.

2. Machen Sie es sich zur Gewohnheit, alle negativen Worte aus Ihrem Vokabular zu entfernen und durch positive Worte zu ersetzen.

Gebrauchen Sie im Gespräch mit anderen ausschließlich schöpferische Formulierungen. Gewöhnen Sie sich an, nur Dinge zu sagen, die eine positive Überzeugung zum Ausdruck bringen, wie: Ich bin gesund. Ich bin glücklich. Ich werde Erfolg haben. Ich werde Geld haben. Ich werde mit meinen Problemen fertig werden.

Henry J. Kaiser, der Hunderte von Millionen schwer ist, zeigte einem Freund, der ihn in seinem Haus auf Hawaii besuchte, ein Lexikon, in dem er überall sorgfältig das Wort „unmöglich" ausgemerzt hatte. Das war eines der Geheimnisse seines Erfolgs: er vermied peinlichst jedes negative Wort und lebte ganz in der positiven Überzeugung, alles erreichen zu können, was er sich wünschte.

3. Üben sie täglich, durch den Gebrauch positiver Worte Ihren inneren Kraftspiegel zu heben, indem Sie immer wieder Worte wie Liebe, Erfolg, Glück, Gutes, Harmonie, Gott, Gelingen, Frieden, Barmherzigkeit, Brüderlichkeit, Vergebung und Glauben aussprechen.

Große Persönlichkeiten der Geschichte haben immer diese Methode angewandt, um durch den Gebrauch magnetisch aufgeladener Worte eine positive Chemie in ihrem Körper zu bewirken, die ihnen half, die schöpferischen Kraftebenen ihres Bewußtseins zu erhöhen. Als Napoleon sich auf seine Krönung vorbereitete, ging er vor einem mannshohen Spiegel auf und ab und wiederholte beständig die Worte: „Ich bin Kaiser Napoleon der Erste."

Von Caruso, dem einmaligen Tenor, erzählt man sich, daß er, während er in der Garderobe auf seinen Auftritt wartete, vor dem großen Spiegel stehend zu singen pflegte: „Ich bin Caruso." Immer wieder sang er diese Worte, die Tonleiter hinauf und hinunter, und prägte so seinem Bewußtsein unauslöschlich seine Größe ein.

4. Während Sie an der Ausbildung Ihres höheren Bewußtseins arbeiten, müssen Sie immer wieder üben, ganz so, wie ein Schauspieler seine Rolle übt. Stellen Sie sich am Morgen, bevor Sie ins Büro gehen, vor den Spiegel und üben Sie mit fester, selbstsicherer Stimme Ihre dynamischen Verfügungen. Sie können dabei Ihre eigenen Bejahungen sprechen oder auch die folgenden gebrauchen: „Ich fordere die Kräfte des Lebens auf, meine Anordnungen auszuführen."

„Ich verlange das Beste, das das Leben zu bieten hat."

„Ich fordere Respekt von jedem, dem ich begegne."

„Ich ersuche die unsichtbaren Quellen um reiche Versorgung mit allem, was ich in meinem Leben brauche."

„Ich habe heute Wichtiges zu erledigen, und ich werde viel erreichen."

„Ich erweitere meine Persönlichkeit durch erhabene Eigenschaften und gewinne Überlegenheit."

Es war ein weiser Mann, der einst gesagt hat: „Wenn du wie Voltaire werden willst, mußt du wie Voltaire denken, handeln und sprechen."

5. Machen Sie es sich zur Gewohnheit, sich selbst und dem göttlichen Geist in Ihnen zu vertrauen. Geben Sie diesem Vertrauen Ausdruck in Wort und Tat. Wenn Sie mehr Erfolg wünschen, benehmen Sie sich wie ein Erfolgsmensch. Möchten Sie Reichtum und Fülle materialisieren, dann fangen Sie heute an, wie eine vermögende Persönlichkeit aufzutreten. Falls Sie nur einen Anzug besitzen, achten Sie peinlichst darauf, daß er jederzeit adrett und sauber ist.

Zusammenfassung

1. Wie Sie die schöpferische Wunderkraft Ihres Geistes konzentrieren.
2. „Es werde Licht;" die kreative metaphysische Verfügung in Aktion.
3. Die widerstreitenden Bewußtseinszustände.
4. Die Bedeutung der richtigen Worte bei kreativen Verfügungen.
5. Wie man die Flamme der inneren Genialität entzündet.
6. Die Sprache der Seele im Bewirken schöpferischer Wunder.
7. Positive und negative Wortschemata.
8. Wissenschaftliche Bestätigung der inneren Wunderkraft.
9. Das System für die Erteilung kreativer Befehle an Ihren Geist.
10. Metaphysik brachte 144 000 Dollar.
11. Das System zur Auslösung von Wunderkraft durch kreative Worte.

3. Kapitel

Neue Dimensionen der Wunderkraft durch metaphysische Vorstellung

In einer Untersuchung von Wundern, die bedeutende Persönlichkeiten der Geschichte vollbracht hatten, entdeckte ich, daß die meisten Ausübenden sich dabei mittels geistigem Vorstellungsvermögen neuer Dimensionen der Wunderkraft bedient hatten. Sie erweiterten ihr Bewußtsein, um neue Konzepte aufzunehmen, die bis dato noch niemand entwickelt hatte.

Was ist Vorstellungsvermögen? Das Lexikon sagt: „Die Tat oder die Kraft, sich von etwas, das nicht gegenwärtig ist, ein geistiges Bild zu machen; die Tat oder die Kraft, durch Kombination vorausgegangener Erfahrungen neue Ideen zu formen." Ein Bild ist der visuelle Eindruck eines Objekts.

In der Metaphysik gebrauchen wir in erster Linie die geistige Vorstellungskraft, um die Erfüllung unserer Wünsche zu erreichen.

Die Bibel spricht erstmals in der Genesis von der geistigen Vorstellungskraft, und zwar in der Schöpfungsgeschichte, wo es heißt: „Lasset uns Menschen machen, ein Bild, das uns gleich sei... Und Gott schuf den Menschen ihm zum Bilde, zum Bilde Gottes schuf er ihn; und schuf sie, einen Mann und ein Weib."

Die Vorstellungskraft ist eine gottgegebene Funktion, durch die wir dieselben Wunder vollbringen können, wie Gott. Diese göttliche Funktion wohnt in der Vorstellung, und der Mensch kann sie anwenden, um das Bild und Gleichnis seiner innersten Gedanken und Wünsche zu erschaffen.

Innere Vorstellung ist eine geistige Tätigkeit

Joubert sagte: „Die Vorstellung ist das Auge der Seele."
Alle großen Dinge wurden durch die Kunst der mentalen Vorstellung geschaffen. Das trifft nicht nur auf unsere materielle Welt der Wolkenkratzer, Brücken, Industriewerke, Jetflugzeuge und Raumsonden zu, es bestätigt sich auch im gedanklichen Bereich.

Einsteins Relativitätstheorie war ein geistiges Konzept. Rockefellers gewaltiges Finanzimperium entstand erst in seinem Geist, bevor es sich in der Außenwelt offenbarte. Das Wunder mentaler und materieller Kreativität, das die weltumspannende Kette der Hilton-Hotels entstehen ließ, nahm zuerst Gestalt an in Conrad Hiltons Geist, ehe es im Äußeren verwirklicht werden konnte.

Als Jesus seine Heilungswunder vollbrachte, Blinde sehend machte, mit einer Handvoll Broten und Fischen eine Menschenmenge speiste, handelte es sich um erstaunliche Auswirkungen mentaler, durch die höheren Dimensionen des Denkens konzentrierter Metaphorik.

Die Konstruktion des ersten Kraftwagens basierte auf einer Erweiterung der imaginären Vorstellung, die seinerzeit den von einem Pferd gezogenen Karren hervorbrachte. Henry Ford vervollkommnete in seiner Vorstellung dieses geistige Bild, gelangte dabei zur Idee des Fließbands, die zum Wunder einer bequemen und verbilligten Transportmethode führte und Amerika auf Räder stellte.

Wie man große geistige Pläne entwickelt

Um sich einen Gegenstand vorzustellen, muß man sich zuerst ein geistiges Konzept machen. Dieses Konzept in die äußere Welt zu projizieren, ist dann ein fast automatischer Vorgang, an dem das Wirken des höheren Geistes, des sympathischen Nervensystems und die Reflexbewegungen der Muskeln und Nerven beteiligt sind.

Sie fragen sich vielleicht, was Sie sich vom Leben wünschen, aber Sie werden es nur dann erreichen, wenn Sie zuerst die exakten geistigen Bilder Ihrer Wünsche vor Augen haben.

Überlegen Sie also genau: „Was will ich vom Leben?" Stellen Sie sich Ihre Wünsche in allen Einzelheiten plastisch vor. Und zwar einschließlich der Dinge, die Sie tun möchten, des Menschen, der sie sein möchten, und aller konkreten und abstrakten Dinge, die Sie haben möchten.

In Ihrem Geist besitzen Sie einen metaphysischen Hirnprojektor, der die mentalen Bilder, die Sie innerlich geformt haben, in die äußere Welt zu projizieren vermag.

Ebenso wie ein Filmprojektor einen Lichtstrahl aussendet, der ein Bild auf eine Leinwand wirft, kann Ihr Hirnprojektor nur ein Bild projizieren, das Ihren Gehirnzellen klar und deutlich aufgeprägt ist. Wenn in Ihrem Denken keine Bilder sind, gibt es auch keine Projektion.

Laßt uns untersuchen, wie das funktioniert. Eine wirkungsvolle Projektion ist nur dann möglich, wenn Sie das geistige Erfolgsbild zuvor Ihrem Bewußtsein aufgeprägt haben. Welches Bild haben Sie sich von Ihrem Erfolg gemacht? Ist es mittelmäßig oder groß? Ist es ein Bild in eigener Sache, oder betrifft es jemand anderen? Stellen Sie sich eine andere Arbeit vor als die, die Sie zur Zeit ausüben, aber nicht besonders mögen?

Ein großes Schicksal verlangt große Pläne. Hier das System, die weitgreifenden Gedankenpläne auszubilden, die Ihren höheren Geist bewegen können, das kreative Schema, das Sie im Sinn haben, in die Realität der äußeren Welt zu projizieren.

1. Setzen Sie sich jeden Tag mindestens eine halbe Stunde ruhig hin und konzentrieren Sie Ihre Gedanken auf die Verwirklichung großer Pläne. Wenn Sie momentan in der Woche hundert Dollar verdienen, erweitern Sie Ihre Vorstellung auf zweihundert Dollar. Sehen Sie sich zunächst deutlich diesen Betrag erhalten; hüten Sie sich, in Ihrer Vorstellung diese Summe zu schnell zu erhöhen: Sie müssen erst wirklich und ehrlich *glauben*, zweihundert pro Woche verdienen zu können, bevor Sie fähig sind, dieses Erfolgsbild in die äußere Welt zu projizieren.

Nachdem Sie ein bis zwei Wochen an dieser geistigen Vorstellung gearbeitet haben, fühlen Sie sich vielleicht bewegt, einen speziellen

Abendkursus zu belegen, einen Kursus, der Sie dann tatsächlich in einen Job projiziert, der Ihnen den höheren Verdienst einträgt.

Beispiel:

Eine etwa fünfzigjährige Frau besuchte über mehrere Wochen meine Kurse in New York. Ihr verstorbener Mann hatte ihr durch eine Versicherung etwas Geld hinterlassen, das jedoch nicht ausreichte, ihre Zukunft zu sichern. In einem persönlichen Gespräch erzählte sie mir, sie habe sich verschiedentlich um Arbeit bemüht, aber niemand wollte — wie sie es ausdrückte — eine „alte Frau" haben. Ich legte ihr dringend nahe, diese geistige Vorstellung von sich selbst sofort zu ändern. Sie hatte sich sichtlich vernachlässigt; ihre Haare waren schmuddelig und von grauen Strähnen durchsetzt. Ich riet ihr, sich darüber klarzuwerden, was sie wirklich mochte und gern tun würde. Sie war mit einem Richter befreundet und ging eines Tages in den Gerichtssaal, um sich eine Verhandlung anzusehen. Dabei beobachtete sie fasziniert die Stenografin, wie sie Wort für Wort in eine Maschine stenotypierte. Sie sprach zu keinem Menschen von ihrem Plan, schrieb sich aber für einen Kursus in Stenotypie ein, und als sie ihn abgeschlossen hatte, konzentrierte sie sich geistig auf das Bild, eines Tages Gerichtsstenotypistin zu sein.

Ein paar Monate darauf erwähnte der ihr befreundete Richter, seine Sekretärin würde in Kürze heiraten, er brauche dringend eine gute Stenografin. Erst jetzt enthüllte sie dem Freund ihr Geheimnis, daß sie inzwischen eine ausgebildete Maschinenstenografin war! Er stellte sie sofort mit einem guten Gehalt ein, und die Frau, die geglaubt hatte, daß sie alt und ihr Leben vorbei sei, begann mit fünfzig eine einträgliche neue Laufbahn, die ihr Ansehen und Selbstsicherheit gab.

Durch den Einsatz der geistigen Vorstellungskraft können wahrhaftig Wunder geschehen!

2. Betrachten Sie Ihr tägliches Leben und sehen Sie, was Sie daran ändern oder verbessern möchten. Fast alle großen Dinge sind vollbracht worden, weil jemand sich umgesehen, dabei dieses und jenes

unzulänglich gefunden hat und sich daran machte, es zu ändern oder zu verbessern. Dabei sollten Sie nicht nur Ihre physische Umgebung, sondern auch Ihre Wünsche, Begabungen und Talente berücksichtigen. Vielleicht möchten Sie klavierspielen oder singen oder öffentlich sprechen. Der Wunsch nach einer Änderung Ihrer Lebensumstände kann sich auf alle nur möglichen Gebiete ausdehnen. Sehen Sie sich im Geist ein Buch schreiben, klavierspielen, eine Reise unternehmen, mehr Geld verdienen, und bald werden Sie von Ihrem inneren göttlichen Geist geführt werden, die Dinge zu tun, die Sie durch bildliche Vorstellung ins Leben gerufen haben.

3. Seien Sie beständig bestrebt, Ihre Kenntnisse von der Welt, in der Sie leben, zu erweitern. Die innere Bildkraft nimmt zu, wenn Ihr Geist über zahlreiche hochentwickelte Aspekte verfügt. Ihre Vorstellungskraft kann nur dann neue und wirksame Formen der Bildsprache sammeln, wenn Ihr Denken zahlreiche Ideen absorbiert hat. Nicht umsonst heißt es: „Wer Fantasie hat, aber kein Wissen, der hat Flügel, aber keine Beine."

Die Vorstellungskraft muß durch Wissen, durch Kenntnisse und solide Tatsachen entwickelt werden. Machen Sie ein Prinzip daraus, alle Wissenszweige wenigstens insoweit zu studieren, daß Sie gut belesen sind und die besseren Dinge des Lebens zu würdigen vermögen. Die Chinesen sagen: „Ein Mensch mit viel Bildung scheint viel Glück zu haben."

4. Üben Sie die Vorkommnisse, die Sie in Ihrem Leben erfahren möchten, damit sich Ihre Vorstellungskraft an sie gewöhnt. Üben Sie beispielsweise laut und *vor dem Spiegel*, Ihren Chef um eine Gehaltszulage zu ersuchen. Üben Sie, jemandem etwas zu verkaufen. Halten Sie eine Rede vor dem Bundestag, in der Sie für eine Sache von allgemeinem Interesse eintreten, wie etwa Frieden oder Brüderlichkeit. Sehen Sie sich einen Cadillac oder ähnlich anspruchsvollen Wagen kaufen und vor Ihren Freunden vergnügt damit angeben. Verfahren Sie ebenso mit dem Kauf eines Hauses, der Investition von Geld an der Börse oder mit einer Reise an einen Ort, von dem Sie träumen. Die Fähigkeit, geistige Bilder zu gestalten, verlangt ebensoviel Übung, wie das Trainieren eines Muskels. Wenn Sie Tag um Tag eine Reihe solcher

Vorstellungsbilder an Ihrem geistigen Auge Revue passieren lassen, werden Sie bald merken, daß Sie diese Eindrücke in Ihrem Alltag reflektieren und genau die Dinge tun, die Sie als geistiges Konzept erworben haben.

5. Setzen Sie sich in Gedanken ein hohes Ziel und lassen Sie sich von ihm beständig inspirieren, immer größere Anstrengungen zu machen, um es zu erreichen. Sie könnten zum Beispiel überlegen, was Sie tun würden, wenn Sie plötzlich eine Million Dollar erbten. Vielleicht finden Sie die Vorstellung, ausgerechnet Sie könnten zu einer solchen Summe kommen, nur lächerlich, aber bedenken Sie, Sie gebrauchen eine metaphysische Kraft, die ihre Wunder für Sie ebenso bewirken kann, wie sie es in der Vergangenheit für Tausende anderer getan hat.

Beispiele

Vier Beispiele von Teilnehmern meiner Kurse, die danach die Kraft mentaler Projekton angewandt und unvermutet erhebliche Geldsummen bekommen haben:

Eine junge Frau erhielt einen beachtlichen Betrag durch eine Versicherung, die ohne ihr Wissen ein Verwandter vor Jahren zu ihren Gunsten abgeschlossen hatte.

Ein Mann bekam eine erhebliche Summe aus Reparationen, die Österreich an Bürger zahlte, die seinerzeit während der Okkupation des Landes durch die Nazis ausgeraubt worden waren.

Eine andere Dame aus unserer Gruppe verkaufte, nachdem sie ihre Vorstellungskraft zu üben gelernt hatte, ihren ersten Roman. Sie erhielt eine beachtliche Vorauszahlung für das Buch und später Tausende von einer Filmgesellschaft, die es ankaufte.

6. Sollte es in Ihrem Leben Einschränkungen und Begrenzungen geben, dann akzeptieren Sie sie nicht. Sehen Sie in Ihrer geistigen Vorstellung diese Bedingungen sich allmählich in die neuen Umstände verwandeln, deren Bild Sie in Ihrem Bewußtsein festhalten. Angenommen, Sie wären ein Schuhputzjunge in Texas und jemand erzählte

Ihnen, eines Tages würden Sie Präsident der Vereinigten Staaten sein, käme Ihnen das vermutlich albern vor. Und doch hat ein Junge namens Lyndon Baines Johnson innerhalb weniger Jahre diesen erstaunlichen Übergang vollzogen. Er gebrauchte die Gesetze der geistigen Vorstellungskraft, um ein großes Vermögen zu erwerben, und selbst wenn er nicht zufällig Präsident geworden wäre, hätte man sein Leben als höchst erfolgreich bezeichnet.

7. Sprechen Sie mit Ihrem höheren Geist genauso, wie Sie zu einem Mitmenschen sprechen würden; erzählen Sie ihm von Ihren Sehnsüchten und Wünschen, und dann sitzen Sie entspannt in der Stille und lassen Sie sich zu den richtigen Schritten führen, die Ihr Geschick erfüllen werden.

Sammy Davis jr. hatte in seiner Jugend so ziemlich mit jeder erdenklichen Beschränkung zu kämpfen, doch er sagte sich immer wieder: „Ich kann es schaffen!" und machte sich ein deutliches Bild von seinem zukünftigen Erfolg, bis er schließlich ein großer und begeistert gefeierter Star wurde.

Ein weiteres Beispiel eines Mannes derselben Hautfarbe, eines Boxers, den die ganze Welt bewunderte, und der das Gesetz der Vorstellungskraft und geistigen Projektion anwandte, ist Cassius Clay. Manche sehen in seinen zuversichtlichen Siegesbehauptungen im Ring nichts als reine Prahlerei, doch es ist eine Tatsache, daß er bis jetzt *jedes sich selbst gegebene Versprechen erfüllt hat.*

8. Vielleicht sieht Ihr Leben im Augenblick nicht so aus, wie Sie es sich für Ihre Zukunft wünschen würden. Sie sind vielleicht in der falschen Welt und können im Augenblick nichts daran machen. Vielleicht haben Sie nicht genug Geld, um zu tun, was Sie sich wünschen, und Sie glauben, daß diese negativen Umstände nun einmal nicht zu ändern sind. Sollten Sie sich von Ihrer Lage deprimieren und entmutigen lassen? Ganz gewiß nicht! Durch Anwendung der metaphysischen Wunderkraft, die Ihr höherer Geist in Ihrem Alltag freisetzen kann, sind Sie bald imstande, diese negativen Bedingungen zu überwinden, umzuwandeln und sich eine positive, glückliche und erfolgreiche Zukunft aufzubauen. Bis dahin betrachten Sie bewußt Ihre gegenwärtige Umgebung durch eine rosarote Brille, während Sie

in Ihrer Vorstellung bereits die Vollkommenheit sehen, von der Sie innerlich träumen.

Ein Kind sah die geistige Wirklichkeit

Ich erinnere mich, einst einen Ort am Pazifik besucht zu haben, der Balboa heißt. Es gab dort an den Straßen, die der Küste folgten, bezaubernde weiße, stuckverzierte Häuser, von deren Dächern purpurne und rote Bougainvillea herabhing. Plötzlich fand ich mich am Ende der Straße, und mein Blick fiel auf eine schäbige Hütte, die aus Kisten und allerlei Gerümpel krumm und schief zusammengezimmert und ganz offensichtlich von niedererem Rang war, als die Villen, die ich eben noch bewundert hatte.

Im Hof des kümmerlichen Häuschens spielte ein kleiner Junge von acht oder zehn Jahren. Es hatte blaue Augen und einen goldblonden Haarschopf. Ich deutete auf das Bauwerk und fragte: „Wohnt jemand in diesem Haus?"

Der Bub schaute mit strahlendem Lächeln zu mir auf und entgegnete: „Ja. Ich wohne hier. Hab ich nicht ein Mordsglück?"

Dieses Kind sah die wahre geistige Wirklichkeit hinter seinem Leben. Nicht die häßliche Bude, die mir aufgefallen war. Der Junge hatte den blauen Pazifik vor seiner Schwelle, die goldene Sonne Kaliforniens badete seine Welt in Schönheit, und er besaß den Weitblick und jugendlichen Geist, der ihm Auftrieb gab. Die kleine Hütte, in der er lebte, war für ihn ein Palast, und er fühlte sich selig, darin zu wohnen.

Das ist die geistige Einstellung, die Sie in Ihrem Leben entwickeln müssen. Sie wohnen vielleicht im Augenblick nicht in der vollkommensten Behausung. Ihr Job mag Ihnen wenig Freude bringen, und möglicherweise haben Sie auch nicht das Geld, das Sie sich wünschen. Aber lassen Sie sich von Ihrer Unzufriedenheit mit der gegenwärtigen Lage nicht blind machen für die metaphysische Wunderkraft, die Ihrem Geist innewohnt und alle diese Bedingungen zu ändern vermag, wenn Sie nur die richtigen Bilder und Konzepte fest in Ihrem Bewußtsein halten.

4. Kapitel

Der Hauptschlüssel, der die Tür zu metaphysischen Wundern öffnet

Es gibt einen Hauptschlüssel, mit dem Sie Türen zu den wunderbaren Geheimnissen des Universums öffnen können. Dieser Schlüssel heißt Wunsch. In der Metaphysik nennen wir den Wunsch das göttliche Gefühl, denn es ist der Universalschlüssel, den der Schöpfer benutzt hat, um die gesamte Welt zu erschaffen. Und als die Schöpfung vollendet war, gab er dieses göttliche Gefühl allem Lebendigen seiner Schöpfung ein, damit es als motivierende Kraft diene, jegliche Kreatur zu schöpferischem Wirken anzuregen.

Der Wunsch, sich aus der Enge seiner Schale zu befreien, ist es, der das Küken drängt, sich ans Licht zu picken. Wäre dieser Wunsch ihm nicht eingeboren, würde es nie den Atem des Lebens kennenlernen.

Es ist Ihr *Wunsch* nach Leben, der die Lebenskraft, von Ihrem Herzen und Ihren Drüsen angetrieben, Ihren Körper durchströmen läßt.

Es ist Ihr Wunsch nach Erfolg, der Sie treibt und motiviert, Mittel und Wege aufzuspüren, um reich und glücklich zu werden.

Es ist der Wunsch nach einem erfreulichen Leben, der die Menschen alle nur möglichen entmutigenden Hindernisse überwinden und sie unbeirrt streben läßt, ihr ersehntes Ziel zu erreichen.

Dieser eine Hauptschlüssel ermöglicht Ihnen, die Türen zu den Mysterien des Universums zu öffnen.

Jesus wußte um diesen Hauptschlüssel. Er sagte: „Bittet, so wird euch gegeben; suchet, so werdet ihr finden; klopfet an, so wird euch aufgetan."

Dieser erhabenen geistigen Formel liegt ein metaphysisches Wunder zugrunde, das es Ihnen ermöglicht, die Türen zu den unsichtbaren Schätzen des Universums aufzuschließen.

Erinnern Sie sich an das Märchen von Ali Baba? Die Tür zu den verborgenen Schätzen öffnete sich erst, nachdem er die Zauberformel gelernt hatte. Als er das magische Wort sprach, sprang die Tür auf, und er fand unermeßlichen Reichtum.

Das magische Wort „bitte"

Laßt uns das magische Gesetz untersuchen, das den Worten *bitten, suchen, anklopfen* zugrunde liegt. Sie können nur um etwas bitten, das Sie zuerst wünschen. Der Wunsch ist der Beginn eines jeglichen Wunders. Sie müssen den Hauptschlüssel *Wunsch* gebrauchen, der die unsichtbaren Kräfte der kosmischen Macht motiviert, durch Ihren persönlichen göttlichen Geist zu wirken. Ihr sterblicher Geist bittet, und der höhere göttliche Geist in Ihnen reagiert und antwortet. Dieser Geist kennt alle Geheimnisse des Universums. Er ist die wunderbare Kraft, die Ihren Körper in neun kurzen Monaten herangebildet hat. Ist es da nicht ganz natürlich, daß Sie sich im Fall einer Erkrankung an den Meisterarzt in Ihnen wenden, der alle Chemikalien und Elemente kennt, mittels derer Ihr Körper erschaffen wurde?

Das Wunder der Heilung durch den Wunsch nach Heilung

Wenn sie ein Heilungswunder wünschen, ist es da nicht logisch, daß der Geist des Herrn, der das Universum erschaffen hat und regiert, auch wissen sollte, wie dieses Wunder zu vollbringen ist?

Denken Sie nur allein an das Wunder Ihres Herzens; jenes kleinen Organs, nicht größer als Ihre Faust, das Tag und Nacht unermüdlich Ihr Blut durch Ihren Körper pumpt, alle Verunreinigungen durch die Nieren treibt und das so durch Sauerstoff gereinigte Blut erneut in Ihre Zellen sendet.

Denken Sie an das Wunder Ihrer Verdauungsvorgänge. Dabei wird jede feste Nahrung verflüssigt, um in einem Prozeß, den wir als Osmose bezeichnen, durch unsere Darmwände aufgenommen und genutzt zu werden. Auf diese Weise kann die benötigte Nahrung allen Bereichen Ihres Körpers zugute kommen.

Doch damit nicht genug. Stellen Sie sich das noch größere Wunder vor, wenn Ihr Körper eine Zelle um ein Partikel Eisen, Magnesium oder Natrium in den Blutkreislauf sendet, und das Blut dieses Element oder Mineral exakt an den Ort bringt, an dem es benötigt wird, sei es in einer Hirnzelle oder in einem Zehennagel.

Es ist der Hauptschlüssel Wunsch, der in Ihrem Körper oder Ihren Hirnzellen dieses herrliche Wunder des Lebens und der Heilung ermöglicht.

Wunsch als dominantes und göttliches Gefühl

Der Wunsch ist ein machtvolles Gefühl in Ihrem Denken. Er vermag magnetische Wellenlängen auszusenden, die sich in Raum und Zeit erstrecken und genau die Dinge anziehen, die für Wachstum und Erfüllung gewünscht werden.

Die vereinzelt in der Wüste vorkommende Kaktuspflanze braucht Feuchtigkeit, um existieren zu können. In ihrem Wunsch nach Wasser treibt sie ihre Wurzeln tief in den heißen Sand, wo sie jedes bißchen Feuchtigkeit aufsaugen, das unter der Oberfläche zu finden ist. Mancher Reisende, der in der Wüste zu verdursten drohte, konnte sich retten, weil er wußte, daß die Blätter der Kaktuspflanze einen Wasservorrat gespeichert haben. Indem er die Blätter aufschnitt und aussaugte, konnte er überleben.

Durch Anwendung des Hauptschlüssels Wunsch ist es Ihnen möglich, magnetische Wellenlängen auszusenden, die alle wesentlichen Komponenten anziehen, die zu einem glücklichen und erfolgreichen Leben notwendig sind.

Laßt uns mehr über diesen Hauptschlüssel lernen, den seit undenklichen Zeiten alle bedeutenden Lehrer und Propheten gebraucht haben, um ihre verblüffenden Wunder hervorzubringen. Solche erhabenen Persönlichkeiten wie Moses, Buddha, Konfuzius und Jesus wurden Meister genannt, weil sie den Hauptschlüssel Wunsch kannten und dadurch ihr Leben in vollkommener Weise gemeistert haben.

„Ihr werdet bitten, was ihr wollt, und es wird euch widerfahren."

Und:

„Alles, was ihr bittet im Gebet, so ihr glaubet, werdet ihr's empfangen."

Das ist der Grund, warum ich in meinen Vorlesungen über Metaphysik den Wunsch als göttliches Gefühl bezeichnet habe. Der Wunsch ist der Hauptschlüssel, der uns ermöglicht, die Wunder zu bewirken, von denen der Meister versprach, daß auch wir sie vollbringen und „größere als diese tun" könnten.

Wenn Sie diese Behauptung buchstäblich glauben, dann sind Sie auf dem Weg, in Ihrem eigenen Leben Wunder zu erreichen, die Sie erstaunen werden.

Was wünschen Sie sich?

Bevor Sie die wunderwirkende Kraft, die Ihrem göttlichen Geist innewohnt, um etwas Bestimmtes bitten können, müssen Sie imstande sein, Ihre Wünsche klar und eindeutig zu formulieren. Man hat die Metaphysik einmal „die Sprache der Seele" genannt. In jeder Form der Kommunikation müssen Worte enthalten sein, die unmißverständliche Bilder von Aktion und Reaktion vermitteln. Um den höheren Geist in Ihrem göttlichen Bewußtsein zu erreichen, ist es nötig, daß Sie Ihre Wünsche unmißverständlich äußern und gedanklich sozusagen eine Blaupause ausarbeiten, die Ihnen hilft, diese Wünsche mittels Ihrer Gefühle zu intensivieren und zu festigen.

1. Wunsch nach einem besseren Leben.
2. Wunsch nach Gesundheit, Jugend und Vitalität.
3. Wunsch nach Erfolg, Erfüllung und Reichtum.
4. Wunsch nach Beglückung.

5. Wunsch nach Freunden und gesellschaftlicher Anerkennung.
6. Wunsch nach Liebe, Ehe, Kindern, Häuslichkeit.
7. Wunsch nach kultureller Leistung.
8. Wunsch nach persönlich angemessener Arbeit und schöpferischem Ausdruck.
9. Wunsch nach geistiger und kosmischer Erfüllung.
10. Wunsch nach hoher Moral und idealistischen Bestrebungen.

Ein ideales, wirklich ausgefülltes Leben sollte die Erfüllung aller zehn der oben angeführten Wünsche aufweisen und in allen Lebensbereichen ihren vollen Ausdruck ermöglichen. Wenn nur eins oder gar mehrere dieser Elemente fehlen, empfindet man das Leben als unbefriedigend und irgendwie nicht vollständig.

Gefühle sind die Bausteine für unsere Wünsche

Bevor wir den Hauptschlüssel Wunsch gebrauchen, um unser künftiges Geschick zu formen, wollen wir die grundlegenden Gefühle untersuchen, jene Bausteine, die der Wunsch benötigt, um unsere Zukunft zu gestalten.

Es gibt positive und negative Gefühle. Die positiven können Ihren Körper und Ihren Geist mit dynamischer Energie aufladen und Sie beim Überwinden der negativen Kräfte, die den positiven beständig entgegentreten, unterstützen.

Positive Gefühle	Negative Gefühle
GLAUBE	HASS
LIEBE	ANGST
HOFFNUNG	BESORGNIS
ERWARTUNG	EIFERSUCHT
BEGEISTERUNG	NEID
VORFREUDE	RACHSUCHT
SELBSTVERTRAUEN	GROLL
NACHSICHT	VERZWEIFLUNG
GÜTE	HABSUCHT
SELBSTLOSIGKEIT	ENTTÄUSCHUNG

Wie Sie Ihren Geist durch positive Gefühle konstruktiv aufladen

Diese zehn positiven Gefühle können Sie einsetzen, um Ihren Geist mit dynamischer Energie aufzuladen und Ihre Körperzellen mit jener Kraft zu erfüllen, die Sie bis ins hohe Alter gesund, vital und jugendlich erhält. Durch die metaphysische Methode und die Anwendung des Hauptschlüssels Wunsch können Sie mit positiven und konstruktiven Gefühlen effektiv ein sinnvolles, nützliches und tatkräftiges Leben von hundert und mehr Jahren erreichen. Von einigen großen Meistern im Himalaja, die dieses erhabene Geheimnis kannten, wußte man, daß sie bis zu zweihundert Jahren gelebt haben. In unseren heutigen Untersuchungen und Studien der Geriatrie, die sich mit den Vorgängen des Alterns befaßt, hat man folgendes herausgefunden: Wenn wir die Gifte und Ermüdungserscheinungen, die von negativen Emotionen verursacht werden, vollkommen vermeiden und Geist und Körper in ausschließlich positiven Empfindungen bewahren könnten, wäre der Mensch imstande, ein schier unglaubliches Alter zu erreichen.

Unser Körper besitzt die Fähigkeit, sich immer wieder vollkommen zu regenerieren, doch dazu benötigt er Elemente und Chemikalien, die den Drüsen entströmen, oder die wir mit unserer Nahrung aufnehmen. Unsere Gedanken und Gefühle bereiten, chemisch gesprochen, den Boden für die Drüsen, wertvolle Chemikalien freizusetzen, die das perfekte Funktionieren des Körpers ermöglichen. Sind die Gefühle jedoch negativ, dann vergiften sie den Körper, ermöglichen Krankheiten und führen zu dem bekannten Prozeß des Alterns.

Wie man ein besseres Leben erlangt

Laßt uns zunächst alle magischen Wunsch-Schlüssel gebrauchen, um die Türen zu dem aufzuschließen, was wir ersehnen.

Jeder Mensch hat das Recht, das Beste von allem zu erfahren, was das Leben zu bieten hat. Doch es gibt keine Garantie, daß Sie es auch erhalten, solange Sie nicht *glauben wollen*, daß ein besseres Leben für Sie möglich ist.

Daran zu glauben, verlangt den Einsatz verschiedener positiver Gefühle. Laßt uns unsere Liste der positiven Gefühle untersuchen und jene auswählen, die Ihnen helfen, Ihren Geist und Körper anzuregen und die Kraft und den Magnetismus freizusetzen, die zu einem besseren Leben unerläßlich sind.

Dieses bessere Leben schließt Sicherheit, seelischen Frieden und die Erfüllung Ihrer intensivsten Träume und Wünsche ein.

Das erste Gefühl, dem sie sich widmen sollten, ist der Glaube, die Nummer eins auf der Liste der positiven Gefühle.

Glaube wirkt buchstäblich Wunder. Der Meister Jesus sagte: „Wer an mich glaubt, der wird die Wunder auch tun, die ich tue, und wird größere als diese tun." (Joh. 14:12)

Das ist eine machtvolle Glaubensbejahung. Wenn Sie buchstäblich an die wunderwirkende Kraft Ihres göttlichen Geistes glauben, ist nichts unerreichbar für Sie. Vielleicht meinen Sie, es gäbe Grenzen, doch das ist nicht der Fall. Sie sagen vielleicht: „Aber wenn ich Präsident der Vereinigten Staaten werden, oder zehn Millionen Dollar haben möchte, das wäre unmöglich. Tatsächlich *glauben Sie nicht*, daß es möglich ist, also haben Sie keinen Glauben.

Das dynamische Gesetz der Erwartung

Das bringt uns zu einem weiteren wichtigen Gefühl zur Erlangung des besseren Lebens, das Sie sich wünschen; es ist die Nummer vier auf unserer Liste: *Erwartung*.

Erwarten Sie mit Bestimmtheit, daß Ihr Leben in Zukunft besser sein wird? Oder verschwenden Sie beständig Zeit und Energie darauf, über Vergangenes zu jammern und sich die Fehler vorzuwerfen, die Sie damals gemacht haben? Ein Mann, dem ich in Kalifornien begegnet bin, verspielte seine Chance, frühzeitig reich zu werden dadurch, daß er seinen Grundbesitz am Wilshire Boulevard praktisch verschenkte. Nach dem Zweiten Weltkrieg verkaufte sich die Liegenschaft für Millionen. Er konnte seinen damaligen Fehler nicht vergessen, beständig redete er davon und machte sich bittere Vorwürfe. Eines Tages riet ich ihm, sich in sicherer Erwartung seines Glücks auf die Zukunft zu konzentrieren. Er begann, seine Einstellung zu ändern, und alsbald entdeckte er im San Fernando Valley einen unerschlossenen Landstrich, auf dem er ein Wohngebiet errichtete, das sich als äußerst lukrativ erwies. Dieselbe mentale Kraft, die er an negative Gefühle verschwendet hatte, trug ihm nach Umwandlung ins Positive ein Vermögen ein.

Welche anderen positiven Gefühle auf dieser Liste könnten noch eingesetzt werden, um zu einem besseren Leben zu führen?

Begeisterung ist ein notwendiger Bestandteil jeder Form des Erfolgs. Selbstvertrauen hat jeder nötig, der in irgendeiner Unternehmung erfolgreich sein möchte. Das Gefühl der Güte ist unerläßlich; der Wunsch, gut zu sein und anderen Gutes zu tun ist eine chemische Kraft in Geist und Körper, die positiv und dynamisch wirkt. Selbstlosigkeit sollte ebenfalls vorhanden sein; der Wunsch, das Gute, das man erfährt, mit anderen zu teilen. Wir sehen also, daß alle diese Emotionen uns helfen, den Hauptschlüssel anzuwenden und unsere mentalen und körperlichen Kräfte zur Verbesserung unseres Lebens einzusetzen.

Der Wunsch nach Gesundheit, Jugendlichkeit und Vitalität

Es gibt kein kostbareres Kleinod in der Welt als Gesundheit. Unser Körper ist auf Gesundheit abgestimmt. Wenn wir krank werden, dann nur deshalb, weil das chemische und geistige Gleichgewicht unseres Körpers gestört worden ist.

Als Gott den menschlichen Körper schuf, bestimmte er ihn, in vollkommener Weise zu funktionieren und sich mittels der Chemikalien, die von den Drüsen freigesetzt oder mit der Nahrung aufgenommen werden, automatisch zu regenerieren. Die Drüsen werden durch unsere Gefühle angeregt, und wenn wir krank werden sollten, können wir den inneren göttlichen Geist bei der Heilung dadurch unterstützen, daß wir unser mentales und emotionales Gleichgewicht bewahren, das die Heilung fördert und herbeiführt. Das bedeutet indes nicht, daß wir uns selbst zu heilen versuchen sollten. Wir müssen erkennen und akzeptieren, daß in der heutigen Zeit Ärzte und Medikamente noch immer eine äußerst wichtige Rolle spielen. Doch auch die Ärzte wissen, daß die richtige geistige und emotionelle Einstellung des Patienten zur Heilung führen kann, wenn alle äußeren Mittel versagen.

Die krankheitsverursachenden Gefühle

Der psychosomatischen Medizin ist heute längst bekannt, daß Krankheiten durch negative Gefühle verursacht sein können.

Eine Frau, eine chronische Schwarzseherin von Natur, hatte Schwierigkeiten in ihrer Ehe und entwickelte heftige Attacken von Heufieber und Asthma. Kein Mittel schien ihr helfen zu können, bis sich in einem Gespräch mit ihrem Arzt herausstellte, daß sie sich beständig um alle möglichen Dinge Sorgen machte; das beeinträchtigte ihre Ehe und führte zu weiteren Komplikationen. Als man ihr die positiven Gefühle Hoffnung, Begeisterung und selbstlose Liebe erklärte und ihr dringend nahelegte, nach ihnen zu leben, wurde sie ein anderer Mensch. Sie überwand ihre Neigung, sich Sorgen zu machen, sie lernte, ihre Eheprobleme aus geistiger Sicht zu betrachten, und nach einem halben Jahr hatte sich ihr Zustand soweit gebessert, daß sie von ihren Symptomen und Beschwerden fast vollkommen frei war.

Ein weiteres Beispiel, das die zerstörende Kraft negativer Gefühle beweist, lieferte ein Mann, der an Geschwüren litt. Diese verschlimmerten sich derart, daß man zu einer Operation riet. Ein Facharzt der psychosomatischen Medizin wurde hinzugezogen. Er befragte den Patienten, während dieser unter einem Fluroskop lag, einem röntgenschirmähnlichen Gerät, das dem Arzt ermöglicht, die inneren Organe des Patienten zu beobachten.

Während der Doktor eine Liste von Worten verlas, wie Haus, Himmel, Wasser, Hund usw., kam er schließlich zu dem Wort Schwiegermutter, und der Magen des Patienten tat einen Satz, als hätte ihn ein Schuß getroffen! Da wußte der Arzt, dieser Mann war krank, weil er Ärger mit seiner Schwiegermutter hatte. Gezielte Rückfragen ergaben, daß hier tatsächlich das Problem lag. Die Mutter der Frau lebte mit dem Paar im selben Haus und mischte sich beständig in die Ehe ein. Kaum war sie ausgezogen da erfuhr der Patient eine Wunderheilung.

Angst, der große Zerstörer

Die Angst ist eines der gefährlichsten und zerstörerischsten Gefühle von allen. Jeder Angstzustand, der Monate oder gar Jahre hindurch fortbesteht, kann fast jede nur bekannte Krankheit hervorrufen, von Herzstörungen und Bluthochdruck über Arthritis bis zur Zuckerkrankheit. An einem warmen Sommerabend ging eine Frau unter einem Baum, und plötzlich fiel ihr ein Laubfrosch in den Ausschnitt. Sie erlitt einen derartigen Schock, daß man ein paar Wochen später bei ihr Zuckerkrankheit feststellte.

Haß ist ein weiteres negatives Gefühl, das die Arbeit der Drüsen und den chemischen Haushalt des Körpers aus dem Gleichgewicht bringt und Krankheiten verursacht. Haß, Sorge, Eifersucht, Neid und Egoismus stehen obenan auf der Liste jeder negativen, zerstörerischen Gefühle, die die Gesundheit des Körpers untergraben und zahlreiche Leiden verursachen.

Damit Ihr Körper gesund und Sie bis ins hohe Alter vital und jugendlich bleiben, kultivieren Sie die folgenden Gefühle auf unserer positiven Liste. Glaube: Glauben Sie fest, daß Ihr höherer Geist, der sie geschaffen hat, genau weiß, wie er Sie unterstützen und in guter Gesundheit bewahren kann. Glaube in Verbindung mit Gebet ist ein unübertroffenes Rezept für die Heilung und Gesunderhaltung unseres Körpers. Die meisten verbürgten Fälle echter geistiger Heilung, von vielen als Wunder bezeichnet, ließen sich auf die Kombination von Glauben und Gebet zurückführen.

Der Meister Jesus wußte um dieses grundlegende geistige Geheimnis und wies in seinen Offenbarungen immer wieder auf die Notwendigkeit hin, Glauben und Beten zu vereinen.

„Alles, was ihr bittet in eurem Gebet, glaubet nur, daß ihr's empfangen werdet, so wird's euch werden." (Mark.11:24)

„Und das Gebet des Glaubens wird dem Kranken helfen, und der Herr wird ihn aufrichten; und so er hat Sünden getan, werden sie ihm vergeben sein." (Jak. 5:15)

Das positive Gefühl Hoffnung ist ebenfalls eine wertvolle Hilfe zur Gesunderhaltung des Körpers. Zusammen mit Erwartung, Vorfreude und Liebe bildet es eine wahrhaft wunderbare Gefühlsgrundlage.

Neues Leben durch positive Gefühle

Ein Mann lag im tiefen Koma; die Ärzte hatten ihn bereits aufgegeben. Er litt an einer ganzen Reihe von Krankheiten, darunter Herzschwäche, Bluthochdruck und Geschwüre. Einer der behandelnden Doktoren beschloß, noch ein Experiment zu versuchen. In einem klaren Moment, als der Patient sich kurz erholte, sprach er ihn an und sagte: „Ihr zehnjähriger Sohn braucht Sie dringend. Wenn Sie jetzt sterben, wie soll er dann das College schaffen und zu einer guten Ausbildung kommen? Sie möchten doch, daß er einmal ein besseres Leben hat als Sie. Um Ihres Sohnes willen müssen Sie am Leben bleiben; wenigstens so lange, bis Sie ihn durchs College gebracht haben.

Der Arzt der diesen Fall berichtete, sagte, der Patient sei danach wieder ins Koma zurückgefallen, doch ganz allmählich ging dieser Zustand in einen tiefen Schlaf über, aus dem er nach wenigen Stunden erwachte. Er wurde gesund und lebte noch mehrere Jahre. Nachdem sein Sohn die Abschlußprüfung bestanden hatte, erkrankte der Mann erneut und starb wenige Monate darauf.

Viele Menschen, die mit 60 oder 65 in Pension gehen und das Gefühl haben, nun nicht mehr gebraucht zu werden, sterben innerhalb der nächsten drei bis sechs Jahre.

Das Gefühl von Erwartung, der Eifer, mit dem man dem nächsten Tag entgegensieht, ist ein wirksames Drüsenstimulanz, das uns viele Jahre am Leben hält. Besonders älteren Menschen sollte man zeigen, wie sehr sie erwünscht sind und gebraucht werden. Das gibt ihnen jenes unschätzbare Gefühl von Daseinsberechtigung, das wir alle dringend nötig haben, um gesund und aktiv zu bleiben.

Die Wunderkraft der Liebe

Eines der wirksamsten positiven Gefühle zur Erhaltung unserer Gesundheit oder auch zur körperlichen Heilung ist Liebe. Die Liebe ist das Gefühl, das die Welt in Gang hält und jede Zelle unseres Hirns und unseres Körpers mit Magnetismus, Elektrizität und Heilkraft versorgt. Bei unglücklichen und in der Liebe frustrierten Menschen wurde beobachtet, daß sie alle möglichen Krankheiten entwickelten. So wie das Gefühl des Hasses zahlreiche körperlichen Leiden hervorzurufen scheint, vermag ganz offensichtlich ein Mangel an Liebe den Körper zu veranlassen, buchstäblich dahinzuwelken und schließlich zu sterben.

Liebe als Gefühl kann nicht nur in Form von romantischer Liebe und Ehe, sondern in zahlreichen Varianten eingesetzt werden, um wahre Wunder für Sie zu bewirken. Zeigen Sie Ihren Freunden und Nachbarn täglich Ihre Liebe durch kleine Gesten, die erkennen lassen, wie sehr Sie sie mögen. Es gibt die Liebe zu unseren Angehörigen, die Liebe für unser Land, die Liebe zur Menschheit und die Liebe zu Gott – alle diese Versionen sind wunderwirkende Kräfte, die Ihr Leben grundlegend beeinflussen und zum Besseren wandeln können. Dieses eine Gefühl der Liebe allein vermag Sie bis ins hohe Alter gesund und lebendig zu erhalten.

Der Wunsch nach Erfolg, Zufriedenheit und Wohlstand

Welche Gefühlsreserven in Geist und Körper sollten Sie mobilisieren, um den dritten Wunsch auf Ihrer Liste zu erfüllen?

Nachdem wir nun gesehen haben, wie wir unsere Wünsche mit unseren Gefühlen vereinen können, um die wunderwirkende Kraft des höheren Geistes freizusetzen, können Sie daran arbeiten, diese Emotionen mit irgendeinem Ihrer Wünsche zu koppeln, um sofortige Ergebnisse zu sehen. Diese Übung sollten Sie täglich ausführen; praktisch können Sie Ihren Tag damit beginnen, ein bestimmtes Gefühl zu wählen, das für die nächsten vierundzwanzig Stunden Ihr Goldener Schlüssel sein wird. Am Montag könnten sie zum Beispiel das positive Gefühl Nr. 1 bestimmen. *Glaube*, und es den ganzen Tag über im Sinn behalten. Am Dienstag entscheiden Sie sich für Nr. 2, *Liebe*, und gebrauchen es als Goldenen Schlüssel zu dynamischem Handeln. Mit jedem Tag der Woche können Sie so verfahren und sogar für ein paar Tage zwei Gefühle miteinander verbinden, bis Sie in der Auslösung des Stroms wunderwirkender Kraft so geübt sind, daß jede Ihrer Lebenslagen von zwingenden, dynamischen Motivationen bestimmt wird.

Ihre Wünsche nach Erfolg, Erfüllung und Reichtum können durch folgende positiven Gefühle motiviert werden: Begeisterung, Selbstvertrauen, Vorfreude, Hoffnung und Glaube. Gleichwohl haben viele Menschen Ruhm, Reichtum und Größe durch das Gefühl der Liebe erreicht. Liebe ist einer der dynamischsten Motivatoren, die es gibt, und wir werden die wunderwirkende Macht dieser göttlichen Emotion in anderen Abschnitten unseres Studiums noch weiter erforschen.

Der Wunsch, glücklich zu sein

Glücklichsein ist in erster Linie ein Bewußtseinszustand. Unser Glück ist in hohem Grad abhängig von den Gefühlen, die wir gewohnheitsmäßig unterhalten. Es gibt Menschen, die sich in fast jeder Umgebung und sogar in äußerst schwierigen Lagen glücklich fühlen, während andere, die Reichtum, Schönheit, Popularität und wer weiß was noch besitzen, todunglücklich sein können. Wir brauchen nur an Filmgrößen wie Marilyn Monroe und Carol Landis oder an verschiedene Millionäre zu denken, die später Selbstmord begangen haben. Ihre Schwierigkeiten waren bedingt durch persönliches Versagen, nicht etwa durch Mangel an Geld, Popularität oder Erfolg.

In einer Erforschung der Empfindungen, die Herz und Seele mit vollkommenem Glück erfüllen, erkennen wir alle zehn der auf unserer positiven Liste angeführten Gefühle als wichtig. Bei sorgfältiger Prüfung werden Sie bemerken, daß jedes Gefühl die Tendenz hat, etwas von seiner Eigenschaft dem Gehirn zu übermitteln, dem es innewohnt, und nachdem Sie diese Gefühle praktiziert haben, wird Ihre innere Einstellung so von ihnen gefärbt sein, als ob Sie eine geistige rosa Brille trügen.

Der Wunsch nach Freundschaft und gesellschaftlicher Anerkennung

Niemand kann von seiner Umwelt isoliert leben. Deshalb müssen Sie imstande sein, sich den gesellschaftlichen Wechselbeziehungen, die sich in Ihrem Leben ergeben, zu stellen, und das ist durchaus möglich, indem Sie die folgenden Gefühle ins Spiel bringen: Liebe, Begeisterung, Vorfreude, Nachsicht, Selbstlosigkeit und Güte.

In einem anderen Abschnitt unseres Studiums werden wir noch sehr viel mehr über den Wunsch nach Freundschaft erfahren, aber Sie können schon jetzt beginnen, etwas für diesen wichtigen Lebenszweig zu tun und somit eine mögliche Vereinsamung und daraus resultierende Schwermut auszuschließen, indem Sie die Anziehungskraft Ihrer Persönlichkeit pflegen, die Ihnen Freunde gewinnt und das Gefühl gibt, geschätzt zu werden.

Der Wunsch nach Liebe, Ehe, Hausstand, Kindern

Der fundamentale Wunsch nach Liebe, Ehe und Kindern ist eines der intensivsten Gefühle unseres Wesens. „Ohne Liebe ist das Leben ein Grab", sagte Browning und sprach damit eine tiefe und wundervolle Wahrheit aus. Es war die magische Heilkraft der Liebe, die in Elizabeth Barret Browning erwachte und sie zu dem großen Dichter zog. Nachdem sie jahrelang krank und ans Bett gefesselt gewesen war, hatte die Liebe sie plötzlich geheilt, und im Alter von mehr als vierzig Jahren gebar sie ihm ein Kind.

Jene Gefühle, die Liebe bewirken und denen Sie sich überlassen sollten, wenn Sie in diesem Lebensbereich Erfüllung suchen, sind: Glaube, Hoffnung, Begeisterung, Vorfreude, Nachsicht, Güte und echte Selbstlosigkeit. Wahre Liebe ist eines der selbstlosesten Gefühle und kann in einer egoistischen Atmosphäre nicht gedeihen.

Der Wunsch, die Kultur zu fördern

„Der Mensch lebt nicht vom Brot allein", sagt uns die Bibel. Sie brauchen in Ihrem Leben einen Ausgleich, um die Arbeit und das Streben nach Ruhm oder Reichtum zu neutralisieren. Was soll ein reicher Mensch tun, wenn er ein Vermögen erworben hat? Die Großen der Vergangenheit haben das, was sie über ihren Eigenbedarf hinaus besaßen, von jeher darauf verwandt, Kunst und Wissenschaft zu fördern. Carnegie stiftete Bibliotheken; Mellon gründete eine Kunstgalerie; Rockefeller schenkte seine Millionen der nach ihm benannten Stiftung; Nobel hinterließ sein Vermögen, damit es für den berühmten Nobel-Friedenspreis und als Anerkennung für bedeutende Autoren verwendet werden sollte. Henry Ford verschrieb sein Erbe der Ford-Stiftung, und Guggenheim subventioniert mit der Stiftung, die seinen Namen trägt, zahlreiche wertvolle Bestrebungen, die der Allgemeinheit zugute kommen.

Die positiven Gefühle, die uns in *kulturellen Bestrebungen* bestärken sollten, sind: Liebe zur Menschheit, Mildtätigkeit, Glaube, Begeisterung, Selbstlosigkeit und Güte.

Der Wunsch nach der richtigen Arbeit und schöpferischem Ausdruck

Da die Arbeit für fast jeden Menschen ein wichtiger Bestandteil des Lebens ist, ist es für jeden von uns lebenswichtig, die richtige Aufgabe und das richtige Motiv zu haben, damit unser Tun keine Belastung, sondern eine wirkliche Freude ist.

Da wir niemals buchstäblich in den Ruhestand gehen, sondern immer irgendeine Tätigkeit ausüben sollten, die unser ganzes Leben hindurch unsere Zeit und unser Interesse verlangt, ist es wichtig, daß dieser Lebenszweig von den richtigen Gefühlen motiviert wird. Die Gefühle Liebe, Hoffnung, Erwartung, Vorfreude, Selbstvertrauen, Nachsicht, Selbstlosigkeit und Güte sollten täglich in Verbindung mit der für uns richtigen Arbeit schöpferischen Ausdruck finden.

Der Wunsch nach geistiger und kosmischer Erfüllung

Um den Ausgleich zwischen Arbeit und Spiel zu gewährleisten, ist geistige und kosmische Erfüllung notwendig. Wir sollten uns täglich den Gefühlen Liebe, Glaube, Hoffnung und Selbstlosigkeit überlassen. Ebenso sollten wir jene geistige Kommunikation pflegen, die wir in der Religion als Gebet bezeichnen; sie sollte ein fester Bestandteil unseres täglichen Lebens sein. Das Gespräch mit der inneren Macht ist nicht nur morgens und abends möglich, sondern auch immer wieder im Lauf des Tages, wenn man den Wunsch danach verspürt. Kleine kurze Äußerungen wie: „Danke, Gott", wenn Sie etwas Erfreuliches erfahren oder wenn Sie einen blauen, sonnenüberstrahlten Himmel oder in Ihrem Garten blühende Blumen sehen, halten uns mit der geistigen Quelle alles Lebendigen in Verbindung und motivieren uns in Richtung Frieden, Gesundheit und Glück.

Der Wunsch nach hoher Moral und idealistischem Streben

Dieser Wunsch ist das veredelnde Gefühl, das den Menschen drängt, die animalische Ebene zu überwinden und der Göttlichkeit entgegenzustreben. Der menschliche Hang, etwas scheinbar Positives gewaltsam durch Kriege zu erzwingen, ist ein Überbleibsel des Barbarismus und der Roheit vergangener Zeiten. Nur wenn der

Mensch von hohen Gedanken und edlen Bestrebungen durchdrungen ist, gelangt er auf der Skala der Entwicklung aus dem Animalismus in die Sphäre der Würde und Göttlichkeit. Die Zehn Gebote sind moralische Gesetze, Basis und Ausgangspunkt der Zivilisation; die Goldene Regel ist eine weitere geistige Offenbarung, die den Menschen auf eine höhere moralische Stufe führt. Die Gefühle, die den Wunsch nach steigender Weiterentwicklung auslösen, sind: Glaube, Liebe, Hoffnung, Nachsicht, Güte und Selbstlosigkeit.

Ein tägliches Programm zur Gefühlskontrolle

Wir müssen uns darüber klar sein, daß die inneren Gefühle dem Menschen zu einem bestimmten Zweck gegeben wurden; einmal zu unserem Genuß, und ferner, um die Chemie unseres Körpers auszulösen, die uns in jeder erwünschten Richtung anregen kann. Negative Gefühle sollten so gut wie irgend möglich vermieden werden, die positiven Gefühle dagegen sollten wir täglich einsetzen. Im folgenden einige Tips, die Sie zur Kontrolle Ihrer Gefühle möglichst jeden Tag befolgen sollten.

1. Wenn Sie morgens aufwachen, sollten Sie sofort zwei Gefühle aktivieren: Begeisterung und Erwartung. Sehen Sie Ihrem Tag mit Eifer und Freude entgegen. Falls Sie mit einem negativen Gefühl wie Angst oder Verzweiflung erwachen, beginnen Sie augenblicklich, Begeisterung und Erwartung in sich zu wecken, indem Sie sich im voraus auf irgendeine Tätigkeit freuen, die Sie für diesen Tag geplant haben. Sollte das nicht helfen, dann denken Sie an etwas, das Sie in der Zukunft vorhaben und wofür sich die heutige Arbeit lohnt; etwa an eine Reise nach Hawaii oder Europa, an den Erwerb eines neuen Wagens oder eines neuen Hauses; an einen Besuch bei Freunden oder Verwandten aus einem besonderen Anlaß. Diese Zukunftsvisionen Ihrer Pläne werden Sie aufmuntern, und schon werden Sie den Aufgaben des Alltags mit frohem Eifer entgegensehen.

2. Sollten Sie innerhalb Ihres Tagewerks jemandem begegnen, der eins der negativen Gefühle wie Zorn, Angst oder Haß vertritt, dann versuchen Sie, dieses Gefühl ins Gegenteil zu verkehren; suchen Sie nach dem Guten, das Sie in dem Betreffenden finden können; versuchen Sie, ihm liebevolle Gedanken zuzusenden, versuchen Sie, ihn sich zum Freund zu machen, statt einen Feind in ihm zu sehen. Dieser Umwandlungstrick wird Ihr Erleben mit freundlichen, positiven Empfindungen färben, die sich bald in besserer Gesundheit und einer fröhlichen Grundstimmung niederschlagen werden.

3. Setzen Sie Ihre Gefühle ein, um den Energiespiegel Ihres Körpers anzuheben. Bedenken Sie, daß positive Empfindungen einen Strom von Zucker, der in der Leber gespeichert ist, freisetzen, der nun in den Blutkreislauf gelangt. Haben Sie eine anstrengende Arbeit vor, die körperliche Kraft erfordert, dann denken Sie an den Lohn, den diese Arbeit Ihnen bringt, oder daran, was Ihr Sohn oder Ihre Tochter daraus lernen können; oder stellen Sie sich deutlich vor, in welcher Form Ihr Tun in der Zukunft von Nutzen sein wird, und augenblicklich wird dieses Gefühl Wellen der Kraft in Ihrem Körper entfachen, so daß die Arbeit für Sie leichter und angenehmer wird.

Beispiel:

Eine zarte, nur knapp 89 Pfund wiegende Frau fuhr mit ihrem Bruder in einem jener alten Ford-Wagen, deren Gewicht etwa 1200 Pfund betrug. In einer scharfen Kurve geriet das Auto außer Kontrolle, landete in einem Graben und überschlug sich, wobei es den Bruder unter sich begrub. Weit und breit kein Mensch, der hätte helfen können, und so hob die zerbrechliche Schwester ganz allein mit ihren bloßen Händen den Wagen soweit an, daß ihr Bruder unter dem schweren Fahrzeug herauskriechen konnte! Dieses Wunder spontaner Superkraft läßt sich allein der automatischen Funktion des höheren Geistes zuschreiben, der dieser Frau auf irgendeine Weise die Kraft gab, die Sie in jenem Augenblick benötigte. Unter normalen Umständen hätte sie ihre Leistung keinesfalls wiederholen können, aber in der Not des Augenblicks wurde eine gewaltige Kraft in ihrem Körper frei, die ihr eine übernatürliche Stärke gab.

4. Legen Sie kleine Kärtchen in Ihre Brieftasche, die Sie im Notfall benützen können, um Ihre Gefühlskraft aufzuladen. Während einer pekuniär und beruflich schwierigen Zeit könnten Sie dann beispielsweise auf Ihrer Karte lesen: „Der Herr ist mein Hirte, mir wird nichts mangeln", und so weiter durch den ganzen 23. Psalm. Es kann auch eine Bestätigung der Wahrheit oder der Liebe sein, die Sie selbst verfaßt oder in einem inspirierenden Buch gefunden haben. Solche metaphysischen Stärkungsmittel können Sie den ganzen Tag über anwenden. Beispielsweise ist auch der 91. Psalm in solchen Fällen äußerst hilfreich. Auf diese Weise halten Sie den Energiespiegel hoch, und Ihre Lebensgeister bleiben hellwach.

5. Untersuchen Sie täglich Ihre negativen Gefühle darauf, ob Sie Ihnen nicht etwas den Schwung nehmen und Kopfschmerzen, Erkältungen, Asthma, Arthritis oder andere Krankheiten einbringen, die Sie außer Gefecht setzen. Hassen Sie jemanden oder etwas wirklich intensiv? Haß ist ein lähmendes Gefühl. Ärgern Sie sich oder beneiden Sie jemanden, mit dem Sie arbeiten? Neid und Ärger sind mildere Formen von Haß; sie setzen Chemikalien frei, die das Blut vergiften können. Fühlen Sie sich den ganzen Tag über ängstlich und unsicher? Auch das ist ein Gemütszustand, der einen Überschuß von Adrenalin freisetzt, Herz und Hirn über Gebühr strapaziert und zahlreiche Beschwerden hervorruft.

6. Unser Körper lebt von Nahrung, Luft und Chemikalien. Sie können die Chemie Ihres Körpers dadurch verändern, daß Sie Ihre Gedanken vom Negativen ins Positive wandeln. Sie können lernen, sich richtig zu ernähren und dadurch ein chemisches Gleichgewicht zu erreichen; auf diesem Gebiet sind zahlreiche gute, von Fachleuten geschriebene Bücher verfügbar. Wie aber steht es mit dem Atmen? Der Atem reinigt Ihren Blutkreislauf, indem er die Toxine und Über-

schüsse beseitigt, sie sich im Lauf des Tages ansammeln. In Verbindung mit den positiven Gefühlen, derer Sie sich erfreuen, sollten Sie mehrmals im Lauf des Tages Ihre Arbeit unterbrechen, ans offene Fenster gehen und tief die frische Luft einsaugen. Bei den meisten Menschen sind die Lungen durch gewohnheitsmäßig flaches Atmen unterentwickelt. Diesen wichtigen Gegenstand werden wir im Verlauf unseres Studiums eingehender behandeln. Denn in die Luft, die uns umgibt, hat Gott alle notwendigen Bestandteile zur Erhaltung unserer Gesundheit und Vitalität gegeben.

Zusammenfassung

1. Der Hauptschlüssel, der Türen zu metaphysischen Wundern öffnet.
2. Der Wunsch, das göttliche Gefühl, als innere Lebenskraft.
3. Kosmische Kraft und der göttliche Geist.
4. Heilungswunder durch demonstrierten Wunsch.
5. Große Lehrer und Propheten der Geschichte gebrauchten diese Wunderkraft.
6. Die zehn Wünsche für die Blaupause Ihres Lebens.
7. Gefühle, die Bausteine des Wunsches.
8. Die zehn positiven und die zehn negativen Gefühle.
9. Wie Sie durch Gefühle Ihren Geist aufladen und wie Sie ein besseres Leben erlangen.
10. Das dynamische Gesetz der Erwartung.
11. Neues Leben durch positive Gefühle.
12. Die Wunderkraft der Liebe.
13. Tagesprogramm zur Gefühlskontrolle.

5. Kapitel

Wie Sie durch dynamische Konzentration Wunderkräfte erlangen

Die lebendige Kraft, die das gesamte Universum durchströmt und motiviert, ist eine konzentrierte dynamische Potenz, die Sie nützen und als wunderwirkende Kraft in Ihrem persönlichen Leben einsetzen können.

Diese Lebenskraft wohnt in jedem Atom und jedem Molekül der gesamten Schöpfung, vom Mikrokosmos, dem Menschen, bis zum Makrokosmos, dem All. Würde diese Atomkraft bis zu einem Würfel von 5 ccm verdichtet, könnte sie eine Kettenreaktion in Bewegung setzen, die eine riesige Stadt dem Erdboden gleichmachen würde. In einem elektrischen Dynamo konzentriert, würde dieselbe atomare Kraft ausreichen, um die gesamte Menschheit mit Strom, Wärme und Energie zu versorgen und den Verlauf der Zivilisation völlig zu ändern. Konzentrierte Atomkraft ist die geheimnisvolle Macht, die alle großen Mystiker und Meister im Lauf der Jahrhunderte gelehrt und angewandt haben, um alle Arten von Wundern zu bewirken.

Konzentration schärft die Aufmerksamkeit

Die Hauptursache für das Versagen der meisten Menschen liegt in ihrer Unfähigkeit, ihre höhere geistige Kraft intensiv auf die Erreichung ihrer Ziele zu konzentrieren. Wie wir bereits gelernt haben, ist die wunderwirkende Kraft in uns, doch wir vermögen sie nicht zu einem beständigen, strahlenden und dynamischen Energiestrom zu bündeln, der alle Hindernisse auflösen und uns die volle Erfüllung unseres grundlegenden Traums bringen kann.

Eine Bündelung der Sonnenstrahlen zum Beispiel kann die härteste Substanz auflösen. Der Smaragd ist eines der härtesten Minerale, die wir kennen. Er schmilzt nicht einmal in einem Ofen, der siebenmal siebzigmal geheizt würde. Wird jedoch dieser Smaragd in einem Glaswürfel eingeschlossen, der die Strahlen der Sonne bündelt, verflüssigt er sich innerhalb weniger Stunden!

Und genauso arbeitet Ihr Geist. Konzentration komprimiert das Denken, und wenn die Strahlen Ihres Geistes gebündelt und auf ein bestimmtes Ziel gerichtet werden, etwa die Lösung einer Aufgabe, das Vollbringen einer Wunderheilung oder irgendein anderes Vornehmen, wird Ihre gesamte, geistige, körperliche und seelische Energie freigesetzt und zu einem dynamischen Kraftstrom vereint, der buchstäblich Wunder vollbingen kann.

Konzentration erbaute ein Reich

Die Lebensgeschichte von David Sarnoff, Haupt des von ihm gegründeten ausgedehnten Finanzreichs, ist ein Beweis dafür, daß konzentrierte Gedankenkraft Wunder bewirken kann.

Als Junge war Sarnoff völlig von Marconis noch verhältnismäßig neuen Erfindungen Funk und Telegrafie fasziniert. Die Möglichkeit, elektrische Wellen in den Äther zu senden, um sie in weiten Entfernungen zu empfangen, erschien ihm wie ein Wunder. Er konzentrierte alle seine Gedanken auf dieses neue Medium der Kommunikation und nahm für ein paar Dollar pro Woche einen Job als Telegrafist an. Jede neue Erfindung verfolgte er mit glühendem Interesse, und als der Rundfunk auf der Bildfläche erschien, schloß er sich dieser neuen Entwicklung an. Mit der Entdeckung des Fernsehens schließlich, dem unfaßlichen Medium, das dem Bürger bewegte Bilder in Ton und Farbe ins Haus brachte, sah Sarnoff sein nächstes Ziel erreicht und wurde Leiter der amerikanischen Rundfunkgesellschaft.

Hätte er während seiner Jahre des Lernens und Forschens gezaudert und sich geistig zersplittert, wäre es zweifelhaft, ob er seine gegenwärtige Position als Haupt eines weitläufigen industriellen und finanziellen Reiches je erlangt hätte.

Ein zerstreuter Geist, dem es an Konzentration und dynamischer Kraft mangelt, erntet selten im Leben reichen Lohn. Die wunderbare Kraft des höheren Geistes in Ihnen arbeitet am besten, wenn sie auf ein festes Ziel gerichtet bleibt.

Konzentrierte Gedankenkraft brachte Millionen ein

Conrad Hilton war einmal auf einer Party bei mir in meinem Haus in Bel-Air. Im Gespräch mit ihm erfuhr ich, wie völlig und absolut er seine Hotelkette mittels der Kraft seiner dynamischen Konzentration aufgebaut hat. Er erzählte mir, daß er bereits in Texas als junger Mann daran dachte, in die Hotelbranche zu gehen. Endlich bot sich ihm die Gelegenheit, ein kleines Hotel zu führen, und er war dabei so erfolgreich, daß man ihm alsbald ein bedeutend größeres Etablissement anvertraute. Er konzentrierte seine geistige Kraft darauf, soviel Kenntnisse bezüglich der Hotelbranche zu erwerben, wie er nur konnte, und er las und studierte alles, war er über dieses Gebiet erfahren konnte. Er war vierzig, ehe er Gelegenheit bekam, ein großes Hotel zu leiten, das Waldorf Astoria in New York. Seine Begeisterung und außerordentliche Befähigung zogen Geldgeber an, die ihm finanzielle Unterstützung boten, und bald war er auf dem Weg, einer der größten Fachleute im Hotelgewerbe zu werden. Noch jetzt, in den Siebzigern, besitzt Hilton die sprühende Energie und Begeisterungsfähigkeit eines Jünglings. Keiner kann auf einer Party länger und besser tanzen als Conrad Hilton!

Laßt uns nun den Begriff Konzentration definieren, damit wir besser verstehen, warum der höhere Geist durch dynamische Konzentration Wunderkraft freizusetzen vermag.

Konzentration ist die Fähigkeit, die Aufmerksamkeit willentlich auf einen bestimmten Gegenstand, einen Zustand des Bewußtseins oder ein Gefühl zu richten. Die meisten vermögen gelegentlich ihre geistige

Kraft zu bündeln, und ab und zu fühlen wir einen Schub von Energie und Stärke, doch wir sind nicht imstande, diese Kraft *willentlich* zu konzentrieren. Hierin liegt der Unterschied zwischen jenen, die scheinbare Wunder vollbringen und jenen, die in einer Welt von Fehlschlägen, Enttäuschung und Angst leben. Jeder von uns hat die Macht, den höheren Geist auf das Erreichen eines großen Ziels im Leben zu konzentrieren, doch die meisten Menschen sind nicht imstande, das bewußt und *willentlich* zu tun.

Die Atomkraft in Ihrem Geist

Die Atomenergie, die das gesamte Universum erfüllt, ist auch in Ihrem Gehirn. Wenn Sie denken, gebrauchen Sie atomare Kraft; wenn Sie Ihre Gedanken in einem strahlenden Strom geballter Energie in das Universum senden, können sie die Atome und Moleküle im Weltraum und im Geist und Körper anderer Menschen in Bewegung setzen und sie tatsächlich in Gang bringen.

Machen Sie bei Gelegenheit einmal den Versuch, einen Menschen, der Ihnen den Rücken zukehrt, mit dem intensiven Gedanken zu betrachten, daß er sich in wenigen Augenblicken umdrehen und Sie ansehen wird. Wenn die von Ihrem Geist ausgehende Atomenergie konzentriert wird, ist sie so stark, daß sie in das Gehirn eines anderen eindringen und ihn zu irgendeiner Aktion bewegen kann.

Dr. Rhine bewies mit seinen Experimenten an der Duke University, daß der Mensch durch Beherrschung der höheren Zentren seines Hirns an der Schwelle gewaltiger neuer Kräfte steht. Er wies nach, daß manche Menschen tatsächlich Gedankenmuster und bildliche Vorstellung in das Hirn eines anderen übertragen können; einige seiner Versuchspersonen waren imstande, Karten und Würfel in einem Ausmaß zu motivieren, das die Gesetzmäßigkeit des Zufalls außer Kraft setzte.

Wenn die Wissenschaft diese wunderwirkende Fähigkeit gründlicher erforscht haben wird, wird man erkennen, daß die großen Mystiker wie Jesus, Buddha, Zarathustra, Moses und Konfuzius die

Geheimnisse der atomaren Geisteskraft kannten und anwandten, um Wunder der Verwandlung, Heilung und Materialisation zu vollbringen. In unserem Atomzeitalter wird der Mensch bald größere Wunder bewirken als alle, die man bis heute gekannt hat. In einem Artikel der *New York Times* sagte ein Wissenschaftler voraus, in einigen Jahren werde der Mensch imstande sein, die magnetischen Strahlen des Weltraums nutzbar zu machen und Raumfahrzeuge zu bauen, die eine Geschwindigkeit von 200 000 Meilen pro Stunde erreichen! Ich weiß, das scheint uns unglaublich, aber was ist mit unseren gegenwärtigen Raumsonden, die mit 17 000 Meilen in der Stunde auf den unsichtbaren Bahnen der auf sie einwirkenden Schwerkraft die Erde umkreisen? Dies ist eines der Wunder unserer Zeit, und wenn der Mensch beginnt, die Dimensionen des Denkens und des Geistes intensiver zu erforschen, werden wir völlig neue erstaunliche und erregende Wunder entdecken.

Das Übertragen von Gedankenmustern

In der Dimension des Geistes gibt es ungeheure latente Kräfte. Wird der Geist erst einmal durch intensive Konzentration in Bewegung gesetzt, vermag er Gedankenmuster zu übertragen, die im Raum lagern und von anderen Menschen erkannt und aufgenommen werden können. Die Projektion von Gedankenmustern ähnelt stark dem Prinzip, nach dem Töne und Bilder mittels elektrischer Schwingungen übertragen und in der Fernsehröhre empfangen werden. Elektrische Wellen, die unsichtbar, aber hoch wirksam sind, strahlen durch Zeit und Raum; diese Radiowellen können wir mit unseren elektrischen Geräten anzapfen und sie für Telefon, Rundfunk und Fernsehen nützen. Sie betreiben unsere Apparaturen in der Börse und senden Nachrichten über Tausende von Meilen in unsere Telegrafen und Kommunikationsmedien.

Stellen Sie sich einmal vor, wieviel stärker und fähiger als diese Apparaturen Ihr Gehirn ist! Das menschliche Hirn hat diese Apparate geschaffen, also hat es mehr Macht als die Dinge, die es hervorgebracht hat. Auch Ihr Gehirn arbeitet mit elektrischen Wellen oder Schwingungen. Es kann Gedankenbilder empfangen, die andere Gehirne aussenden; ebenso kann es Gedankenbilder auf andere Menschen übertragen. Wie oft haben zwei Leute zur selben Zeit eine Geschichte geschrieben oder eine Maschine erfunden oder eine wissenschaftliche Entdeckung gemacht, ohne zu ahnen, daß ein anderer dasselbe tat! Das sind Fälle mentaler Gedankenübertragung, Fälle, in denen ein anderer unbewußt eine vermutlich unbeabsichtigt ausgestrahlte Botschaft empfing, die sich als kreatives Muster übertrug.

Eine einfache Erklärung, wie eine geistige Übertragung vor sich geht, gibt uns die Erfahrung einer Teilnehmerin an einem meiner Kurse in der Carnegie Hall. Diese junge Dame war Sekretärin eines Geschäftsführers in einem großen Betrieb. Sie war seit drei Jahren in der Firma und fand, sie hätte eine Gehaltserhöhung verdient, doch ihr Chef war außerordentlich wortkarg und zeigte keinerlei Entgegenkommen. Nachdem sie unsere Lektion über das Übertragen von Denkmustern studiert hatte, begann sie, das Gelernte an ihrem Chef zu üben.

Täglich um die Mittagszeit saß sie volle fünf Minuten still da, ohne etwas zu tun, und konzentrierte sich auf ihren Chef. Sie sprach zu ihm in ihren Gedanken ganz so, als ob sie ihn vor sich hätte. Ungefähr so: „Mr. X, ich verdiene eine Gehaltserhöhung. Sie werden mir eine Gehaltserhöhung geben. Sie werden mir pro Woche zehn Dollar mehr geben. Ich übertrage jetzt dieses Gedankenschema auf Sie; Sie werden es empfangen und danach handeln." Dann sah sie sich im Geist vor ihrem Chef stehen, der ihr von der Erhöhung sprach, sie sah sich, wie sie ihm dankte, und schließlich malte sie sich aus, was sie mit den zusätzlichen 500 oder mehr Dollar im Jahr tun konnte.

So konzentrierte sie sich jeden Tag mittags und abends auf die Übertragung ihrer Gedankenbilder. Zwei Wochen vergingen, und nichts geschah. Sie begann sich leicht entmutigt zu fühlen, fuhr aber in ihrer geistigen Projektion fort. Eines Nachmittags rief der Chef sie in sein Büro. Sie nahm Stenoblock und Bleistift und wollte sich zum Diktat hinsetzen, als sie einen seltsamen Ausdruck in seinem Gesicht bemerkte. Plötzlich sagte er: „Ich weiß nicht, warum ich das tue, aber ich habe das Gefühl, daß Sie eine Aufbesserung verdienen. Von jetzt ab bekommen Sie jede Woche zehn Dollar mehr."

Sie war so verblüfft, daß sie kaum ihr „danke" herausbrachte, bevor sie das Zimmer verließ. Gewiß war es ein kleines Wunder, aber es hatte funktioniert und gab ihr das Vertrauen zu der Kraft ihres Geistes, Denkschablonen der Dinge, die sie wünschte, zu übertragen, und bald war sie auf dem Weg, jedes angestrebte Ziel zu erreichen.

Konzentrationskraft brachte ihm Millionen

Der einzige Mensch, der imstande war, George Bernard Shaw zu überzeugen, daß seine Stücke auf die Leinwand gebracht werden sollten, war Gabriel Pascal. Eines Abends, als ich mit Greer Garson und zahlreichen anderen Hollywood-Berühmtheiten bei ihm zu Gast war, hat mir Pascal erzählt, wie er dieses anscheinend unmögliche Kunststück vollbrachte.

Pascal hatte sich monatelang auf Shaws Bühnenstücke konzentriert und sie im Geist auf die Leinwand übertragen. Er sah sich ein berühmter Produzent werden und den Charme und Esprit der Shaw'schen Stücke einem Millionenpublikum in der ganzen Welt nahebringen. Bisher hatte der Dichter allen Angeboten, seine Stücke zu verfilmen, ein entschiedenes „Nein" entgegengesetzt.

Pascal fuhr per Anhalter an Shaw's Landsitz hinaus; er hatte nicht genug Geld, einen Bus oder ein Taxi zu nehmen. Man gewährte ihm Zutritt, und als er dem mürrischen und unfreundlichen Autor gegenüberstand, berichtete er ihm von seinem sehnlichen Wunsch, dessen Stücke auf die Leinwand zu bringen. So wirkungsvoll war Pascals geistige Konzentration und bildliche Übertragung, daß er den Dichter überzeugen konnte, seinen Werken in der Verfilmung volle Gerechtigkeit widerfahren zu lassen. Bevor er an diesem Tag Shaw verließ, unterschrieb der Dichter ihm ein Papier, das ihm das Alleinrecht auf die Verfilmung seiner sämtlichen Bühnenwerke bescheinigte!

Pascal hatte jahrelang geistige und metaphysische Wissenschaften studiert. Er wußte genau, wie er seine Gedankenkraft übertragen und Shaw überzeugen konnte, daß er diesem Mann, der Vorstellung- und Einfühlungsvermögen besaß, seine Werke getrost anvertrauen konnte. Wie sich später erwies, hat dieser Schritt nicht nur Pascal Millionen eingebracht, sondern darüber hinaus die Welt mit Shaw's bezaubernder Kunst bereichert und verschönt.

System zur Konzentrierung geistiger Kraft

Der verstorbene Thomas Watson sen., der einer der größten Organisationen der Welt vorstand, der International Business Machines, allgemein bekannt unter IBM, hatte ein Motto, das überall in großen Buchstaben angebracht war, damit alle Angestellten es immer sehen konnten. Es lautete schlicht und einfach *Denken*. Die konzentrierte Kraft vieler von dieser Idee durchdrungener Gehirne schuf eine gewaltige Organisation. Wenn Sie zu denken beginnen, wird die Wunderkraft Ihres höheren Geistes in der äußeren Welt ausgelöst. Aber wie sollten Sie denken? Es gibt viele verschiedene Wege, doch alle bedeutenden Persönlichkeiten der Geschichte haben dasselbe Prinzip und dieselbe Technik angewandt. Sie konzentrierten ihre ganze Gedankenkraft jeweils auf *ein* Ziel zur Zeit. Diese Fähigkeit, ihre geistige Kraft auf eine einzige Vorstellung zu konzentrieren, kann bewußt entwickelt werden. Die meisten Menschen denken planlos und zerstreut in wirren und undefinierbaren Bildern; das zersplittert die Denkkraft und damit die geistige und körperliche Energie und führt zu nichts weiter als rastloser Betriebsamkeit.

Columbus hätte niemals die neue Welt entdeckt, wenn er nicht seine ganze Gedankenkraft darauf konzentriert hätte, seine Idee der Königin Isabella schmackhaft zu machen. Niemals gab er eine Idee, von der er besessen war, auf, mochte er innerlich auch noch so entmutigt sein. Selbst als seine Leute gegen ihn aufstanden und meuterten, hielt er an dem geistigen Bild fest, daß es hinter dem Horizont seiner Zeit neue Welten gab.

Jeanne d'Arc war ein Mädchen vom Land und besaß keinerlei militärische Kenntnisse, doch ihre Siegesvisionen und ihre intensive Konzentration auf die Schlagkraft der französischen Armeen gaben ihr die Chance, die Echtheit ihrer Visionen zu beweisen.

Madame Curie und ihr Mann konzentrierten sich volle zwanzig Jahre auf die Entdeckung des Radiums, und trotz aller Rückschläge wurden sie nicht ein einziges Mal unsicher in ihrer Suche nach dem unschätzbaren Element, das sie schließlich fanden.

Die große Sängerin Marian Anderson sagte mir einst nach einem Konzert in der Carnegie Hall, daß sie beim Singen ihre Stimme in einen weiten goldenen Kreis der Liebe konzentriert, den sie auf ihre Zuhörer überträgt. In der Resonanz und Schönheit dieser Stimme schwingt eine tiefe Liebe zur ganzen Menschheit. Und genau das hat sie zu einer der größten Sängerinnen unserer Zeit gemacht.

Jascha Heifetz, der berühmte Geiger, den ich ebenfalls in der Carnegie Hall hinter der Bühne besuchte, erzählte mir, er habe sich zwanzig Jahre lang täglich acht bis zehn Stunden darauf konzentriert, die wundervollsten Klänge aus seiner Geige herauszuholen, ehe er sein erstes Konzert gab.

Es ist nicht schwer zu erkennen, daß diese bedeutenden Männer und Frauen die Wunderkraft ihres höheren Geistes eingesetzt haben, um die Erfolge zu ermöglichen, die sie auf ihren Gebieten errungen haben.

Auch *Sie* haben diese Kraft, besitzen dieselbe Fähigkeit, wenn Sie den höheren göttlichen Geist in Ihnen gebrauchen und seine dynamische Kraft auf die Ziele konzentrieren, die Sie erreichen möchten.

Zehn konzentrierte Schritte können zum Genie machen

1. Setzen Sie sich jeden Tag eine halbe Stunde lang ruhig hin, um sich Ihrer Denkvorgänge bewußt zu werden. Stellen Sie sich Fragen wie: Wer bin ich? Was ist der Sinn meines Lebens? Welches Ziel möchte ich erreichen? Welche Schritte sollte ich dafür unternehmen? Sind meine Gedanken konzentriert, oder sind sie ablenkbar und zerstreut?

2. Setzen Sie sich mindestens einmal in der Woche hin, um ihr Ziel oder ihre Ziele aufzuschreiben. Sie können mehrere Ziele anstreben, aber Sie sollten alle nacheinander aufnehmen und sich jeweils einige Augenblicke lang ausschließlich auf eines konzentrieren. Schreiben Sie beispielsweise nicht nur auf „Ich möchte eine Million haben". Wenn Sie die Kraft Ihres höheren Geistes gebrauchen, werden Sie zweifellos alle Geldmittel anziehen, die Sie benötigen, um sich jeden Wunsch zu erfüllen. Die Wünsche aber, die Sie aufschreiben, könnten etwa sein:

A. Ich möchte einen besseren Job, in dem ich mehr verdiene.

B. Ich wünsche mir eine bessere Ausbildung und einen Hochschulabschluß.

C. Ich wünsche mir eine Liebesaffäre mit jemanden, den ich heiraten kann.

D. Ich möchte ein eigenes Haus und die Mittel, um bequem, sicher und in Frieden zu leben.

E. Ich hätte gern einen eigenen Wagen.

F. Ich möchte fremde Länder sehen.

G. Ich wünsche mir Freunde und anregende Geselligkeit.

H. Ich wünsche mir mehr Wissen und Kenntnisse.

I. Ich wünsche mir Begabungen und Talente; ich möchte Klavier spielen (oder Gitarre, Violine etc.), ich möchte singen (oder Theater spielen oder Bilder malen oder Geschichten schreiben).

Das ist nur ein Beispiel der Wünsche, die viele Menschen haben. Sie können sich Ihre eigene Liste zusammenstellen. Wenn Sie sie aufgeschrieben haben, dann betrachten Sie sie jeden Morgen, wenn sie aufwachen, und jeden Abend, bevor Sie zu Bett gehen, und lesen sie sorgfältig. Sie werden diese Denkmuster während des Schlafens in sich behalten, und Ihr höherer Geist wird sie in die äußere Welt übertragen, wo Sie ihr eigenes Leben annehmen und sich realisieren werden.

3. Machen Sie 15 Minuten lang vor dem Spiegel folgende Konzentrationsübung: Sie stellen sich vor, Sie stehen vor dem Kongreß in Washington und halten eine Rede über ein bestimmtes Thema. Sie können jedes Thema wählen, das Sie mögen, und Sie können alles sagen, was sie wollen, denn niemand kann Ihnen Einhalt gebieten. Sie

können Ihre Rede laut oder in Gedanken halten, das liegt ganz bei Ihnen. Oder Sie gehen im Geist in das Büro des Präsidenten der Vereinigen Staaten und tragen ihm einen besonderen Wunsch vor. Diese Konzentrationsübung wird Ihre Fähigkeit zur Formulierung origineller Gedanken erweitern, so daß Sie lebendige, dynamische und interessante Denkmuster übertragen können. Wenn Sie diese konzentrierte Kraft später zur Übermittlung Ihrer Gedankenbilder für eine bestimmte Sache gebrauchen möchten, wird Ihnen das durch diese Übung wesentlich leichter fallen.

4. An einem anderen Tag konzentrieren Sie sich 15 Minuten lang darauf, sich Erinnerungen ins Gedächtnis zu rufen. Gehen Sie zurück in Ihre frühe Kindheit und empfinden Sie wieder die Bilder, Klänge und Eindrücke von damals. Versuchen Sie, sich an Gesichter, Gespräche, erste Spielgefährten, Lehrer und Verwandte und Freunde zu erinnern. Denken Sie an Ihre Weihnachts- oder Geburtstagsfeiern, an die Orte, in denen Sie gelebt, die Bücher, die Sie gelesen, die Filme, die Sie gesehen haben. Diese Übung können Sie abends vor dem Zubettgehen machen; Sie werden danach leicht einschlafen, und sie wird Ihnen helfen, Ihr Gedächtnis zu erweitern und zu stärken.

5. Hören Sie sich im Radio oder von Schallplatten ein Musikprogramm an, konzentrieren Sie sich dabei auf die verschiedenen Instrumente und stellen Sie fest, wieviele Sie identifizieren können.

6. Blicken Sie aus dem Fenster und sehen Sie, wieviele Dinge Sie erkennen können; schließen Sie dann die Augen und erinnern Sie sich an das Gesehene.

7. Konzentrieren sie sich auf ein Wort, wie etwa *Haus*, und zählen Sie, wieviele Begriffe Ihnen zu diesem Wort einfallen. Sie werden diese Übung zur Erweiterung Ihres Wortschatzes in Rede und Schrift nützlich finden. Danach suchen Sie Begriffe aus einem Wörterbuch und konzentrieren sich darauf, sie in kompletten Sätzen zu verwenden. Diese Übung kann schriftlich oder sprachlich erfolgen, oder Sie können sich die Worte und ihre Verbindungen auch einfach nur denken.

8. Richten Sie den Blick auf einen Gegenstand in Ihrem Zimmer und betrachten sie ihn solange wie möglich, ohne zu zwinkern. Sowie

Sie sich unbehaglich fühlen, schließen sie einen Moment lang die Augen. Sie werden bald die Kraft haben, jenen magnetischen Blick anzuwenden, der andere halten und lenken kann. Dann üben Sie, eine Blume zu betrachten, die Augen zu schließen und sich an Farbe und Form zu erinnern.

9. Setzen Sie sich eine halbe Stunde oder länger hin und konzentrieren Sie Ihre geistige Kraft auf eine oder mehrere Personen, die Sie zu irgendeinem guten Zweck beeinflussen möchten. Übertragen Sie keine negativen oder selbstsüchtigen Denkmuster, denn ein metaphysisches Gesetz besagt, daß wir im Leben zurückbekommen, was wir in unseren Gedanken aussenden. In der Bibel lautet dieses Gesetz: „Was der Mensch sät, das wird er ernten." Gehen Sie also sicher, nur gute und aufbauende geistige Saat auszustreuen.

10. Lesen Sie eine Seite in einem Buch. Legen sie das Buch weg und konzentrieren Sie sich auf die Bedeutung der gelesenen Worte. Versuchen Sie dabei nicht, die Worte genau wiederzugeben, sondern suchen Sie nach ihrer verborgenen Bedeutung. Diese Übung wird Ihnen zur Originalität des Denkens und Ausdrucks verhelfen.

Einstein, einer der geistreichsten Menschen unserer Zeit, sagte einmal, daß selbst der größte Genius, der je gelebt hat, nur ein Zehntel seiner geistigen Kraft genutzt hat! Es gibt nichts, das Sie nicht erreichen könnten, wenn Sie die Wunderkraft Ihres höheren Geistes durch Ihren bewußten Willen konzentrieren; denken Sie willentlich, was Sie zu denken wünschen, und Sie werden buchstäblich ein Genie werden.

Von Napoleon heißt es, er habe eine ungeheure Konzentrationskraft besessen. Er ordnete die Dinge in seinem Geist, als lägen die Fakten in Schubladen. Brauchte er irgendeine Information, zog er nur eine geistige Schublade auf und nahm sie heraus. In einem Gehirn waren alle Gedanken in der richtigen Reihenfolge abgelegt. Jeder Fakt zog weitere zugehörige Informationen nach sich. Das ist es, was manche Menschen zu so bedeutenden Denkern und Lenkern macht. Durch die Kraft der Konzentration sind sie imstande, jederzeit auf ihre gespeicherten Sinnes- und Gedächtniseindrücke zurückzugreifen; sie langen einfach in ihre geistige Vitrine und ziehen das Benötigte heraus.

Zusammenfassung

1. Konzentrierte atomare Kraft des menschlichen Hirns vollbringt Wunder.
2. Bedeutende Mystiker und Meister haben sich dieser geistigen Atomkraft bedient.
3. Konzentrierte Kraft, und wie sie Probleme löst. Die Methode, durch die David Sarnoff ein großes Finanzreich gründete.
4. Conrad Hilton's Multimillionengeheimnis.
5. Definition der Konzentration.
6. Übertragung geistiger Kraft in bestimmer Absicht.
7. Dr. Rhine und seine Experimente mit Gedankenübertragung.
8. Wunder der Heilung und Umwandlung durch Konzentration.
9. Wie man Gedankenmuster auf andere überträgt.
10. Wie man Gedankenmuster von anderen empfängt.
11. System zur Konzentrierung geistiger Kraft.
12. Die zehn Schritte zur Konzentration, die Sie zum Genie machen können.

6. Kapitel

Die metaphysische Kraftquelle der vierten Dimension

In der Metaphysik lernen wir, daß es eine vierdimensionale Kraftebene gibt, durch die wir übernormale geistige und körperliche Fähigkeiten gewinnen können. In dieser vierten Dimension vermag der Mensch erstaunliche Wunder zu vollbringen. Allen bedeutenden Mystikern und Lehrern der Vergangenheit war dies bekannt, und indem sie sich dieses ungeheuren Kraftspeichers bedienten, vermochten sie die Grenzen von Raum und Zeit zu überwinden und schier unglaubliche Ergebnisse zu erzielen.

Den Begriff „Metaphysik" prägte seinerzeit Andronicus von Rhodos, der die philosophischen Werke des Aristoteles herausgegeben hat. Jenes Gebiet der Philosophie, das sich mit den Dingen über und jenseits der stofflichen und materiellen Existenzebene befaßt, nannte er nach den Worten „meta" und „physika" Metaphysik, was wörtlich jenes bedeutet, das über und jenseits der physischen Sphäre liegt.

Die wunderbaren Reaktionszentren des Hirns

Im menschlichen Gehirn befinden sich wunderbare Reaktionszentren, die auf einer höheren Frequenz oder Wellenlänge arbeiten als jene, die die Blutzirkulation, Atmung, Verdauung, Heilung und ähnliche automatische Funktionen steuern.

Die allwissende Intelligenz, die wir Gott nennen, hat in das Universum alles gegeben, was der Mensch zu seiner Existenz benötigt. Laßt uns einmal betrachten, wie diese Kraft in der Natur wirkt.

Ein Biber zum Beispiel weiß instinktiv, wie er Bäume fällen und sie in passende Stücke nagen muß, um aus ihnen einen Damm über einen Bach zu bauen. Dieses Wissen ist dem Biber eingeboren. Forscher haben einmal zwei Biber mit nach Hause genommen, um sie zu beobachten. Abends gingen sie aus und überließen die Tiere sich selbst. Als die Wissenschaftler zurückkamen, hatten die Biber von allen Tischen und Stühlen sorgfältig die Beine abgeschnitten und die Stücke in eine Ecke geschleppt, wo sie mit ihnen einen Damm über einen imaginären Wasserlauf errichteten! Ein Biber kennt keine andere Lebensform als das Bauen von Dämmen, und er wird Dämme bauen, wo immer er sich befindet.

Eine Spinne wird immer nach dem gleichen vollkommenen Muster ein Netz weben und sie weiß, daß sie in der Mitte des Netzes sitzen und warten muß, bis sich ein Opfer in den zarten Fäden verfängt.

Ein Kolibri baut ein kompliziertes längliches Nest, das von einem Baumzweig herabhängt und so der jungen Brut Schutz vor räuberischen Tieren bietet.

Die Biene weiß, wie sie der Blume die nährende Substanz entziehen und sie in den für ihre Nachkommen leichtverdaulichen Honig verwandeln kann; und während sie geschäftig von Blüte zu Blüte fliegt, läßt die Natur sie ihren Unterhalt dadurch verdienen, daß sie zum Nutzen des Menschen dabei die Blüten bestäubt. Ein wahrhaftes Wunder schöpferischer Produktivität.

Der Ahornsamen ist eine zweiflügelige Schote, die die Intelligenz des kosmischen Geistes zu einem besonderen Zweck geschaffen hat. Würde der Samen in den Schatten des Mutterbaums fallen, könnte er niemals aufgehen und wachsen. So hat der höhere Geist in der Natur dem Ahornsamen Flügel gegeben, so daß ein flüchtiger Wind ihn aus dem Bereich des Baums entführt und ihn auf fruchtbaren Boden trägt, wo er seine Art vermehren kann.

Die drei Ebenen des Bewußtseins

Es gibt drei Ebenen des Bewußtseins, die wir nun studieren wollen. Um Ihr metaphysisches Kraftpotential voll zu entwickeln, müssen Sie wissen, wie Sie die wunderbaren Reaktionszentren Ihres Bewußtseins erreichen. Alle bedeutenden Männer und Frauen der Geschichte, die Großes vollbracht haben, waren imstande, die Kraft des höheren Geistes zu schöpferischer Aktivität freizusetzen. Das war es, was sie von normalen Durchschnittsmenschen unterschied.

Es gibt drei Ebenen des Bewußtseins:

1. Das Bewußtsein.
2. Das Unterbewußtsein.
3. Das kosmische Bewußtsein

Das *Bewußtsein* ist der Speicher des Gedächtnisses. Das *Unterbewußtsein* ist der Speicher des vorbewußten Gedächtnisses. Das *kosmische Bewußtsein,* das William James als Überbewußtsein bezeichnete, ist der Speicher des kosmischen Gedächtnisses.

Die meisten Menschen leben ausschließlich auf einer dieser drei Ebenen, nämlich dem Bewußtsein. Sie lesen irgend etwas, behalten es aber nicht im Gedächtnis. Sie sehen physische und materielle Objekte, doch sie verstehen nicht ganz, was sie sehen. Sie führen ein ausschließlich materielles, eindimensionales Leben. Es fehlt ihnen der Sinn für die höheren Schwingungen des Universums, und ihr Dasein ist von Armut, Unglück und Einschränkung gekennzeichnet. Solche Menschen bescheiden sich ihr Leben lang mit dem einmal gewählten Job und dem entsprechend kümmerlichen Verdienst. Nur selten erweitern sie den Horizont ihres Bewußtseins und entdecken die Wunder unserer Welt. Sie jammern, daß das Leben ihnen keine Chancen bietet; sie nörgeln, weil ihr Dasein eintönig ist und sie weder Anregung noch Erfüllung finden. Sie merken nicht, daß sie selbst sich das Gefängnis gebaut haben, in dem sie nun lebenslang eingesperrt sind.

Ein Gefängnis oder ein Palast?

Es gibt da eine Geschichte von einem Mann, der zu einer Gefängnisstrafe verurteilt wurde. Als man ihn in seine Zelle brachte, fand er dort einen anderen Gefangenen, der beim Licht einer Kerze eifrig schrieb. Der Neuankömmling blickte sich um, sah den unglaublichen Schmutz des verwahrlosten, von Ratten verdreckten Raums und rief entsetzt aus: „Was für ein ekelhafter Ort! Hier werde ich mit Sicherheit krepieren!"

Der Mann, der schreibend an einem niedrigen Tisch hockte, hielt inne und sah auf. „Wie lange mußt du hier bleiben?" fragte er.

„Sechs Monate! Die überleb' ich bestimmt nicht in diesem elenden Loch."

Der Frager lächelte sanft und meinte: „Ich bin schon zwölf Jahre hier." Dann machte er sich wieder an seine Arbeit. Dieser Mann war John Bunyan, und er war damit beschäftigt, sein unsterbliches Buch *Des Pilgers Wanderschaft* zu schreiben, das Millionen Menschen Inspiration und Ermutigung gegeben hat.

Der eine Mann, der neue Gefangene, lebte in einem begrenzten Bewußtseinszustand und sah nur die verwahrloste Zelle, in der er sechs endlose Monate zubringen sollte. Bunyan lebte auf der vierdimensionalen Ebene des höheren, kosmischen Geistes, in der er sich seine eigene Welt schuf und sich so den Schranken seiner Umgebung enthob.

In der unbegrenzten Sphäre Ihres höheren Bewußtseins können Sie sich ein Gefängnis oder einen Palast erschaffen. Haben Sie erst einmal das Geheimnis entdeckt, das alle Großen der Geschichte kannten— nämlich sich über die Begrenzungen von Zeit und Raum zu erheben— dann werden Sie imstande sein, scheinbare Wunder zu vollbringen, sich über Ihre physische Umgebung hinauszuheben und deren Beschränkungen hinter sich zu lassen.

Helen Keller ist das vollkommenste Beispiel eines Menschen, der sich über die Begrenzungen der dreidimensionalen Welt erhob, um in die unermeßlichen, hehren Sphären der kosmischen Bewußtseinsebene aufzusteigen. Taub, stumm und blind, war diese bewundernswerte Frau imstande, Unsterblichkeit zu erreichen und durch ihr herrliches Vorbild Millionen von Behinderten Mut, Hoffnung und Freude zu schenken.

Armut ist ein Bewußtseinszustand

Die meisten Menschen erkennen gar nicht, daß sie sich buchstäblich selbst einkerkern, weil sie in einem Bewußtsein von Begrenzung und Dürftigkeit leben. Sobald sie lernen, die Kraft des kosmischen Geistes und seiner unbegrenzten Macht freizusetzen, können sie ihre Umgebung ändern, Erfolg erreichen und sich jeden Wunsch und Traum erfüllen.

Als die russischen Großbauern, die Kulaken, durch die Revolution von 1917 befreit wurden, zogen sie in die verlassenen Paläste des Zaren und der Fürsten, um dort zu wohnen. Sie schütteten das Pferdefutter in die Klaviere aus Rosenholz, zerhackten die kostbaren antiken Möbel zu Brennholz und machten Feuer auf dem weißen Marmorboden. Die wertvollen handgewebten Gobelins rissen sie von den Wänden und benutzten sie als Pferdedecken. Diese Menschen befanden sich jetzt zwar in der schönen und kultivierten Umgebung, die Zaren und Fürsten geschaffen hatten, doch ihr begrenztes Bewußtsein veranlaßte sie, die herrlichen Paläste in elende Hütten zu verwandeln.

Vielleicht haben Sie Ihr Leben selbst begrenzt, weil Sie die scheinbaren Beschränkungen physischer und materieller Lebensbedingungen akzeptiert haben. Gewiß, im Geschick aller Menschen gibt es Behinderungen und Beeinträchtigungen. Gäbe es diese Handicaps nicht, würde der Mensch nicht stark werden und lernen, wie er solche Steine in seinem Weg überwinden kann. Bisweilen werden wir durch Unglück oder Hindernisse buchstäblich mitten in den Wirbel des Daseins gestoßen und müssen entweder schwimmen oder untergehen. In solchen Zeiten muß der Mensch sich ins Reich der kosmischen Dimensionen aufschwingen und seelische Flügel entfalten, um sich über seine Grenzen zu erheben.

Zahlreiche bedeutende Persönlichkeiten der Geschichte haben durch die vierdimensionale Ebene der Metaphysik unsterblichen Ruhm erlangt.

Abraham Lincoln kam in einer Blockhütte zur Welt und besaß keinerlei Ausbildung. Doch indem er die wunderbaren Reaktionszentren seines Bewußtseins anregte, gelangte er zu echter Größe. Als ihn sein Bruder um ein Darlehen von mehreren hundert Dollar bat, schrieb er zurück: wenn er dort, wo er war, nicht überall um sich her Chancen erkennen könne, würde er nie Erfolg und Befriedigung erreichen. Der Staat Illinois wurde einer der reichsten Staaten der Union und bewies damit die Wahrheit von Lincolns Worten, daß sich überall Gelegenheiten bieten, man muß nur den Blick haben, sie zu erkennen.

Präsident Franklin D. Roosevelt erlangte echte Größe trotz einer Kinderlähmung, die ihn jahrelang an den Rollstuhl fesselte.

Der bedeutende englische Dichter Lord Byron wurde mit einem Klumpfuß geboren, doch durch seine kosmische Erleuchtung erreichte er Unsterblichkeit. Als die Griechen verzweifelt gegen die türkische Herrschaft kämpften, ging er nach Griechenland und gab sein Leben in der Schlacht der Befreiung. In Gedenkfeiern wird er noch heute wegen seines unbesiegbaren Geistes in ganz Griechenland verehrt.

Florence Nightingale setzte sich kühn hinweg über die Beschränkungen ihrer Zeit, die die Frau in die Küche verbannten, und ging auf die Schlachtfelder, um die Verwundeten zu pflegen und die Sterbenden zu trösten. Durch ihr Opfer hat sie die Frau für alle Zukunft befreit und dem Beruf der Krankenschwester Würde und neues Ansehen gegeben.

Die Eltern von George Washington Carver waren Sklaven, trotzdem überwand ihr Sohn die Schranken von Rasse und Farbe und gründete das Tuskeegee-Institut in Alabama. Er hat mir einmal die kleinen Päckchen mit Blumensamen gezeigt, die er den Antworten auf Briefe aus aller Welt beizulegen pflegte. „Diese Samen schicke ich mit liebevollen Gedanken," erklärte er dabei. „Wer immer sie blühen sieht, muß unwillkürlich die Liebe und Schönheit der Blumen widerspiegeln. Und wenn man die Natur liebt, kann man seine Mitmenschen nicht hassen."

Edison und Beethoven wurden beide taub, doch sie überwanden ihre Behinderung und gelangten auf ihren jeweiligen Gebieten zu unbestrittener Größe.

Der Dichter John Milton erblindete, aber sein Werk *Das verlorene und wiedergewonnene Paradies* sichert ihm in alle Ewigkeit einen überragenden Platz inmitten der Unsterblichen aller Zeiten.

Die unbegrenzte vierte Dimension des Geistes

Die Liste jener großen Männer und Frauen, die sich im kosmischen Bewußtsein auf Flügeln der Seele erhoben haben und Unsterblichkeit erreichten, ist endlos. Sie gewannen die unbegrenzte vierte Dimension des Geistes und erschlossen die metaphysischen Kraftebenen, die ihnen überdurchschnittliche Fähigkeiten gaben.

Sie, lieber Leser, verfügen über dieselben Fähigkeiten, die jene Großen einst zur Erschließung ihrer höheren Dimensionen von Seele und Geist gebrauchten.

Laßt uns nun sehen, wie wir die drei Bewußtseinsebenen, von deren Existenz wir nun wissen, für uns nützen können.

Das Bewußtsein, der Speicher des Gedächtnisses

Unser Bewußtsein ist die Summe unserer alltäglichen Aktivitäten und Erfahrungen. Hier ist Anfang und Ausgang aller Erkenntnis. Die meisten Menschen leben täglich vierundzwanzig Stunden auf dieser Bewußtseinsebene.

Diese Ebene ist durchaus wichtig, denn sie umfaßt Dinge wie Nahrung, Kleidung, Wohnung, Arbeit und Geld, Freundschaft, körperliche Liebe und alle materiellen Annehmlichkeiten des Lebens. Es ist durchaus nicht falsch, auf dieser Bewußtseinsebene zu leben, denn anders gäbe es keine physische oder materielle Existenz. Der einzige Fehler, den manche Menschen begehen, besteht darin, daß sie sich ausschließlich auf diese Ebene beschränken, wodurch ihr Leben zwangsläufig unausgeglichen und einseitig bleibt.

Ich habe eine Frau gekannt, die 25 Millionen Dollar schwer war. Ihr Mann hatte ihr nach seinem Tod dieses unvorstellbare Vermögen hinterlassen. Sie lebte ausschließlich auf der physischen Bewußtseinsebene. So fing sie an, regelmäßig Nachtclubs zu besuchen und haltlos zu trinken. Sie frequentierte Spielsalons und Pferderennen und verlor Tausende dabei. Schließlich nahm sie abwechselnd Schlaftabletten und Aufputschmittel; allmählich ließ ihr Gedächtnis nach und sie vermochte nicht mehr klar zu denken.

Am Ende beging diese unglückselige Frau Selbstmord!

Sie besaß alles, was man sich nur wünschen konnte, aber das Leben wurde unerträglich für sie, weil sie sich nie die höheren Bewußtseinsebenen erschlossen hatte, die sie vielleicht gerettet hätten.

System für das Leben auf der Bewußtseinsebene

A. Bemühen Sie sich, die Bewußtseinsebene zu erkennen und zu verstehen. Sie ist Ihr willensmäßiges Denken, mit dem Sie Entschlüsse fassen und sie ausführen. Seien Sie sich Ihres Körpers, seiner Empfindungen und seiner Triebe bewußt; setzen Sie sich jeden Morgen nach dem Aufstehen fünf Minuten ruhig und entspannt hin und spüren Sie Ihr physisches Selbst, Ihre Gefühle, Ihre inneren und äußeren Empfindungen. Werden Sie sich Ihrer Hände und der ihnen innewohnenden kreativen Fähigkeit bewußt. Wenn Sie malen oder maschineschreiben oder ein Musikinstrument spielen, halten Sie bisweilen inne und analysieren Sie die erstaunliche Geschicklichkeit Ihrer Hände in dieser Beschäftigung und erkennen Sie die Macht, die Sie besitzen, um eine erstaunliche Vielzahl von Dingen zu tun. Die Fähigkeit im Gebrauch Ihrer Hände reicht weit über die tierische hinaus. Werden Sie sich dieser Kraft bewußt und widmen Sie sich täglich den Bedürfnissen Ihres Körpers: richtige Nahrung, frische Luft, Bewegung, Training, Ruhe und Schlaf zu seiner Wiederherstellung.

B. Konzentrieren Sie sich auf Ihr Lebensziel. Beschäftigen Sie sich mit diesem Gedanken täglich fünf Minuten, am besten morgens, wenn Sie erwachen und Ihr Geist noch frisch ist. Fragen Sie sich konzentriert: „Was ist mein Ziel im Leben? Was muß ich tun, um es zu erreichen? Was kann ich tun, um es zu fördern? Was tue ich, das für mich und meine Interessen nachteilig oder schädlich sein könnte?" Diese Übung können Sie auch gelegentlich zwischendurch machen, während Sie auf den Bus warten oder in der Mittagspause im Betrieb. So halten Sie Ihr Bewußtsein ständig auf Ihr Lebensziel konzentriert und werden in bezug auf Ihr Ziel nicht unsicher.

C. Pflegen Sie vorsätzlich die bejahenden Kräfte. Das bewußte Denken und seine Gedächtnismuster werden durch bewußtes Wollen motiviert. Sie können die Struktur Ihres Denkens mit negativen oder positiven Anregungen färben. Die Menschen reißen beständig die positiven Gewohnheitsmuster ihres Denkens herunter mit so negativen Äußerungen wie: „Ich kann es nicht. Ich werde bestimmt versagen. Ich weiß, das schaffe ich nie. Ich habe einfach kein Glück. Ich bin ein geborener Verlierer."

Ich bin einmal einem Mann begegnet, der auf seinem rechten Arm die Worte eintätowiert hatte: *Geborener Verlierer.* Er hat mir eine endlose Geschichte von Niederlagen, Enttäuschungen, Hindernissen und Fehlschlägen erzählt, die ehrlich erschütternd war. Als sein Vater die Familie verließ, war er noch ein Kind. Nie hat er so etwas wie Geborgenheit gekannt. Seine Mutter ergab sich dem Alkohol. Frühzeitig lief er von Zuhause fort, und bald wurde auch er zum Trinker. Er versuchte sich in einem Job nach dem anderen. Schließlich ging er zur See, und als er eines Abends wieder betrunken war, ließ er sich die Worte „Geborener Verlierer" auf den Arm tätowieren.

Von diesem Moment an wurde alles noch schlimmer, und er schloß seine Geschichte mit der resignierten Feststellung, er sei nun einmal vom Schicksal verflucht seit dem Augenblick, in dem er in eine Existenz von Armut und Elend hineingeboren wurde. Unseligerweise ging meine Bekanntschaft mit ihm nicht über den Augenblick hinaus, und so vermochte ich ihm nicht zu erklären, daß nur sein eigenes willentliches Denken Ursache all seines Elends und Unglücks war.

Positive Kraft entsteht dadurch, daß Sie sich bewußt positive Impulse geben, die von den wunderbaren Reaktionszentren Ihres Denkens aufgenommen werden und die Entsprechung dessen, was Sie überzeugt bejahen, im Äußeren bewirken. Ändern Sie Ihre Behauptungen von *ich kann nicht* in *ich kann*, ändern Sie *ich werde nicht* in *ich werde*. Entschließen Sie sich energisch, von nun an positiv zu denken: „Ich kann gesund, stark, jugendlich und ausstrahlungsfähig sein. Ich werde in meiner Arbeit Erfolg haben. Ich werde genug Geld haben, um allen meinen Nöten zu begegnen. Meine Mitmenschen werden mich mögen und freundlich zu mir sein. Ich ziehe fortan nur das Gute an."

Durch diese Bejahungen werden Sie bald geistige Gewohnheitsmuster ausgebildet haben, die positiv sind und Ihr Leben im Bild und Gleichnis dessen formen werden, was Sie am häufigsten denken.

D. Entwickeln Sie eine bewußte Überwachung Ihrer Gehirnzentren. Konzentrieren Sie sich täglich einige Augenblicke auf Ihre fünf Sinne Geruch, Geschmack, Gefühl, Gehör und Gesicht. Werden Sie sich mittels dieser fünf Sinne Ihrer Umwelt bewußt. Schon bald werden Sie vibrierend lebendige Gefühlserlebnisse in den Erinnerungsschemata Ihres Denkens behalten, die Ihnen helfen werden, Ihr zukünftiges Geschick zu gestalten.

E. Lernen Sie jeden Tag drei neue Wörter, um Ihr Gedächtnis zu trainieren. Sie können zur Abwechslung auch Gedichte, Bibelzitate und andere positive Texte auswendig lernen, die Ihnen helfen, Bilder in Ihrem Gedächtnis festzuhalten.

F. Rufen Sie sich Szenen und Geschehnisse der Vergangenheit zurück; natürlich *ausschließlich* positive und erfreuliche Bilder. Die meisten Menschen bewahren Erinnerungen an Operationen, Krankheiten, Katastrophen und Fehlschläge, und jedesmal, wenn sie sich solche negativen Bilder zurückrufen, prägen diese sich stärker in die empfindlichen Hirnwindungen ein.

G. Werden Sie sich mindestens einmal in der Woche eine Stunde oder länger Ihres Gedächtnisses bewußt. Schreiben Sie eine Liste von Wörtern auf und warten Sie, welche Erinnerungen Ihnen dabei einfallen. Wörter wie Zuhause, Mutter, Liebe, Baby, Land, Flagge,

Büro, Menschen, Meer, Herrlichkeit, Glück, Schönheit, Güte und Freunde können auf dieser Liste stehen. Sie können auch Ihre eigenen Wörter und Begriffe wählen. Danach notieren Sie alle Wörter oder Gedanken, die Ihnen dazu einfallen. Auf diese Weise können Sie eine wertvolle Kette von Erinnerungen erschließen, die Sie in der Gegenwart zu wesentlicher Vervollkommnung führen wird.

Das Unterbewußtsein ist von Studierenden der Metaphysik häufig mit dem Über- oder kosmischen Bewußtsein verwechselt worden. Es ist wahr, daß Ihrem Unterbewußtsein eine gewaltige Kraft innewohnt, und Sie können sie mit großem Gewinn nutzen, wenn Sie diese aufgestaute Kraft freizusetzen wissen. Im Unterbewußtsein sind die Erinnerungen aller Völker gespeichert. Will die Natur ein neues Menschenwesen schaffen, löst sie das Muster aus, das im Gesamtbewußtsein der Menschheit enthalten ist. Dieses wird im Unterbewußtsein bewahrt. Das Unterbewußtsein weiß, wie ein Kind in neun kurzen Monaten im Mutterleib vollkommen herangebildet wird. Die chemische Formel wohnt in den Genen der Mutter und in den Zellen ihres Hirns und Körpers. Der kosmische Geist, mit dessen Studium wir uns alsbald befassen werden, enthält das verborgene Muster für die gesamte Schöpfung, aber das Unterbewußtsein ist das Werkzeug im Menschen, das die Natur gebraucht, um dieses Muster zu entwickeln.

Man könnte das Unterbewußtsein als die zweite Dimension der Lebenserfahrung bezeichnen. Es ist jenes automative Denken, das alle lebendigen Geschöpfe motiviert und sie veranlaßt, instinktiv ihre Lebensfunktionen zu erfüllen.

Wenn Sie etwas Bedeutendes erreichen möchten, wählen Sie bewußt ein Ziel und setzen dann durch Anregung des Unterbewußtseins die höheren Kräfte in Bewegung, die das Bild, das Sie in Ihrem Bewußtsein festhalten, realisieren.

Der Meister Jesus, der die ungeheure Kraft des Unterbewußtseins für Heilungszwecke zu erschließen vermochte, sprach von dieser Macht in den Worten: „Der Vater, der in mir wohnt, tut die Werke." Und er sagte auch: „Ich und der Vater sind eins."

In unserem modernen Metaphysikstudium wissen wir, daß das Unterbewußtsein des Menschen ihn krankmachen oder gesund erhalten kann.

Laßt uns sehen, wie wir diese Dimension des Unterbewußtseins erschließen können.

A. Emile Coué hat als erster die machtvolle Heilkraft entdeckt, die unserem Unterbewußtsein innewohnt. Wenden Sie das von ihm gelehrte System an, um dem Unterbewußtsein die benötigte positive Autosuggestion zu vermitteln, wenn Sie sich abends zur Ruhe legen. Sprechen Sie die Anregungen, die Sie Ihrem Unterbewußtsein eingeben wollen, wieder und wieder. Sie können dabei die folgenden Worte oder auch Ihre eigenen Formulierungen gebrauchen.

„Ich möchte ein besseres Gedächtnis haben und mich an alles erinnern können, das mir wichtig ist."

„Ich möchte meine Persönlichkeit ändern; ich möchte interessant, anziehend und unwiderstehlich werden."

„Ich hätte gern einen Job, in dem ich meine schöpferischen Talente und Begabungen vorteilhaft einsetzen kann."

„Um mein gegenwärtiges Ziel zu erreichen, brauche ich tausend Dollar. Ich möchte dieses Geld von unerwarteter Seite bekommen."

„Ich wünsche mir ein Haus, das ich mir leisten kann. Es soll auf dem Land sein und fünf Zimmer und einen kleinen Garten haben."

„Ich würde gern Klavier spielen" (oder singen oder Lieder oder Geschichten schreiben; welche schöpferische Begabung Sie sich auch wünschen, bitten Sie darum).

„Ich möchte eine bessere Gesundheit, mehr Vitalität und Energie und Heilung meines derzeitigen Zustands."

Wichtig ist, daß Sie präzis sind, wenn Sie die Kräfte Ihres Unterbewußtseins beanspruchen. Sie können Ihre Autosuggestionen laut oder zu sich sprechen, während Sie vor dem Einschlafen im Bett liegen. Sprechen Sie jede Selbstsuggestion mindestens zehnmal, und wiederholen Sie diesen Prozeß jeden Morgen und jeden Abend, Ihr ganzes Leben lang. Wenn Sie diese Übung gewissenhaft ausführen, werden sich die Gewohnheitsmuster in Ihrem Unterbewußtsein nach etwa drei Monaten ausgebildet haben, und bald werden Sie imstande sein, dieser Kraft willentlich zu gebieten, wobei sie manchmal ein augenblickliches Wunder für Sie bewirken wird.

B. Schreiben Sie einige Ihrer Autosuggestionen auf kleine Karten, die Sie bei sich tragen, um sie mehrmals am Tag anzusehen und den Text zu wiederholen. Es können Suggestionen für bestimmte Dinge sein, die Sie sich wünschen, oder auch ermutigende Bejahungen, wie: „Ich fühle mich herrlich. Alles, was ich heute unternehme, wird mir gelingen. Ich strahle Liebe aus auf jeden, der mir begegnet. Ich bin Leben. Ich bin Jugend. Ich bin Liebe. Mein Geist ist mit Kraft aufgeladen. Ich vertraue fest, daß mir nur Gutes begegnet. Ich bin ein dynamisches Zentrum von kosmischem Licht, von Frieden und Schönheit, und ein Magnet für alles Gute."

C. Lesen Sie positive Weisheiten in Selbsthilfebüchern, nehmen Sie das Gelesene in sich auf, lernen Sie einiges auswendig, um beständig positiv aufgeladen zu bleiben. Meiden Sie das Lesen destruktiver und negativer Bücher und Zeitschriften, die sich mit Horror, Sadismus und anomalen Scheußlichkeiten befassen.

D. Wählen Sie in Film und Fernsehen Themen, die aufbauend und erhebend sind. Meiden Sie Produktionen, die sich um Blut, Gewalt und Katastrophen drehen.

E. Laden Sie die Batterie Ihres Geistes auf, indem Sie sich bestimmte schöpferische Aufgaben stellen. Beispiel: Verliert ein Magnet seine Kraft, Eisen anzuziehen, so läßt man ihn arbeiten, indem man ein Stück Eisen solange auf ihm liegen läßt, bis er wieder aufgeladen ist. Denselben Vorgang können Sie anwenden, um Ihre Intelligenz wieder aufzuladen. Durch Verbinden Ihres Geistes mit einem inspirierenden Gedanken laden Sie seine elektromagnetische Kraft automatisch wieder auf. Gefühle und Gedanken, die das Unterbewußtsein rasch wieder aufladen, sind: Der Wunsch, anderen selbstlos zu helfen; Liebe zu Menschen und der Drang, etwas Gutes für sie zu tun; das Gefühl von Liebe auf irgendeiner Ebene – Liebe zur Familie, Liebe zur Menschheit, Liebe zu Freunden, Liebe zur Heimat, Liebe zu Gott; Vergebung für alle, die Ihnen in irgendeiner Weise wehgetan haben. Beispiel: Eine Frau, die zwanzig Jahre an Gicht gelitten hatte, gestand schließlich, daß sie all die Zeit über ihre Schwester gehaßt hat, weil diese ihr den Freund abspenstig gemacht und ihn geheiratet hatte. Sie selbst war eine alte Jungfer geblieben und nährte ihren Groll. Als man ihr dringend riet, ihrer Schwester endlich zu vergeben und mit Liebe an sie zu denken, änderte sie die seelische Aufladung ihres Unterbewußtseins, und ihre Arthritis verschwand innerhalb von sechs Monaten!

F. Wenn Sie sich abends zurückziehen, geben Sie Ihrem Unterbewußtsein eine Liste der Dinge ein, die es für Sie tun soll. Vielleicht könnte das Unterbewußtsein den Gedanken aussenden, eine Million Dollar zu beschaffen, während Sie schlafen, wie es Edison geschah, als er die Glühbirne erfand. Wochenlang hatte er versucht, eine Faser zu finden, die nicht sofort verbrennt. Alle seine Experimente schlugen fehl. Schließlich gab er seinem Unterbewußtsein ein, daß er eine Faser benötigte, die viele Stunden glüht, ohne zu verbrennen. Eines Nachts wachte er auf, als habe ihn jemand angestoßen, und hastig schrieb er den Gedanken auf, der zu ihm durchkam. Am Morgen beeilte er sich, die Einzelheiten der Idee auszuarbeiten, und die elektrische Beleuchtung war geboren.

Das kosmische Bewußtsein, Speicher des kosmischen Gedächtnisses

Die dritte geistige Dimension ist jenes Bewußtsein, das über dem physikalischen und materiellen Bewußtsein zu liegen scheint, und das wir in der Metaphysik das kosmische Bewußtsein nennen. In diesem kosmischen Bewußtsein wohnt das gesamte Bewußtsein des Universums. Wenn Sie einmal gelernt haben, sich diesen unermeßlichen Speicher des Weltgedächtnisses zu erschließen, können Sie mit den Unsterblichen aller Zeitalter verkehren und ihre Gedanken, ihre Gefühle und ihr schöpferisches Genie mit ihnen teilen.

Laßt uns nun die Methode studieren, durch die Sie dieses kosmische Gedächtnis erschließen und sich in den weltumfassenden Bereichen der Kunst, Musik, Literatur, Poesie und Philosophie in unbeschränkter Freiheit bewegen können.

A. Studieren Sie das Leben der großen Genien der Geschichte und umgeben Sie sich im Geist mit dem Glanz ihres Wissens und der Größe ihrer tiefgründigen Gedanken. Wählen Sie zum Beispiel Burbank und das Wesen seines schöpferischen Genies. Dieses bestand in Interesse für die Werke der Natur; Geduld bei seinen Experimenten im Züchten neuer Pflanzen; Vertrauen in das allem Leben innewohnende Wunder, das alles Lebendige durchdringt; Vorstellungsvermögen, die Fähigkeit, neue Formen zu sehen und mittels Vorstellungskraft zu erschaffen; Mut, angesichts zahlreicher Hindernisse und Fehlschläge durchzuhalten und fortzufahren. Sie sehen, wie Sie von einem Genie wie Burbank kosmische Größe leihen können, indem Sie sein Leben und Werk kennenlernen und dann dem großen Vorbild, das er gegeben hat, nacheifern.

Von Carnegie können Sie die Qualitäten Vorstellungskraft, Beharrlichkeit, Streben nach einem besseren Leben und die Selbstlosigkeit lernen, die ihn bewegte, seinem Land zwölfhundert öffentliche Bibliotheken und die wundervolle Institution der Carnegie Hall zu schenken.

Edison können Sie nacheifern in den kosmischen Eigenschaften des Wunsches, anderen Gutes zu tun, Vertrauen zu der Wunderkraft, die in ihm wirkte, Freude an kreativer Arbeit, Liebe zur Menschheit, Streben nach Verbesserung, Geduld, Ausdauer, Hoffnung und Optimismus.

Wie Beethoven und Mozart können Sie die kosmischen Qualitäten Schönheit, Harmonie, Freude und Rhythmus anstreben. Ebenso ihr schöpferisches Vorbild in harter Arbeit, Geduld und Menschenliebe.

Dieses Studium des Lebens der Großen läßt sich auf jeden Bereich menschlichen Strebens ausdehnen, von Philosophie und Wissenschaft bis zu bildender Kunst, Musik, Literatur und Erfindungsgeist.

B. Führen Sie in Gedanken Gespräche mit bedeutenden Persönlichkeiten, die unsere Welt bereichert haben.

Beispiel: Sie haben vielleicht ein geschäftliches Problem, mit dem Sie nicht fertigwerden können. Rufen Sie das kosmische Wissen an, dessen sich Vanderbilt, Morgan, Carnegie, Schwab und andere kaufmännische Genies bedient haben. Dieselben Gedanken, die jene Persönlichkeiten in ihrem Leben motiviert haben, existieren noch immer auf der kosmischen Ebene, und Sie können diese Ebene genauso leicht anzapfen, wie es jene vermochten.

Oder Sie wünschen sich Inspiration für ernste Musik. Hören Sie sich

Aufnahmen der Großen wie Beethoven, Mozart, Bach , Händel und Strauss an, und während Sie diesen erhabenen Klängen lauschen, können Sie die Inspiration und empfindsame Schönheit, die jene ihre lebensprühenden Meisterwerke schreiben ließ, neu erschaffen.

Vielleicht verlangt es Sie nach der hohen Weisheit und stilistischen Schönheit der Worte, die wir bei Dichtern wie Shelley, Keats, Milton, Dante, Shakespeare und Goethe finden. Vertiefen Sie sich in die Werke dieser oder anderer bedeutender Autoren und entfachen Sie erneut die kosmische Flamme, die in jenen leuchtete und die ganze Menschheit inspirierte.

Es mag Sie für ein besonderes Problem in Ihrem Leben nach dem Wissen eines Forschers verlangen. Wenden Sie sich der Geschichte und den Arbeiten von Persönlichkeiten wie Newton, Galilei, Leonardo da Vinci, Pasteur, Einstein, Salk und Fleming zu. Die kosmische Inspiration, die diese Persönlichkeiten motivierte, kann durch ihre Werke Ihr Denken und Ihre Vorstellung mit demselben schöpferischen Feuer entflammen, das jene gebrauchten, und kann auch Sie zu bedeutenden kreativen Taten veranlassen.

C. Widmen Sie sich einer großen und edlen Aufgabe, und Sie werden den kosmischen Geist berühren und für alles, was Sie in Ihrem Leben unternehmen, Inspiration und Hilfe zu sich ziehen. Hetty Green erwarb in ihrem Leben mehr als hunderttausend Millionen, aber sie war derart geizig und egoistisch, daß sie ein Knauser wurde und nie die herrliche Freude erfuhr, die man empfindet, wenn man sein Geld mit anderen teilt. Durch das selbstlose Bestreben, die Welt besser und freundlicher zu machen, können Sie sich die Macht des kosmischen Geistes erschließen.

Nobel erwarb sein Vermögen durch Schießpulver und Munition, aber er bestimmte seinen Nachlaß für den Friedens-Nobelpreis, der jedes Jahr denjenigen gegeben werden sollte, die das meiste für den Frieden getan oder bedeutende literarische Werke geschaffen hatten.

Carnegie hat einmal geäußert, in der Zukunft werde man es als Sünde ansehen, wenn jemand reich stirbt. Er selbst bestimmte vor seinem Tod, daß der Hauptteil seines Vermögens dem Wohl der Menschheit dienen sollte.

Rockefeller sen. wurde von vielen ob der Methoden getadelt, durch die er sein erstes Vermögen anhäufte. Doch nach seinem Ableben ging alles, was er besaß, entsprechend seiner Verfügung an die Rockefeller-Stiftung, der einige der wesentlichsten Fortschritte auf dem Gebiet der Medizin und Wissenschaft zu danken sind, die der ganzen Menschheit zugute kommen.

Mellon hat eine riesige Kunstgalerie gegründet, um seine Liebe zu allem Schönen mit der Welt zu teilen.

Die vierdimensionale Ebene des Geistes

Wenn Sie alle drei Ebenen des Bewußtseins — Bewußtsein, Unterbewußtsein und kosmisches Bewußtsein — studiert haben, dann haben Sie alle jene unermeßlichen Kräfte, die der Mensch für seinen physischen, materiellen, geistigen, emotionalen und seelischen Bedarf benötigt, unter Kontrolle. Es bleibt jedoch noch ein weiterer Bereich zu untersuchen: die vierdimensionale Stufe des reinen Geistes oder absoluten Seins, das in, um und durch das Physische und Materielle strömt und ihm seine Form und Substanz gibt, selbst jedoch nie von der Materie umschlossen wird. Einstein hat vor seinem Tod an einer Theorie gearbeitet, die alle Materie, die ganze Schöpfung in Begriffen dieses göttlichen Seins oder Geistes erklärt. In der Religion wird dieses Sein als heiliger Geist bezeichnet, in der Metaphysik aber wissen wir, daß die Kraft, die der Heiler Jesus gebrauchte und deren sich alle erhabenen Mystiker bedient haben, um Wunder der Heilung und andere schöpferische Taten zu vollbringen, auf der vierten metaphysischen Ebene wohnt, mit anderen Worten: auf jener Stufe, die über und jenseits des physikalischen und materiellen Universums existiert.

Im Unsichtbaren wohnen gewaltige und erhabene Kräfte

Ungeheure Kräfte wirken auf der unsichtbaren vierdimensionalen Ebene. Hier ebben und fluten elektrische Ströme in einer unermeßli-

111

chen Gezeitenwoge der Kraft. Als Franklin jenes Experiment mit einem Drachen und einem Schlüssel machte, hat er die Existenz dieser ungeheuren kosmischen Kraft bewiesen. Später haben dann Galvani, Marconi, Edison und andere schöpferische Genies jene Kraftströmungen, die in den unsichtbaren Dimensionen von Zeit und Raum existieren, nutzbar gemacht.

Eine weitere jener gewaltigen kosmischen Kräfte, die der Mensch erst jetzt allmählich zu gebrauchen lernt, ist der Magnetismus. Newton und Galilei haben uns gezeigt, daß diese geheimnisvolle flüssige Substanz das gesamte Universum durchflutet und vom Menschen genutzt werden kann, sobald er sie verstanden hat. Inzwischen erforschen unsere Satelliten den interstellaren Raum, weil wir allmählich gelernt haben, wie der Magnetismus durch die Schwerkraft oder das Dritte Gesetz der Bewegung, das Newton entdeckte, wirkt.

Die kapillare Anziehung in allen lebendigen, wachsenden Dingen ist eine weitere jener geheimen unsichtbaren Kräfte, die von dem göttlichen Wesen, das der gesamten Schöpfung zugrundeliegt, motiviert werden. Wenn Sie gelernt haben, wie Sie dieses enorme Reservoir unsichtbarer Kraft anzapfen können, werden Sie wahrhaft Übermenschliches vollbringen und Dinge tun können, die jeder Augenzeuge als Wunder bezeichnen würde.

Jesus vermochte Substanzen umzuwandeln und dadurch Kranke augenblicklich zu heilen oder mit wenigen Broten und Fischen eine Menschenmenge zu sättigen; er konnte über das Wasser gehen, Tote ins Leben zurückrufen, Wasser in Wein verwandeln und andere Wunder vollbringen, indem er die Gesetze der Transmutation und Transfiguration anwandte. Alles das ist in der Geschichte dokumentarisch belegt!

Wie die vierdimensionale Ebene des Geistes zu erschließen ist

A. Gebrauchen Sie die beiden Wunderschlüssel Glauben und Gebet, um die gewaltigen Reserven latenter Kraft in Ihrer Seele zu erschließen. Vertrauen Sie darauf, daß diese Kraft heute lebendig ist und für Sie wirkt, wie sie für Jesus und andere erhabene Lehrer der Vergangenheit gewirkt hat. Gebrauchen Sie das Gebet als geistige Sprache, durch die Sie mit dem göttlichen Geist in Ihrem Innern verkehren können. Der göttliche Funke ist in allen Menschen lebendig. Sie können zu Gott ebenso einfach sprechen, wie Sie mit Ihren Freunden reden. Das Gebet ist die Sprache der Seele, und wenn Sie eine heilige Kommunion mit Ihrem göttlichen Selbst halten, werden Sie zu vielen Geheimnissen des Universums Zugang haben und Kräfte gewinnen, die Sie erstaunen werden.

B. Intensivieren Sie Ihre geistige Anziehungskraft dadurch, daß Sie die geistigen Eigenschaften, von denen alle Mystiker gesprochen haben, im Sinn behalten. Diese Eigenschaften sind: Wahrheit, Liebe, Frieden, Nächstenliebe, Güte, Vergebung, Glaube und Verehrung der göttlichen Macht, die alles Leben geschaffen hat. Diese Eigenschaften des Göttlichen sollten ebenso gepflegt und geübt werden, wie wir unseren Körper üben und pflegen. Das Denken, das Fühlen und die Seele des Menschen verlangen einen bestimmten Antrieb, und auf der vierdimensionalen Ebene muß der Mensch sich seiner Göttlichkeit bewußt sein und entsprechend handeln. Niederes und unwürdiges Tun zerstört dieses göttliche Bild, und der Mensch sinkt auf die primitive Stufe der Tiere zurück.

C. Überwinden Sie negative Gefühle, die das göttliche Bild verzerren. Wir haben über diese Gefühle bereits gesprochen. Es sind Angst, Haß, Zorn, Rachsucht, Neid, Eifersucht, Habgier, Selbstsucht und Bosheit. Der einzige Weg, diese Empfindungen völlig zu überwinden besteht darin, jedes negative Gefühl durch ein positives zu ersetzen.

D. Wenn Sie die wunderbaren Reaktionszentren Ihres Bewußtseins beleben möchten, dann wenden Sie das Geheimnis an, dessen sich die tibetanischen Mystiker seit Jahrhunderten bedienen. Stellen Sie sich vor, um Ihre Stirn sei eine goldene Schnur gebunden, die bis in die Unendlichkeit reicht, wo sie den kosmischen Geist des Schöpfers berührt. Wenn Sie sich üben, Ihr geistiges Wesen auf das Göttliche zu übertragen, atmen Sie zehn- oder fünfzehnmal tief, schließen Sie dann die Augen und stellen Sie sich vor, wie das Wesen des Göttlichen von dem kosmischen Geist ausgehend zu Ihrem Geist strömt. Sprechen Sie langsam zehn- oder fünfzehnmal die mystischen Worte: „Om mani padme hum." Atmen Sie tief ein, bevor Sie die Worte sprechen, und halten Sie das „Om" etwas länger als die anderen Worte. Wenn Sie dieses mystische Ritual ausführen, werden Sie alsbald ein Gefühl innerer Heiterkeit spüren, und Sie werden große Kraft und Ausdauer haben, wenn Sie sie benötigen.

E. Sie können die hohe Ebene der vierten Dimension des Geistes dadurch erschließen, daß Sie wohltätig sind und Gutes tun. Das ist einer der Gründe, weshalb alle großen Mystiker und Propheten in ihren Lehren immer wieder die Mildtätigkeit betonen. Diese Verströmung ist ein göttlicher Akt, so wie die Sonne ihre Strahlen verströmt, um die Erde zu nähren und der Menschheit Leben zu geben. Der kosmische Geist ist eine großzügige und liebevolle Kraft, die Ihre Schätze verschwenderisch verschenkt. Kopieren Sie die Großzügigkeit des göttlichen Geistes, und Sie werden in Ihren Lebensumständen spontane Veränderungen sehen. Barmherzig zu sein bedeutet nicht, daß Sie anderen Geld geben müßten; es gibt zahlreiche andere Formen des Gebens. Sie können Güte, Liebe, Schönheit geben, Sie können Ihre Lebenserfahrungen mit jenen teilen, die weniger glücklich sind. Sie können den Menschen, mit denen Sie arbeiten, ein Lächeln und freundliche Worte schenken. Der Geist der Güte und Großzügigkeit kann zu einer Gewohnheit werden, die Ihre ganze Persönlichkeit durchdringt. Sie wird Ihnen Freunde gewinnen, und jeder, der Ihnen begegnet, wird Sie lieben.

Zusammenfassung

1. Die vierdimensionale Kraftebene übernatürlicher Fähigkeiten steht Ihnen zur Verfügung.
2. Der Kräftespeicher der vierten Dimension, dessen sich die Mystiker alter Zeiten bedienten, wird erklärt.
3. Die Bedeutung der Metaphysik und die wunderbaren Reaktionszentren des Hirns; wie man sie aktiviert.

7. Kapitel

Unbegrenzter Reichtum durch das metaphysische Wunderkraftbewußtsein

Das Wunderkraftbewußtsein können Sie für viele Pläne und Ziele in Ihrem Leben einsetzen. Vielleicht möchten Sie in der Berufs- oder Geschäftswelt prominent werden und ein großes Vermögen erwerben. Dazu können Sie sich dieser Kraft bedienen; es ist nichts Böses daran, die Reichtümer zu nutzen, die im Universum vorhanden sind. Sie werden dem Menschen vom Schöpfer gegeben und sollten verständig angewendet werden.

Die Bibel bezeichnet „die Liebe zum Mammon" als die Wurzel allen Übels. Sie sagt nicht, daß das Geld übel sei. Es ist der geizige, selbstsüchtige Mensch, der übel ist, denn er häuft Geld an zu seiner eigenen Verherrlichung und krallt sich daran fest. Wenn Sie das Wunderkraftbewußtsein einsetzen, um ein Vermögen anzuziehen und Ihre Geldmittel weise zu gebrauchen, können Sie so reich sein, wie Sie wollen.

Wie man ein Reichtumsbewußtsein aufbaut

Es gibt ein Gesetz in der Metaphysik, das man als das Gesetz von Ursache und Wirkung bezeichnet. Man nennt es auch Aktion und Reaktion. Es gibt keine Wirkung ohne eine Ursache. Wenn Sie reich werden und Erfolg haben möchten, müssen Sie die Ursachen schaffen, die zur Bildung von Reichtum führen. Dieses Gesetz gilt und wirkt in der gesamten geistigen und physischen Welt.

117

Was ist ein Bewußtsein? Es ist der Zustand, in dem man bewußt existiert, sich selbst und seine Umwelt bewußt wahrnimmt; es ist die Gesamtheit der Gedanken, Gefühle und Erfahrungen einer Person.

Es muß erst ein reiches Bewußtsein gebildet werden, bevor Sie die Segnungen des Lebens wahrhaft genießen können. Dieses Bewußtsein kann ohne weiteres auch dann aufgebaut werden, wenn Sie arm sind und über keinerlei materielle Hilfsquellen verfügen.

Beispiel:

Ein Mensch, der niemals in irgendeiner Form mit kulturellen oder künstlerischen Dingen in Berührung gekommen ist, geht in das Metropolitan-Museum in New York, in dem herrliche Kostbarkeiten aus der ganzen Welt zu sehen sind. Er mag das alles sehr genießen, aber es ist nicht wahrscheinlich, daß er wirklich versteht, was er sieht, oder daß er die Kunstschätze voll zu würdigen vermag. Weshalb? Einfach, weil sein Bewußtsein auf künstlerischem Gebiet niemals richtig entwickelt worden ist.

Jemand, der Kunst studiert hat, der Bücher über das Leben von Künstlern gelesen hat und einiges von Symmetrie, Kompositon, Farbe und Form versteht, wird die wertvollen Bilder mehr genießen und würdigen als einer, der in der Kunst weniger bewandert ist.

Erst muß das Reichtumsbewußtsein aufgebaut werden, bevor Sie den kostenlosen Reichtum des Lebens wahrhaft würdigen oder die materielle Fülle anziehen können, die Reichtum repräsentiert.

Was würden Sie tun, wenn Sie reich wären?

Stellen wir eine hypothetische Frage: Wenn Sie wirklich reich wären, was würden Sie unter anderem tun?

Sie würden Ihr Haus mit herrlichen Gemälden schmücken.

Sie würden vielleicht eine Bibliothek mit kostbaren, in Leder gebundenen Büchern besitzen.

Sie hätten einen luxuriösen Wagen und einen Chauffeur, der Sie überall hinfährt.

Sie würden Reisen ins Ausland machen, Sie würden in Nachtclubs gehen, und Sie würden sich für Pferderennen und Segelregatten interessieren.

Sie würden nur in den besten Hotels absteigen, erstklassige Mahlzeiten genießen und regelmäßig in die Oper und ins Theater gehen.

Tatsächlich können Sie sich an allem, was Millionäre genießen, auch erfreuen, ohne reich zu sein

Wenn Sie sich zuvor ein Reichtumsbewußtsein schaffen, werden Sie Ihr Lebem bereichern, und so Sie ein Vermögen besitzen möchten, kann Ihre innere Wunderkraft Ihnen zeigen, wie Sie es erlangen.

So bauen Sie sich ein reiches Bewußtsein auf:

1. Werden Sie sich der unbezahlbaren Schätze bewußt, die überall verfügbar und für wenig Geld zu genießen sind. Zwar können Sie keinen Rembrandt besitzen, der eine Million oder mehr wert und selbst für einen Krösus kaum erschwinglich ist, aber Sie können sich ausgezeichnete Reproduktionen der wertvollsten Kunstschätze der Welt kaufen, wie die Mona Lisa, der Blaue Knabe, das Letzte Abendmahl und andere herrliche Gemälde, mit denen Sie die Wände Ihres Heims schmücken können. Und falls Sie nicht in der Nähe einer großen Galerie wohnen, kaufen Sie sich Bücher, die Ihnen die herrlichen Kunstschätze der Welt nahebringen und Ihr Bewußtsein bereichern, während Sie das Leben und die Arbeit der großen Künstler vergangener Zeiten studieren.

2. Sie besitzen vielleicht keine vornehme Bibliothek mit in Leder gebundenen Erstausgaben, aber Sie haben Zugang zu einer öffentlichen Bücherei, die eine Fundgrube der bedeutendsten Literatur der Welt ist. Hier können Sie für einen geringen Betrag Bücher ausleihen und Ihr Bewußtsein mit den edelsten und interessantesten Gedanken und Inspirationen der bedeutendsten Dichter und Schriftsteller der Vergangenheit und Gegenwart erfüllen. Außerdem sind heutzutage

die meisten guten Bücher auch als Paperbacks erhältlich, die sich fast jeder leisten kann.

3. Studieren Sie in Biographien und Autobiographien das Leben der großen und erfolgreichen Persönlichkeiten der Geschichte. Dann eifern Sie ihrem Leben und ihren Gedanken nach. Lernen Sie aus den Fehlern dieser Großen, und versuchen Sie, Ihr Bewußtsein zu bereichern, indem Sie aus ihrem Beispiel und ihrem Lebenswerk soviel Wissen wie nur möglich in sich aufnehmen.

4. Vielleicht haben Sie keine Limousine mit Chauffeur, aber wie wäre es mit den lokalen Beförderungsmitteln? Für ein paar Groschen können Sie eine weite Strecke mit der Tram, der Untergrundbahn oder dem Bus zurücklegen, ohne daß Sie selbst fahren und auf die Wegstrecke und die Verkehrszeichen achten müssen. Ist das nicht genauso, als ob das Vehikel Ihnen gehörte? Und denken Sie nur, wie wenig Mühe damit verbunden ist! Sie brauchen kein Benzin nachfüllen zu lassen, sich nicht um die Pflege des Fahrzeuges zu kümmern oder sich über die Reparaturkosten zu ärgern. Das alles übernimmt für Sie ein weites Netzwerk von Angestellten, um die Sie sich nie zu scheren brauchen. Statt darüber zu jammern, daß Sie kein Auto haben, sollten Sie sich erst das Reichtumsbewußtsein schaffen, das schließlich auch zu Ihrem eigenen Wagen führen kann.

5. Sie sehnen sich vielleicht nach einem Haus mit einem gepflegten Garten, aber haben Sie je daran gedacht, daß Sie bereits einen grenzenlosen Reichtum in den öffentlichen Parks, Zoologischen Gärten, Botanischen Gärten und Anlagen besitzen, die zu unterhalten kein Millionär sich leisten könnte? Ich erinnere mich noch gut an meine Spaziergänge in Bel-Air aus der Zeit, in der ich über Jahre ein Haus in Kalifornien hatte. Eines Tages kam ich zu einem großen, etwa 40 Hektar umfassenden Grundstück, das rings von einem hohen Stacheldrahtzaun umgeben war. Am Eingang verkündete ein Schild in roten Buchstaben:

Hochspannung!Nicht betreten!Lebensgefahr!

In der Mitte des Besitztums erhob sich ein riesiges Mausoleum von Haus. So oft ich auch dort vorbeikam, ich habe nie einen Menschen auf dem sanft gewellten Rasen gesehen; niemals war jemand draußen, um sich an den Blumen und wertvollen importierten Bäumen und Sträuchern zu erfreuen. Es war eine einsame und verlassene Wildnis, und der Multimillionär, dem sie gehörte, war nie zu Hause, um sein herrschaftliches Besitztum zu genießen. Mit Sicherheit können Sie in Ihrem eigenen kleinen Apartement oder Haus mehr Freude finden, als diese kostspielige Ausgeburt des Reichtums signalisiert! Sie können sich ein Reichtumsbewußtsein schaffen und die öffentlichen Parkanlagen und die Schönheit aller Gärten in Ihrer Umgebung genießen, ohne sich um die Bewässerung der Beete kümmern oder die Gärtner bezahlen zu müssen!

6. Vielleicht bedauern Sie, daß Sie nicht ins Theater, in die Oper oder ins Konzert gehen können. Möglicherweise gibt es diese Unterhaltungen, die sich nur die Reichen leisten können, in Ihrer Stadt überhaupt nicht. Aber Sie brauchen keineswegs reich zu sein, um sich wie ein König unterhalten zu lassen. Sie haben den Rundfunk und das Fernsehen, und beide bieten Ihnen allein an einem Abend Unterhaltung für viele Millionen Dollar. Ein leichter Knopfdruck genügt, und so berühmte Stars wie Jack Benny, Lucille Ball, Jackie Gleason, Bob Hope und Red Skelton kommen zu Ihnen ins Haus.

Und denken Sie nur an die Multimillionendollar-Filme, die Sie am Abend im Fernsehen finden! Nicht nur von den Stars der Gegenwart können Sie sich unterhalten lassen, sondern auch von einem jugendlichen John Barrymore, Errol Flinn, Clark Gable und Tyrone Power, die längst unsere Erde verlassen haben. Greta Garbo, Marlene Dietrich, Rita Hayworth und Lana Turner erscheinen im Zauber ewiger Jugend auf Ihrem Bildschirm, und dieses Wunder kostet Sie nicht mehr als die Anschaffung eines Fernsehgeräts und eine geringe Monatsgebühr. Ein Potentat des fernen Ostens könnte sich mit allen seinen Millionen nie das Wunder und den Luxus eines Fernsehprogramms leisten.

Sie sind bereits so reich wie Midas, aber vielleicht haben Sie noch nicht das rechte Bewußtsein für die Fülle, die Sie tatsächlich besitzen.

Um Ihnen bei der Ausbildung des Wunderkraftbewußtseins zu helfen, das Ihnen unbegrenzten Reichtum bringen kann, wollen wir das reiche Universum, in dem Sie leben, einmal exakt untersuchen.

Die meisten Menschen kommen über ihre bescheidenen Lebensumstände nicht hinaus, weil sie sich der Fülle, die Gott für uns bereithält, einfach nicht bewußt werden. Wenn Sie sich das nächstemal darüber beklagen, daß es nicht genug Reichtum für alle gibt, dann denken Sie einmal über die folgenden Tatsachen nach.

In Rußland existiert ein Wald, der dreitausend Quadratmeilen bedeckt. Allein in diesem Wald gibt es genügend Holz, um ein Haus von der Größe und Schönheit des Weißen Hauses in Washington zu bauen – *für jede einzelne Familie in der ganzen Welt!*

In Brasilien befindet sich ein weites Gebiet noch unerschlossener Bodenschätze, das alle Menschen in der Welt über Generationen mit Gold, Diamanten, Silber, Eisen, Kohle, Zink, Zinn, Kupfer, Mahagoni, Gummi und Früchten versorgen könnte.

Machen Sie sich immer wieder bewußt, daß Sie in einem reichen Universum leben, und daß Gott all diese Dinge für Sie und die Ihren geschaffen hat. In der Natur gibt es keine Armut, gibt es keinen Mangel. Die Armut ist etwas Künstliches, sie ist von Menschen gemacht. Allein die Kosten für die Schiffe, die in Pearl Harbor gesunken sind, hätten die Bewässerung sämtlicher brachliegenden Wüsten des Westens ermöglicht, und bereits dadurch hätte man genügend Nahrungsmittel produzieren können, um die hungernden Millionen in Asien zu retten. Vier Million Dollar – der Preis für eine einzige Atombombe – hätten die Armut in Amerika beseitigt und die übrige Welt über Jahre hinaus ernährt.

In Amerika allein lagern Millionen Pfund Butter, Millionen Gallonen Milch und Kartoffeln und Dörrprodukte, die mühelos die ganze Welt ernähren könnten. Wenn Sie das nächstemal jemanden von dem Mangel reden hören, der in der ganzen Welt herrscht, dann erinnern Sie ihn an diese Tatsachen. Und bereichern Sie Ihr eigenes Bewußtsein durch das Wissen um die wahren Reichtümer, die im Universum vorhanden sind. Sie werden dann bald imstande sein, alles Geld anzuziehen, das Sie brauchen, um jeden Luxus und jede Annehmlichkeit genießen zu können, die Sie sich wünschen.

So setzen Sie die Wunderkraft zur Bildung eines Vermögens frei

1. Nehmen Sie über die Welt, in der Sie leben, soviel Wissen in sich auf, wie Sie nur können. Studieren Sie die erhabenen Beispiele, die Männer und Frauen vergangener Zeiten uns hinterlassen haben. Machen Sie es sich zur Aufgabe, zu erforschen, wie reiche Leute ihren Wohlstand begründet haben. Gehen Sie in die Stadtbibliothek und leihen Sie sich Bücher über Persönlichkeiten wie Carnegie, Vanderbilt, Morgan und Astor. Dann versuchen Sie, das so gewonnene Wissen in Ihrem eigenen Leben anzuwenden.

2. Entwickeln Sie den ernsten Wunsch, im Leben weiterzukommen. Setzen Sie Ihre Maßstäbe höher, streben Sie Ideale an, bemühen Sie sich, auf intellektuellem und kulturellem Gebiet eine höhere Stufe zu erreichen. Beispielsweise können Sie einen Kursus in freier Rede belegen; bildende Kunst oder Musik oder Literatur studieren; Galerien besuchen und anschließend Bücher über bedeutende Maler oder Grafiker lesen. Sie werden die schönen Dinge des Lebens leichter anziehen können, wenn Sie sich ein Bewußtsein erarbeiten, das wertvolle Leistungen zu erfassen vermag.

3. Bilden Sie für die Schätze, die Sie bereits besitzen, ein Bewußtseinsgefühl aus, indem Sie sie täglich betrachten oder berühren. Halten Sie Ihr Interesse wach. Zum Beispiel könnten Sie montags etwas über einen bedeutenden Maler wie Rembrandt oder da Vinci lesen. Am Dienstag hören Sie sich Musik von Beethoven oder Mozart an und lernen dann aus Büchern Ihrer Bibliothek etwas über das Leben dieser Komponisten. Mittwochs könnten Sie sich das Gute im Fernsehen bewußtmachen, statt über das weniger Gute zu klagen. Befassen Sie sich mit dem Leben von Edison, Marconi und Sarnoff, die dieses moderne Wunder ermöglicht haben.

Am Donnerstag könnten Sie die Vielfalt der Früchte genießen, die Sie auf dem Markt sehen oder auf Ihrem Tisch haben. Interessieren Sie sich für den Menschen, der soviele Früchte und Gemüse und Blumen gezüchtet hat. Informieren Sie sich über das Leben von Luther Burbank und erfahren Sie, wie er die Wunderkraft seines höheren Geistes einsetzte, um neue Obst- und Gemüsesorten hervorzubringen, die heute unser Leben bereichern.

Diesen Lernprozeß sollten Sie Ihr ganzes Leben hindurch beibehalten und allmählich auf die Gebiete Wissenschaft, Industrie, Geschichte, Philosophie, Psychologie und Religion ausdehnen. Sie werden bald merken, daß Ihr Bewußtsein dadurch ungeheuer bereichert wird und die Reaktionszentren Ihres höheren Geistes angeregt werden, so daß Ihre Kraft, Reichtum und Fülle anzuziehen, sich wesentlich intensiviert.

4. Malen Sie sich die Welt, in der Sie leben möchten, in allen Einzelheiten aus und sehen Sie die häusliche Umgebung, in der Sie sich am wohlsten fühlen würden, im Geist deutlich vor sich. Dann achten Sie sorgfältig darauf, Ihre jetzige Wohnung so schön, gemütlich und sauber wie möglich zu halten. So werden Sie bald Ihr richtiges Zuhause, in dem Sie in der Vorstellung bereits gelebt haben, zu sich ziehen.

5. Sie sollten ein Lebensziel haben, einen Grund für den Wunsch, ein Vermögen zu erwerben. Vielleicht wünschen Sie ein schönes Haus, einen eigenen Wagen, ein Studium für Ihren Sohn oder Ihre Tochter, einen Pelzmantel, ein Boot; was immer es sei, behalten Sie Ihr Ziel fest im Auge; beschreiben Sie es auf einem Blatt Papier und lesen Sie die Worte jeden Tag, bis Sie das Bewußtsein der Fülle ausgebildet haben. Dann warten Sie geduldig, bis sich Ihr Traum verwirklicht.

6. Jeden Abend vor dem Zubettgehen reinigen Sie Ihren Geist von allen negativen Gedanken, die sich im Laufe des Tages angesammelt haben. Ihr Bewußtsein enthält eine Fülle von Gedanken und Vorstellungen. Wenn Sie denken, daß Sie Erfolg haben und Reichtum anziehen können, werden Sie bessere Chancen haben, als wenn Sie sich zigmal im Lauf des Tages erzählen, daß Sie versagen werden, daß es nun mal nicht genug Geld für jeden gibt, oder ähnlich negative Grübeleien pflegen.

7. Seien Sie bestrebt, des Besten würdig zu sein, was das Leben zu bieten hat. Schaffen Sie sich ein Bewußtsein für Qualität und Reichtum, indem Sie ausschließlich die beste Kleidung tragen, die Sie sich leisten können. Essen Sie in erstklassigen Restaurants, wählen Sie Ihre Unterhaltung in Film und Fernsehen in der Absicht, durch das Gebotene Ihr Wissen und Ihre persönliche Eigenart zu kultivieren; lesen Sie gute Bücher, machen Sie sich mit den Klassikern der bildenden Kunst, Musik und Literatur ebenso vertraut wie mit den modernen Richtungen auf diesen Gebieten.

8. Gebrauchen sie den Reichtum, den Sie jetzt besitzen, und genießen und würdigen Sie die kostenlosen Gaben des Lebens: Sonne, frische Luft, Blumen, Sträucher, Bäume, fröhliche Kindergesichter, Musik, Freunde und Angehörige. Diese Gefühlswerte sind geistige Kostbarkeiten; sie sollten nicht gering geschätzt werden, während wir nach materiellen Kostbarkeiten und Besitztümern suchen.

Ein Test zur Ermittlung Ihres Bewußtseinszustands

Ihre Antworten auf die folgenden Fragen lassen erkennen, bis zu welchem Grad Ihnen die Bereicherung Ihres Bewußtseins gelungen ist. Sollte Ihr Ergebnis momentan nicht sehr hoch sein, dann lassen Sie sich nicht entmutigen, sondern versuchen Sie, durch Wiederholen dieses Kapitels eine bessere Leistung zu erreichen. Um Ihren jetzigen Stand zu ermitteln, geben Sie sich für jedes Ja 10 Punkte. Mit 90 Punkten sind Sie ausgezeichnet; zwischen 80 und 90 sehr gut, 70 bis 80 bedeutet gut.

1. Verbringen Sie täglich mindestens eine Stunde damit, sich durch studieren von Dingen, die Ihre Persönlichkeit betreffen, geistig zu vervollkommnen? Darin eingeschlossen sind Ihre Stimme, Ihre Manieren und Ihre gesellschaftlichen Umgangsformen.
2. Schätzen und genießen Sie gute Musik?
3. Lesen Sie Klassiker, wie Dickens, Shakespeare, Victor Hugo, Dumas, Milton, Dante?
4. Suchen Sie Ihre Freundschaften unter kultivierten und gebildeten Menschen?

5. Bemühen Sie sich, Ihr gegenwärtiges Heim ordentlich, sauber und adrett zu halten?
6. Nützen Sie voll den Reichtum, den Sie bereits besitzen?
7. Besuchen Sie häufig die Städtischen Museen, Kunstgalerien und kulturellen Institutionen?
8. Versuchen Sie, Ihre Maßstäbe höher zu setzen und alles zu vermeiden, was Ihre Persönlichkeit vergröbern oder billig erscheinen lassen könnte?
9. Wählen Sie Ihre Kleidung mit Geschmack und einem Blick für Stil und Qualität?
10. Verbringen Sie täglich wenigstens eine Stunde meditierend und auf der Suche nach Schönheit, Güte, Wahrheit, Glück und Liebe, die Geheimnisse des Lebens betrachtend?

Zusammenfassung

1. Wie man durch das Wunderkraftbewußtsein Reichtum entwickelt.
2. Das Gesetz von Ursache und Wirkung in bezug auf die Bildung eines Vermögens.
3. Das System zur Erlangung eines Reichtumsbewußtseins.
4. Die Lebenswerte, die Sie umsonst genießen können.
5. In der Natur gibt es keine Armut, Armut ist Menschenwerk.
6. Das System, das die Wunderkraft zur Bildung eines Vermögens freisetzt.
7. Wie man zur Erlangung von Reichtum sein Niveau erhöht.
8. Das tägliche System zur Bildung eines reichen Bewußtseins.
9. Wie Sie sich die Welt, in der Sie leben möchten, vorstellen und veranschaulichen.
10. Wie Sie Ihren Geist von negativen Gedanken befreien.
11. Test zur Ermittlung Ihres Bewußtseinszustandes.

8. Kapitel

Zehn Schlüssel zu den metaphysischen Kräften Ihres Geistes

In Ihrer geistigen Sphäre sind unermeßliche Reserven an Kraft und Wissen gspeichert. Wenn wir in dieser Untersuchung von Geist sprechen, meinen wir die Gesamtheit des menschlichen Bewußtseins, das die Wissenschaft in Bewußtsein, Unterbewußtsein und Überbewußtsein unterteilt.

In der Metaphysik fügen wir dem eine weitere Dimension hinzu, nämlich den kosmischen Geist, der oft auch als götticher Geist oder universale Intelligenz bezeichnet wird.

In psychologischen Experimenten hat man Personen in Hypnose versetzt und dabei herausgefunden, daß sie über ein erstaunliches Wissen verfügten, dessen sie sich im Wachzustand nicht zu erinnern vermochten. Manche redeten fließend in fremden Sprachen, obwohl sie sich nie im Ausland aufgehalten oder diese Sprachen studiert hatten. Manche konnten in diesem Zustand Klavier oder andere Instrumente spielen; manche beschrieben deutlich Länder und Gegenden, in denen sie niemals gewesen waren. Wo waren diese Wissensreserven gespeichert? Wenn sie nicht im bewußten Geist waren, mußten sie sich in einem Unterbewußtsein befinden, zu dem der Mensch auf seiner derzeitigen Ebene offensichtlich keinen Zugang hat. Ein Mann, der für die Mathematik ausgesprochen unbegabt war, subtrahierte und multiplizierte in Hypnose mühelos und ohne Fehler lange Zahlenkolonnen.

Erstaunliche Superkräfte des Geistes

Mit Sicherheit haben im Lauf der Geschichte bestimmte Persönlichkeiten diese geistigen Superkräfte freizusetzen gewußt, um ihre erstaunlichen Taten zu vollbringen.

Ein solches Beispiel finden wir in Jeanne d'Arc. Sie war ein schlichtes Bauernmädchen und praktisch nie aus dem väterlichen Hof herausgekommen. Als sie plötzlich Stimmen hörte und Visionen erfuhr, dachten die Leute, sie sei von bösen Geistern besessen. In ihren Visionen sah sie sich hoch zu Roß die siegreichen Armeen Frankreichs anführen, und ihre Stimmen sagten ihr, daß sie eines Tages ihr Heimatland befreien würde.

Als sie die französischen Heerführer schließlich von der Glaubwürdigkeit ihrer Stimmen überzeugt hatte, stellte man sie an die Spitze der Truppen, und sie führte sie von Sieg zu Sieg.

Waren ihre Visionen Wahn oder Verblendung? Oder wurden sie vielmehr in ihrem Bewußtsein ausgelöst von einer höheren Macht, die ihre Bestimmung kannte? Wir sind geneigt, das Letztere zu glauben, denn nur zu oft haben im Lauf der Geschichte Männer und Frauen solche göttlichen Visionen erfahren und Wunder vollbracht, die gewöhnlichen Sterblichen nicht möglich gewesen wären.

Eine bekannte Autorität erwähnt im Hinblick auf persönliche Experimente mit außersinnlicher Wahrnehmung einen Fall, in dem der Vater einer jungen Frau plötzlich starb und sie in Armut zurückließ. Nachdem die Kosten der Beerdigung beglichen waren, war praktisch kein Pfennig mehr im Haus. Eines Nachts hatte die Frau einen überdeutlichen Traum: ihr Vater erschien ihr, genauso, wie sie ihn im Leben gekannt hatte, und beschrieb ihr deutlich ein Geheimfach in einem alten Möbelstück; darin würde sie eine beträchtliche Summe in großen Scheinen finden.

Als sie aufwachte, hatte sie noch die Stimme ihres Vaters im Ohr. Sie stand auf und ging zu dem alten Büffet, von dem ihr Vater gesprochen hatte. Hinter einer Schublade fühlte sie eine Vertiefung, griff hinein und fand das Geld genau, wie es ihr Vater beschrieben hatte!

Wie Napoleon die Superkraft erschloß

Napoleon Bonaparte rief die wunderbare Superkraft seines höheren Geistes an, wurde Kaiser der Franzosen und unterwarf sich in den zwanzig Jahren seiner Regierung fast den gesamten europäischen Kontinent. Er war überzeugter Anhänger der Astrologie, und bereits in frühen Jahren wurde ihm gesagt, daß er dazu bestimmt sei, dereinst Kaiser zu werden. Er war überzeugt, es sei seine Aufgabe, das französische Volk aus Tyrannei und Armut zu befreien und ganz Europa in einem Bund zu vereinen, den er als gekröntes Oberhaupt regieren würde. Er konsultierte Seher und Mystiker, und sie bestätigten ihm, er sei zur Herrschaft bestimmt. Diese Idee wurde in Napoleons Denken zu einer überwältigenden, strahlenden Besessenheit. Er studierte die Kunst der Kriegführung, die politische und diplomatische Strategie, und als er fühlte, daß die Sterne für ihn günstig standen, brach er zu seinem Rendez-vous mit dem Schicksal auf.

Zweifellos hatte Napoleon eine höhere Macht erschlossen, sich eine andere geistige Dimension als das eigene Bewußtsein dienstbar gemacht, um die Höhen zu gewinnen, die er schließlich erreichte. Welche Wunderschlüssel waren es, die er gebrauchte, um die Superkraft seines Geistes freizusetzen?

Die zehn Wunderschlüssel zur Größe

Im Studium der Mataphysik kennen wir zehn Schlüssel, die die wunderbare Superkraft des Geistes erschließen. Wir werden jeden einzelnen dieser Schlüssel nacheinander erforschen, um herauszufinden, wie wir sie in unserem Leben anwenden können. Mit diesen Schlüsseln können Sie die Türen des Bewußtseins öffnen, hinter denen diese Superkraft wohnt.

Der Schlüssel Vorstellungskraft

Ihr Schlüssel wird in der Werkstatt Ihrer Vorstellung geschmiedet. In der Vorstellung können dem Menschen buchstäblich seelische Flügel wachsen, auf denen er sich über die Schranken seines sterblichen Wesens zu erheben vermag und in seinem Träumen und Streben gottesgleich wird.

Was Sie sich vorstellen können, können Sie auch erreichen. Die deutliche Vorstellung einer erwünschten Bedingung regt in Ihrem Geist bestimmte Superkräfte an, darauf hinzuwirken, daß sich die im Geist geformten Bedingungen realisieren.

Einstein hat unserer Welt eine mathematische Formal geschenkt, die das metaphysische Gesetz in der Anwendung schöpferischer Vorstellungskraft vollkommen erklärt. Einsteins mathematisch gefaßte Formel lautet: $E = mc2$. Das bedeutet: Energie und Materie sind austauschbar. Mentale Energie hat ihren Gegenwert in der Materie und ist ebenso real wie die sogenannte materielle Energie. Alle physikalischen und materiellen Dinge sind Manifestationen von Energie. Die Energie eines Gedankens erzeugt seine Verkörperung. Eine Idee ist genauso real und solid wie eine Brücke oder ein Wolkenkratzer. Der Begriff Liebe ist ebenso real und beständig wie die Sonne oder die Erde. Die Tatsache, daß die geistige Energie weder sichtbar noch fühlbar ist, spricht nicht gegen ihre Existenz.

Laßt uns dieses metaphysische Konzept weiter unten genauer untersuchen. Ich habe es auf eine einfache Formel reduziert, die die Vorstellungskraft als ernergieschaffende Wunderkraft nutzt. Sie lautet: *Träumen, Wagen und Tun.*

Was ist der Traum Ihres Lebens?

Ihre Vorstellungskraft ist die Brille, durch die Sie den Traum Ihres Lebens betrachten müssen. Es gibt keine Verwirklichung Ihres Traums – das Wagen und Tun in Ihrer metaphysischen Formel – wenn Sie nicht zuerst in Ihrer Vorstellung ein klares Bild der Dinge haben, die Sie in Ihr Leben ziehen wollen. Der Traum setzt die Superkräfte Ihres höheren Geistes frei, und die mentale und geistige Energie formt sie entsprechend Ihrer Vorstellung.

Träumen Sie davon, in Ihrem Leben ein bestimmtes Ziel zu erreichen? Wenn das zutrifft, müssen Sie dieses Ziel klar und deutlich vor sich sehen, andernfalls werden die Superkräfte Ihres höheren Geistes nicht ausreichend aktiviert, um es hervorzubringen.

Ich denke da an mein erstes Jahr in der High School, als wir im Biologieunterricht die Entwicklung der Pflanzen durchnahmen. Wir sollten als Hausaufgabe Bohnen stecken und dann beobachten, wie diese Samen sich nach und nach entwickeln. Ich war derart begierig, das Wunder des Wachsens zu verfolgen, daß ich die armen Bohnen immer wieder ausbuddelte, bis sie schließlich den Kampf aufgaben und resigniert eingingen!

Die Bilder der vollentwickelten Bohne, der Sprößlinge, der Wurzeln und schließlich des eßbaren Gemüses, die der Saatbohne innewohnten, waren alle in den unsichtbaren Dimensionen von Zeit und Raum bereits vorhanden und warteten auf die endliche kreative Schwingung im Boden, doch das Gesetz des Wachsens konnte nicht arbeiten, weil es beständig unterbrochen wurde.

Dasselbe Gesetz herrscht auch in Ihrem Leben; in Ihrer Vorstellung legen Sie die Saat der Dinge, die Sie zu ernten wünschen; die Superkräfte Ihres höheren Geistes sind bereit, das Geschick, das Sie wünschen, reifen zu lassen; aber Sie müssen das ersehnte Bild *fest in Ihrer Vorstellung verankern;* dann überlassen Sie es der höheren Macht, Ihren Traum reifen zu lassen, bis sein physisches Gegenstück sich im Äußeren verwirklicht.

Die Vorstellungskraft eines einzelnen veränderte die Welt

Einer der einfallreichsten Autoren der Neuzeit war Jules Verne (1828-1905). Er hat über hundert Bücher geschrieben und erschuf aus seiner Vorstellungskraft unter anderem das Unterseeboot, den Hubschrauber, das Radio, das Fernsehen und das lenkbare Luftschiff.

Simon Lake wurde durch Jules Verne's Buch *20 000 Meilen unterm Meer* zur Erfindung seines Unterseeboots inspiriert. Die imaginativen Ideen von Jules Verne waren fantastisch, wurden aber von Menschen, die seine Bücher mit Begeisterung gelesen hatten, in pragmatische Formen umgesetzt.

Eli Whitney erfand die Egreniermaschine, während er beobachtete, wie seine Katze durch die Käfigstäbe nach dem Kanarienvogel zu greifen versuchte. In seiner Vorstellung sah er Stahlstäbe, die den Baumwollsamen festhielten, während eiserne Greifer die flockige Baumwolle zwischen diesen Stäben herauszerrten. Diese Erfindung revolutionierte die Industrie des amerikanischen Südens.

Die wunderbaren Superkräfte des menschlichen Geistes werden von der Vorstellungskraft angeregt, so neuartige Dinge hervorzubringen wie die Druckerpresse, die drahtlose Telegraphie, das Radio, das Fernsehen, das Auto, die Schreibmaschine, die Nutzbarmachung der Elektrizität, die Atomspaltung und solche Wunder wie das Elektronenmikroskop, das Riesenteleskop auf dem Mount Palomar und schließlich den Sieg des Menschen über die Materie–den Bau von Raumschiffen zur Erforschung des Mondes und weit entfernter Sterne!

Wie Sie Ihre Vorstellungskraft anregen

1. Lesen Sie eine Beschreibung in einem Buch oder Magazin und versuchen Sie dann, sich das Gelesene in allen Einzelheiten plastisch vorzustellen. Fügen Sie hinzu, was Ihnen einfällt, und versuchen Sie, die Personen, die Umgebung, das Geschehen und die beschriebenen Details deutlich vor sich zu sehen.

2. Versetzen Sie sich zurück in Ihre Kindheit und erleben Sie in Gedanken wieder eine erfreuliche Begebenheit, etwa Weihnachten oder eine Geburtstagsparty. Versuchen Sie sich zu erinnern, welche Kinder dabeigewesen sind, was sie gesagt oder getan haben, was es zu essen gab und andere Einzelheiten, die Ihnen im Gedächtnis geblieben sind.

3. Stellen Sie sich deutlich Ihr Traumhaus vor. Schneiden Sie Bilder aus Wohnungsmagazinen aus, um Ihre Vorstellung anzuregen. Sehen Sie im Geist eine Gesellschaft in Ihrem Traumhaus, sehen Sie die Freunde, die Sie eingeladen haben, sehen Sie sich bei der Gartenarbeit und tun Sie in Ihrer Vorstellung weitere Dinge, die Sie tun würden, wenn dieses Haus Wirklichkeit wäre.

4. Stellen Sie sich vor den Spiegel und sprechen Sie zu einer großen Zuhörerschaft. Sie können dabei laut oder auch nur in Gedanken sprechen. Halten Sie eine Rede über ein Thema, das Ihnen geläufig ist. Sie kann kurz sein–etwa zwei Minuten–oder auch länger. Diese Übung regt die Gehirnzellen an, und Sie lernen dabei, fließend zu sprechen, wenn Sie einmal etwas zu erklären haben.

5. Malen Sie sich aus, Sie besäßen eine Million. Diese Vorstellung regt die Reaktionszentren Ihres Hirns an, ein Vermögen zu schaffen. Wenn Sie sich nämlich nicht vorstellen können, reich zu sein, dürfte es Ihnen sehr schwer fallen, ein Vermögen anzuziehen.

6. Sehen Sie sich im Bug eines Schiffes stehen, das zu einem exotischen Land, etwa Hawaii fährt. Sie können Bilder aus Reisezeitschriften benützen, um Ihre Vorstellung in der gewünschten Richtung zu motivieren. Schon mancher hat Bilder von fernen Ländern und entsprechende Literatur genutzt, um die wunderbaren Reaktionszentren seines Hirns anzuregen, und alsbald hat er tatsächlich die Orte besucht, die er sich im Geist vorgestellt hatte.

Der zweite Schlüssel: Wißbegierde

Es war Wißbegierde, die Columbus trieb, über unbekannte Meere zu segeln und fremde Länder zu suchen. Hätte er sich mit der damaligen Vorstellung von der Erde als einer flachen Scheibe abgefunden, hätte er nie ein Schiff bestiegen, um auf Entdeckungsreise zu gehen.

Wißbegierde war es auch, die den Bakteriologen Alexander Fleming veranlaßte, herauszufinden, warum der Brotschimmel im Reagenzglas Bazillen tötete. So entdeckte er das Penizillin, das man ein Wundermittel nannte, weil es Millionen Menschen das Leben gerettet hat.

Es war ebenfalls Wißbegierde, die Galvani auf die Idee brachte, mit seiner verzinkten Batterie zu experimentieren, was zu zahlreichen Erfindungen führte.

Die Neugier oder Wißbegierde ist dem Menschen zu einem bestimmten Zweck gegeben worden. Dieser göttliche Drang verhindert, daß der Mensch sich mit der Welt so wie sie ist zufrieden gibt; er wird immer wieder nach neuen Wegen suchen, die Dinge zu ändern, zu verbessern und sich mehr Luxus und Bequemlichkeit zu schaffen.

Wie man Wißbegierde entwickelt

1. Sehen Sie sich an Ihrem Arbeitsplatz um und überlegen Sie, wie man die Arbeitsbedingungen verbessern könnte. Viele Erfindungen entstanden daraus, daß die natürliche menschliche Neugier nach einem Weg suchte, umständliche oder veraltete Methoden zu modernisieren. Ein Mann hörte sich einen Vortrag an und fühlte sich durch den riesigen Hut der vor ihm sitzenden Dame irritiert. Er wurde neugierig, wie er diese Störung zu etwas Positiven machen könnte, und noch bevor er den Saal verließ, hatte er die Idee für eine neue Hutnadel, die ihm ein Vermögen eintrug.

2. Betrachten Sie eine Erfindung wie etwa das Radio oder das Fernsehen, und versuchen Sie herauszubringen, nach welchem Prinzip sie funktioniert.

3. Sehen Sie sich in Ihrem Garten um, betrachten Sie die Früchte, Gemüse und Blumen und denken Sie darüber nach, auf welche Weise sie ihre Nahrung aus dem Boden gewinnen. Es war diese Form der Wißbegierde, die Burbank veranlaßte, so viele Sorten von Früchten, Gemüsen und Blumen zu züchten. Positive Neugier war es auch, die George Washington Carver trieb, aus der gewöhnlichen Erdnuß Plastik, Isolierstoffe, Futtermittel, Lacke, Öle, Farben und andere Produkte zu gewinnen, die stark zur Revolutionierung der Industrie des Südens beigetragen haben.

4. Wenn es donnert oder blitzt, versuchen Sie, den Grund dafür herauszufinden. Schlagen Sie die Fakten im Lexikon nach.

5. Stimulieren Sie die Neugier-Reaktionszentren Ihres Hirns, indem Sie sich fragen, wie die Menschen in anderen Teilen der Welt leben. Studieren Sie in Ihrer Bibliothek Bücher über die Sitten und Gebräuche der Völker Asiens, Afrikas, Südamerikas und Australiens.

6. Wenn Sie gute Musik hören oder interessante Berichte lesen, versuchen Sie, die Gefühle zu analysieren, die die Komponisten und Autoren veranlaßt haben könnten, diese Werke zu schaffen.

Der dritte Schlüssel: Wissen

Durch seinen Intellekt beherrscht der Mensch das Universum. Die Feder ist mächtiger als das Schwert. Die wunderbaren Superkräfte Ihres Geistes sind leichter zu motivieren und freizusetzen, wenn Sie sich mit Wissen wappnen.

Das soll nun nicht heißen, daß Sie einen Hochschulabschluß brauchen, um im Leben erfolgreich zu sein. Viele bedeutende Persönlichkeiten haben ohne formelle Ausbildung hohe Positionen erreicht. Weisheit ist oft eine angeborene Gabe, und einige der großen Philosophen wie Sokrates und Plato haben eigene Schulen gegründet. Henry Ford hatte keinen Schulabschluß, besaß aber angeborenes Wissen. Er absorbierte ausreichende Kenntnisse für seine Pläne und hatte Erfolg auf dem Gebiet, das er sich gewählt hatte.

Bacon sagte: „Wissen ist allein schon Macht an sich."

Alles Wissen beginnt mit Sokrates' Gebot: „ Erkenne dich selbst."

Das System zur Wissensbildung

1. Beobachten Sie Ihre Umwelt und regen Sie Ihre fünf Sinne an, indem Sie die Sehenswürdigkeiten, Geräusche und Erlebnisse aufnehmen, von denen Sie täglich umgeben sind.

2. Finden Sie heraus, warum sich die Dinge in der physischen und materiellen Welt nach dem Gesetz von Ursache und Wirkung vollziehen.

3. Erwerben Sie spezielle Kenntnisse, die Ihrem Geschäft oder Beruf nützen, und abonnieren Sie entsprechende Fachzeitschriften, um auf dem laufenden zu bleiben.

4. Erweitern Sie Ihren Horizont, indem Sie soviel Wissen über so viele Dinge wie möglich aufnehmen. Interessieren Sie sich für städtische Ereignisse in Ihrer Gemeinde; treten Sie Klubs und Organisationen bei, die mannigfaltige Interessen verfolgen.

5. Lernen Sie beispielsweise, indem Sie dem Leben und Denken großer Männer der Geschichte nacheifern. Lesen Sie ihre Biographien und Autobiographien; entdecken Sie, was sie dachten, wie sie arbeiteten, welche Bücher sie lasen; lernen Sie, was Sie können, über ihr Leben, und nehmen Sie sich diese Persönlichkeiten dann bei der Gestaltung Ihres eigenen Lebens zum Vorbild.

6. Lesen Sie Bücher über Psychologie, um herauszufinden, wie das menschliche Denken arbeitet. Wenn Sie über Psychologie Bescheid wissen, werden Sie nicht nur mit Ihren eigenen Lebensproblemen leichter fertigwerden können, sondern dieses Studium wird Ihnen auch helfen, andere Menschen besser zu verstehen und wird Ihre Kontakte auf privatem und beruflichem Gebiet erleichtern.

7. Lernen Sie jeden Tag ein neues Wort oder Faktum, so daß sich im Lauf der Zeit die Gesamtsumme Ihres Wissens ständig erhöht. Die meisten Menschen machen den Fehler, sich neuen Gedanken zu verschließen, sobald sie ihre Schul- oder Universitätsbücher zugeklappt haben. Die Fähigkeit des menschlichen Geistes, während wir älter werden immer mehr Wissen in sich aufzunehmen, ist unbegrenzt. Gelehrte haben inzwischen herausgefunden, daß ein älterer Mensch, der seinen Geist aktiv und beweglich gehalten hat, neue Fakten ebenso leicht wie ein junger lernen und behalten kann .

8. Bleiben Sie frisch und beweglich, indem Sie einen Sprachenkursus belegen, mathematische Aufgaben lösen oder Dinge lernen wie freies Sprechen, Singen, Tanzen, Schreiben oder ein Instrument zu spielen. Jede neue Tätigkeit wird Ihre Hirn- und Körperzellen jung und aktiv erhalten und nicht nur Ihr Wissen, sondern effektiv Ihre Beweglichkeit und ihr Wohlbefinden steigern. Die Wissenschaft hat herausgefunden, daß unsere Hirnzentren auf geheimnisvolle Weise

mit verschiedenen Organen und Körperzentren verbunden sind. Bleiben einige dieser Hirnzentren unterentwickelt, dann verkümmern sie, und die mit ihnen verbundenen Organe lassen nach und werden träge. Das ist der Grund, weshalb Mediziner heutzutage älteren Menschen dringend nahelegen, nach Ihrer Pensionierung sich intensiv für alle möglichen Zerstreuungen und Liebhabereien zu interessieren. Jemand fragte einst den großen Finanzmann J. P. Morgan, warum er sich noch immer nicht von seinen Geschäften zurückgezogen habe. „Mr. Morgan," meinte er, „Sie sind doch mehr als hundert Millionen Dollar schwer. Noch mehr Geld brauchen Sie bestimmt nicht. Warum gehen Sie nicht in Pension?"

Morgan fragte: „Wann hat Ihr Vater sich pensionieren lassen?"

„1908, erwiderte der Mann. „Warum?"

„Und wann ist Ihr Vater gestorben?" fragte Morgan.

„1911," antwortete der Mann.

„Das ist der Grund, warum ich nicht in Pension gehe," gab Morgan zurück.

9. Machen Sie sich für Ihre Zukunft einen Leseplan. Versuchen Sie, jeweils innerhalb einer Woche ein Buch zu lesen; nicht nur Romane, sondern Bücher, die Ihren Geist anregen und Ihr Wissen bereichern. Dabei sollten Sie die Themen Ihres Lesestoffs wechseln, so daß Ihr Horizont sich auf vielen Gebieten erweitert. Sie könnten sich ein leichtverständliches Buch über Astronomie vornehmen und die faszinierende Welt der Sterne und Planeten entdecken. Sie könnten ein Buch über Wissenschaft und Erfindungen studieren, um die Wunder kennenzulernen, die der menschliche Geist in unserem Atomzeitalter geschaffen hat. Ein weiteres faszinierendes Thema ist die Biologie, die Ihnen die Geheimnisse der sich beständig entfaltenden Welt, in der wir leben, erklären wird. Sie könnten auch die Philosophen der verschiedenen Zeitalter studieren, angefangen von den Denkern Griechenlands bis zu den Lehrern des fernen Ostens und schließlich den vergleichbaren Religonen der Welt. Geschichte ist ein weiteres fesselndes Thema, denn wenn wir die Vergangenheit untersuchen, erkennen wir, welche Fehler wir in der Zukunft vermeiden müssen.

Der vierte Schlüssel: Positiver Wille

Die wunderbaren Superkräfte Ihres Geistes setzt der vierte Schlüssel frei: der positive Wille. Die meisten Menschen lassen sich im Leben treiben; sie können sich nicht entscheiden und schwanken solange zwischen zwei Möglichkeiten, bis es zu spät ist. Sie gleichen dem Maultier, das vor zwei Heuhaufen steht und so lange unschlüssig zwischen ihnen hin und her läuft, bis es verhungert zusammenbricht.

Der positive Wille konzentriert alle Superkräfte Ihres Bewußtseins und Unterbewußtseins in einem dynamischen Brennpunkt, der Sie ohne Verzug oder Behinderung Ihrem Ziel entgegentreibt.

Im Leben gibt es immer zwei einander entgegengesetzte Kräfte, zwischen denen sich der Mensch beständig entscheiden muß:

Der Wille, zum Erfolg, und der Wille zum Versagen.

Der Wille, gesund zu sein, und der Wille, krank zu sein.

Der Wille, zu leben, und der Wille, zu sterben.

Der Wille, reich zu sein, und der Wille, arm zu bleiben.

Der Wille zum Glück, und der Wille zum Elend.

Der Wille, zu lieben, und der Wille, zu hassen.

Der Wille, Gutes zu tun, und der Wille, Böses zu tun.

Der Wille zum Frieden, und der Wille zum Krieg.

Der Mensch muß sein Schicksal wählen

Wir können über unser Schicksal bestimmen. Der Mensch unterscheidet sich von allen anderen Geschöpfen dadurch, daß er allein die Macht der Wahl besitzt.

Durch den Einsatz Ihres positiven Willens können Sie die Geschehnisse bestimmen, die Ihr Schicksal formen; genauso, wie der Künstler die Szenerie wählt, die er malen will, und die Farben, die er dazu verwendet. Wenn ihm sein Werk nicht gefällt, kann er nicht die Szenerie dafür verantwortlich machen, sondern allein sich selbst, daß er sie nicht naturgetreu wiederzugeben vermochte.

Auch im täglichen Leben gibt es zwei Formen des Willens:

1. Passiver Wille,
2. Positiver Wille.

Der passive Wille vermag sich zwar Erfolg und Reichtum auszumalen, aber ihm fehlt die Fähigkeit, diese Bilder zu realisieren. Ungezählte Möchtegern-Millionäre träumen davon, was sie mit einer Million alles anfangen könnten, doch sie haben nicht den positiven Willen, ihre Tagträume zu verwirklichen.

Wie man positiven Willen einsetzt

1. Der Wille des Menschen wird durch die Denkschablonen geformt, die wir gewohnheitsmäßig benutzen. Von Ihrer Geburt an schaffen Sie sich für fast jedes Tun und Geschehen feste Verhaltensmuster. Sie stehen morgens auf, baden, putzen sich die Zähne, rasieren oder schminken sich, ziehen sich an, binden sich die Schuhe zu und machen sich fertig, um zur Arbeit zu gehen. Diesen Tätigkeiten widmen Sie nur wenig Aufmerksamkeit, denn Sie haben sich dafür ein Gewohnheitsschema geschaffen, nach dem diese Dinge fast automatisch ablaufen.

Wenn Ihr tägliches Schema negativ ist und Ihre Gedanken um Besorgnis, Angst, Fehlschlag und Mißgeschick kreisen, wird Ihre seelische Verfassung alle diese Dinge begünstigen, und Ihre Reaktion wird entsprechend negativ sein.

Machen Sie eine Kehrtwendung, ändern Sie Ihr Denkschema vom Negativen ins Positive. Das ist zwar leichter gesagt als getan, aber wenn Sie die Kraft Ihres positiven Willens einsetzen, ist es durchaus möglich. Raucher, die das Rauchen ehrlich aufzugeben wünschen, wissen genau, wie schwer es ist, eine Gewohnheit abzulegen. Es kostet eine fast übermenschliche Anstrengung, etwas loszulassen, das bisher zum täglichen Leben gehörte.

Wie nun können Sie Ihre gewohnten Verhaltensweisen ändern? Auf dieselbe Weise, wie sie entstanden sind, nämlich indem sie den mentalen oder physischen Akt des neuen Verhaltens unablässig wiederholen, bis er in Ihrem Bewußtsein so fest verankert ist, daß er zur Automatik wird. Wenn das erreicht ist, haben wir eine Gewohnheit geschaffen.

2. Erteilen Sie Ihrem höheren Bewußtsein schöpferische Befehle, wie wir es in Kapitel 2 gelernt haben. Schöpferische Befehle regen die Hirnzentren an. Diese Befehle sollten Sie jeden Morgen erteilen, während Sie sich fertigmachen. Gebrauchen Sie dann den ganzen Tag über kleine Energiespritzen, um Ihre Stimmung so positiv wie möglich zu halten. Sagen Sie zum Beispiel ein dutzendmal im Lauf des Tages: „Ich fühle mich herrlich. Ich kann mit diesem Problem fertigwerden. Ich überwinde diese Behinderungen jetzt durch die Kraft meines Willens. Ich mag die Menschen, und die Menschen mögen mich."

3. Versuchen Sie, sich von negativen Lebenserfahrungen nicht zu sehr entmutigen zu lassen. Wir alle müssen mit negativen Dingen fertigwerden. Selbst ein Millionär hat seine Probleme. Wenn sich eine extreme Schwierigkeit ergibt, sagen Sie sich: „Auch das geht vorüber." Eine weitere nützliche Bejahung, um derlei unerwünschten Erfahrungen den Stachel zu nehmen, ist: „Die Lösung dieses Problems ist schon unterwegs."

4. Der positive Wille muß das ganze Leben über trainiert werden, sonst besteht die Gefahr, daß wir in die passiven Verhaltensweisen zurückfallen, die unsere ganze Zukunft negativ beeinflussen können. Trainieren Sie Ihren Lebenswillen jeden Tag. Wie? Indem Sie den intensiven Wunsch haben, für eine besondere Sache oder für einen bestimmten Menschen zu leben. Vielleicht möchten Sie Ihre Kinder in Ihrem Sinn erziehen, oder Sie möchten Ihr Haus käuflich erwerben; oder Sie wünschen sich vielleicht ein Vermögen, um anderen zu helfen. Je selbstloser und altruistischer Ihr Lebensziel ist, desto stärker wird die Kraft sein, die Ihnen aus Ihrem höheren Geist zuströmt. Viele Menschen sterben viel zu früh, weil sie niemanden haben, für den sie leben könnten, und nichts, was sie noch erreichen wollen. Wenn Menschen von dem Wunsch motiviert zu werden, für einen bestimmten Zweck zu leben, erhalten sie von der Lebensmacht oft eine Art von Freistellung, die sie bis zu hundert und mehr Jahren auf den Beinen hält.

„Grandma Moses" war ein Beispiel dafür, daß die Superkraft des Geistes die normale Lebenszeit verlängern und weitere Jahre nützlicher und schöpferischer Aktivität ermöglichen kann. Mit 76 fing Grandma Moses an, zu malen, und schon bald verkauften sich ihre Bilder für enorme Summen. Sie wurde über hundert Jahre alt, und es steht außer Zweifel, daß ihr neues Interesse an schöpferischer Tätigkeit die wunderbaren Superkräfte ihres Denkens angeregt und ihre Körperzellen mit lebensspendender Ernergie und zielbewußtem Streben erfüllt hat.

5. Üben Sie täglich Ihren positiven Durchsetzungswillen, indem Sie jedes Unterfangen ausschließlich mit dem Gedanken planen, es so erfolgreich wie möglich zu erledigen. Sie sollten sich für jeden Tag einen schriftlichen Plan ausarbeiten, um sich ganz auf die Dinge zu konzentrieren, die Sie erledigen möchten. So wie eine Hausfrau sich eine Einkaufsliste macht, sollten Sie alles notieren, was Sie im Lauf des Tages hinter sich bringen wollen. Notieren Sie Ihre Verabredungen, Ihr Tagespensum, Ihre Besorgungen, die Summe, die Sie ausgeben wollen, und Ihre gesellschaftlichen Verpflichtungen. Ein klares und geordnetes Denken sichert ein klares und geordnetes Leben.

6. Üben Sie täglich den positiven Willen, mehr Geld anzuziehen. Geld ist viel eher eine Idee als etwas rein Materielles. In alten Zeiten galten so seltene und kostbare Dinge wie Tee, Pelze, Steine, Eisenstücke, Tabak und ähnliche Objekte als Zahlungsmittel. Sie können nur dann mehr Geld anziehen, wenn Sie es in Ihrem täglichen Leben als eine Selbstverständlichkeit betrachten. Sechzig Prozent aller Schulabgänger erreichen im Leben ihr Ziel, weil sie in der Schule gelernt haben zu denken, daß sie in den von ihnen gewählten Berufen Erfolg haben werden. Dadurch haben sie das geistige Gewohnheitsmuster des Erfolgs ausgebildet.

Denken Sie jedesmal, wenn Sie eine Münze ausgeben, an ihren Wert. Von John D. Rockefeller Sr. erzählt man sich, er habe nie mehr als einen Dime Trinkgeld gegeben. Als ihn eines Tages jemand fragte, warum ein so wohlhabender Mann wie er nicht mehr gäbe, entgegnete Rockefeller: „Wieso? Ein Dime sind zehn Prozent Zinsen für einen Dollar im ganzen Jahr!"

Geld arbeitet nach dem Gesetz der Ernte. Wenn Sie eine Saat ausstreuen, bringt sie gewöhnlich den zehn- bis zwanzigfachen Ertrag. Wenn Sie Geld ausgeben, sollten Sie es segnen und sich bewußt sein, daß es Ihnen reichen Gewinn eintragen wird.

Der fünfte Schlüssel: Göttliches Ich

Die meisten jener Menschen, die im Leben versagen, gebrauchen die falsche Form der Ichkraft. Sie besitzen ein derartiges Übermaß an Selbstinteresse, daß sie den klaren Blick verlieren und die Rechte und Interessen anderer vollkommen übersehen. Solche Menschen nennt man Egoisten. Ihre Eigensucht ist selbstzerstörerisch und macht unbeliebt.

Verstehen Sie mich nicht falsch: wir brauchen ein gewisses Maß an Egoismus und Eigennutz zu unserer Selbsterhaltung, aber in unserem metaphysischen Studium lernen wir, diese seelische Kraft, die Impulse des Es, wie es in der Psychologie genannt wird, bewußt zu beherrschen und in das göttliche Ich umzuwandeln. Haben Sie erst einmal diese Methode zur Erschließung der wunderbaren Superkräfte Ihres Geistes angewandt, werden die Veränderungen in Ihrer Persönlichkeit und Ihrem Ego-Trieb Sie verblüffen und begeistern.

Wie man das göttliche Ich aufbaut

Machen Sie sich bewußt, daß Sie im Bild und Gleichnis Gottes geschaffen sind, wie es in der Bibel heißt. Das ist ein geistiger Begriff, kein naturwissenschaftlicher. Haben Sie sich erst einmal den Gedanken, daß Sie göttlich und unsterblich sind, zu eigen gemacht, werden Sie beginnen, in Ihrem Denken und Handeln gottähnlich zu werden. Voltaire sagte: „Um ein Held zu sein, denke wie ein Held."

Um göttlich zu sein, sollten Sie Ihre Gedanken und Handlungen nach dem Bild Gottes formen. Welches sind die gottähnlichen Gedanken und Taten, denen Sie nacheifern sollten? In der Bibel wird

Gott durch zwei Attribute gekennzeichnet: „Gott ist gut," und „Gott ist Liebe." Wenn Sie Ihr Denken ausschließlich von Güte und Liebe in all ihren Varianten bestimmen lassen, können Sie gar nicht anders, als in Ihren Beziehungen zu anderen Güte und Liebe wiederzuspiegeln.

2. Machen Sie es sich zur Gewohnheit, Ihren Mitmenschen gegenüber selbstlos zu handeln. Teilen Sie Ihr Gutes mit anderen. Teilen Sie Ihr Glück. Anstatt mit anderen über sich selbst und Ihre Probleme zu reden, zeigen Sie Interesse für sie und ihr Tun.

3. Betätigen Sie sich in Gemeinde-Organisatonen, treten Sie wohltätigen Verbänden bei. Arbeiten Sie freiwillig ein paar Stunden in der Woche im Findelheim oder im Waisenhaus, im Gefängnis oder ähnlichen Einrichtungen. Eine derartige Erweiterung Ihrer Interessen nützt nicht nur den Unglücklichen, sie hilft Ihnen auch, das göttliche Ich heranzubilden, das Ihr Leben bereichert und Ihnen durch freisetzen der Superkräfte Ihres höheren Geistes den Segen von Gesundheit, Glück und Wohlstand bringen kann.

4. Streben Sie ein hohes Lebensziel an. Wünschen Sie Geld und Erfolg nicht nur für sich selbst und Ihre Angehörigen, sondern auch, um zur Verbesserung unserer Welt beizutragen. Es gibt viele Motive, die den Menschen zu seiner Bestimmung führen: der Wunsch nach Macht, der Wunsch nach Geld, nach Ruhm; der Wunsch nach Weisheit; der Wunsch nach materiellen Dingen; der Wunsch, für den Weltfrieden, für Toleranz und Brüderlichkeit zu wirken; der Wunsch nach geistiger Entwicklung, um neue Dimensionen der Seele zu finden. Je höher das Motiv, desto intensiver ist der Wunsch nach Erfolg und Erfüllung.

5. Überwinden Sie die niedrigen Triebe Habgier, Haß, Selbstsucht und Neid. In einer derart negativen Atmosphäre kann sich das göttliche Bild in Ihrem Bewußtsein nicht entfalten.

6. Prägen Sie Ihrem Bewußtsein die positiven Kräfte Güte, Schönheit, Wahrheit, Gerechtigkeit, Glaube und Liebe ein, und Sie werden bald die Inspiration erkennen, die aus Ihrem inneren göttlichen Geist in Ihr Bewußtsein strömt.

7. Verbringen Sie jeden Tag einige Augenblicke in Selbstbetrachtung und Meditation. Suchen und forschen Sie in diesen meditativen

Momenten nach der wirklichen Bedeutung, dem wahren Sinn des Lebens. Versuchen Sie, in Ihrer unsterblichen Seele das göttliche Urbild zu finden. Bitten Sie jeden Morgen beim Erwachen und jeden Abend, wenn Sie zu Bett gehen, Gott um Führung.

8. Wenn Sie sich durch die irdischen Probleme, Ängste und Sorgen niedergedrückt fühlen, unterbrechen Sie Ihr Tun, ziehen Sie sich für einige Augenblicke in die stille Kathedrale Ihrer Seele zurück und sprechen Sie zu sich: „Sei still und erkenne, daß ich Gott bin." Diese starke Bejahung aus der Bibel bestätigt erneut Ihre Göttlichkeit und wir Ihnen helfen, Ihrem Inneren wieder Frieden und Ruhe zu geben.

Schreiben Sie diese Worte auf ein Kärtchen, das Sie immer bei sich tragen, und betrachten Sie es mehrmals im Lauf des Tages.

> „Ein jeder sehe sich als Gottes Werk;
> Sein Geist ein Gedanke Gottes;
> Sein Leben Gottes Atemzug."

Der sechste Schlüssel: Beharrlichkeit

Beharrlichkeit ist das Vermögen, trotz aller Schwierigkeiten oder Widerstände in einem Tun fortzufahren. Häufig gibt jemand, der ein Ziel anstrebt auf, weil er sich mit zuvielen Hindernissen konfrontiert sieht. Hätte er nur noch kurze Zeit durchgehalten, würde er in den meisten Fällen sein Ziel erreicht haben.

Ein Schürfer in der Wüste von Nevada war auf eine Goldader gestoßen, die ihm einige Tausend Dollar eintrug und dann zu Ende schien. Er gab auf und verkaufte seine Lizenz und Ausrüstung für ein paar Hunderter an einen Trödler. Der neue Besitzer begann, an der verlassenen Stelle weiterzugraben, stieß auf eine Steimauer, durchbrach sie und fand eine Ader puren Goldes im Wert von 40 000 Dollar. Im Lauf der nächsten Jahre brachte die Mine ihm fünf Millionen ein!

Vielleicht stehen Sie in diesem Augenblick gerade vor Ihrem größten Erfolg, wenn Sie nur noch eine kleine Weile durchhalten und nicht aufgeben.

144

Etwa zwanzig Jahre mag es her sein, da besuchte ich in den RKO-Studios in Hollywood Lucille Ball bei einer Stellprobe. Nach dem Essen wurden wir zusammen fotografiert, und der junge, strahlend schöne Star meinte betrübt: „Das ist mein letzter Tag bei RKO. Mein Vertrag läuft heute ab, und er wird nicht verlängert."

Ich äußerte Überraschung und Bedauern, doch die unbezähmbare Lucy entgegnete: „Oh, mach dir mal keine Sorgen um mich. Eines Tages komme ich wieder und kaufe mir die ganze Spelunke!"

Vor ein paar Jahren erschien Lucille Ball in dem Studio, das sie damals „gefeuert" hatte, und erwarb den gesamten Betrieb für an die 15 Millionen Dollar. Da rede einer noch von Wundern! Diese rothaarige junge Dame, die im Fernsehen ihrem Glück und Ruhm entgegenging, vermochte durch ihre erstaunliche Beharrlichkeit die Superkräfte ihres höheren Geistes in Bewegung zu setzen, niemals aufzugeben und das Versprechen, das sie sich damals halb im Scherz gegeben hatte, wortwörtlich zu erfüllen. Unserer Seele wohnt eine gewaltige Antriebskraft inne, die wahre Wunder wirkt, wenn Sie mit Mut und Beharrlichkeit auf die Herausforderungen des Lebens reagieren.

Wie man Beharrlichkeit einsetzt

1. Arbeiten Sie in Übereinstimmung mit den Zyklen der Natur. Es gibt in jedem Leben eine Zeit, da das Schicksal eine Reihe von Umständen und Gegebenheiten bietet, deren Nutzung zu Glück und Erfolg führen kann. Lernen Sie diese Perioden erkennen, sich ihrer bewußt zu werden, und nutzen Sie dann zuversichtlich Ihre Chancen. Shakespeare sprach von diesen Lebenszyklen mit folgenden Worten:
   Es gibt Gezeiten in der Männer Streben,
   Bei Flut ergriffen, führen Sie zum Glück;
   Indes versäumt, bleibt ihre ganze Lebensreise
   Von Untiefen bestimmt und Mißgeschick.

2. Wenn Sie jene Zeiten der Stagnation erfahren, in denen nichts zu geschehen scheint, lernen Sie diese Perioden zu nützen. Bereiten Sie sich vor auf die Zeit, in der Ihr Gutes erscheinen wird. Arbeiten Sie unermüdlich

weiter, geben Sie nicht auf, denn Ihr großes Glück kann – wie es der Goldgräber in der Wüste erfuhr – direkt in Ihrer Reichweite sein.

3. In der Natur reift alles allmählich und zur vorgesehenen Zeit. Der Frühling ist die Zeit der Saat; der Sommer bringt Wachstum und Entfaltung; der Herbst ist die Zeit der Ernte, und der Winter dient der Ruhe und der Sammlung neuer Kraft.

Wenn Ihr Glück sich nicht in der Jugend, im Lenz des Lebens zeigt, dann bedenken Sie, daß dies nicht eigentlich die Zeit der Ernte ist; es ist vielmehr die Zeit des Säens. Entfalten Sie sich, entwickeln Sie Verständnis, bereiten Sie sich auf die Zukunft vor, während Sie jung sind; doch erwarten Sie nicht immer das Glück, von dem Sie träumen, denn auch dieses untersteht der Gesetzmäßigkeit der natürlichen Ordnung.

Stehen Sie im Sommer Ihres Lebens, also in den Jahren des Reifens, und Ihr ersehnter Erfolg hat sich noch immer nicht gezeigt, dann müssen Sie Ihr Leben überprüfen und herausfinden, was Sie vielleicht falsch gemacht haben. Korrigieren Sie Ihre Fehler, harren Sie aus und erwarten Sie Ihr Glück.

4. Wie entmutigt Sie sich auch fühlen mögen, geben Sie nicht auf. Denken Sie daran, daß im Lauf der Geschichte fast allen bedeutenden Persönlichkeiten immer wieder erklärt wurde, daß und warum sie ihr Ziel unmöglich erreichen könnten. Das Bewußtsein der Masse kreist immer um Mutlosigkeit, Fehlschläge und den Nervenkitzel von Katastrophen.

Als Robert Fulton das Dampfschiff erfunden hatte, drängten sich Tausende an den Ufern des Hudson und guckten zu, wie er versuchte, aufwärts gegen die Strömung zu fahren. Als schwarzer Rauch aus dem Schornstein qoll, brüllte die Menge wie mit einer Stimme: „Er schafft es nicht, er schafft es nicht!"

Als das Boot sich dann ruhig stromaufwärts bewegte, fuhr die Menge fort, zu schreien, nur brüllte sie jetzt: „Er kann es nicht anhalten, er kann es nicht anhalten!"

Wenn Sie in Ihrem Bemühen standhaft bleiben, erzeugen Sie damit in Ihren Hirn- und Körperzellen einen magnetischen Strom, der Ihre Nerven und Muskeln mit einem Überschuß dynamischer Energie durchpulst. Wenn Sie den wundervollen Superkräften Ihres Geistes die Idee eingeprägt haben, daß ein Fehlschlag gar nicht möglich ist, ist es wesentlich leichter, Erfolg zu erfahren. Ihre ununterbrochenen Bemühungen, Ihr Ziel zu erreichen, sind für den inneren Wunderwirker ebenfalls ein Beweis dafür, daß Sie von Ihrer Fähigkeit überzeugt sind.

Der siebte Schlüssel: Magnetische Anziehung

Magnetische Anziehung wirkt zwischen allen Partikeln, die das sichtbare und das unsichtbare Universum bilden. Das ätherische Strömen unsichtbarer Substanz läßt unsere Planeten auf ihren Umlaufbahnen rotieren, den Mond, die Erde und die Sonne umkreisen und die Billionen Planeten im äußeren Raum sich umeinander bewegen, ohne daß sie zusammenstoßen oder von ihrer Bahn abkommen. Tatsächlich funktioniert diese magnetische Anziehung, die Newton das Gesetz der Schwerkraft nannte, so exakt, daß wir auf der Erde unsere Uhren nach den Sternen richten. Wir können sogar auf die Minute vorhersagen, an welcher Stelle irgendein Himmelskörper unseres Sonnensystems in zehn Jahrhunderten stehen wird.

Diese gewaltige magnetische Kraft war es, deren sich Jesus bediente, um die meisten seiner Wunder zu vollbringen. Indem er die Reserven von lebendigem Magnetismus in Hirn und Körper der betreffenden Person konzentrierte, heilte der Meister die Kranken und vermochte sogar, bereits Gestorbenen neues Leben zu geben.

Die Freisetzung des Magnetismus

1. In allen Ihren Zellen ist Magnetismus, er verteilt sich über Ihren ganzen Körper. Möchten Sie diesen Magnetismus zu einem bestimm-

ten Zweck nützen, müssen Sie sich auf das konzentrieren, was er vollbringen soll. Wenn Sie beabsichtigen, eine andere Person anzuziehen, konzentrieren Sie sich auf sie; sprechen Sie immer wieder ihren Namen und richten Sie Ihre Gedanken genauso auf sie, als ob Sie zu ihr sprechen würden. Der oder die Betreffende braucht Sie nicht akustisch zu hören, die betreffende Person kann weit entfernt sein. Man hat bewiesen, daß Menschen in einem Umkreis von bis zu dreitausend Meilen einander ihre Gedanken übermitteln konnten.

Ein Beispiel dafür, daß die Ätherwellen wie magnetische Ströme wirken, die vom menschlichen Hirn aufgenommen werden, ist der Fall einer jungen Dame, die zur Zeit, als es noch keine transkontinentalen Flüge gab, Verwandte in San Francisco besuchen wollte. Während sie sich auf der langen Reise befand, wurde ihr Vater schwer krank, und man fürchtete für sein Leben. Die Mutter konzentrierte verzweifelt ihre Gedanken auf die Tochter und sandte ihr im Geist die Botschaft: „Sowie du den Zug verläßt, ruf zuhause an, es ist dringend!"

Während sich die Bahn San Francisco näherte, wurde die Tochter von einer steigenden Unruhe erfaßt, die sie sich nicht erklären konnte. Kaum ausgestiegen, trieb es sie, ihre Eltern anzurufen. So erfuhr sie von der Erkrankung ihres Vaters und nahm den nächsten Zug zurück.

2. Sie können Magnetismus für viele Zwecke benutzen: um anderen eine Botschaft zu senden, wie wir oben erfahren haben; um Menschen, die Sie mögen, zu sich zu ziehen, oder um Geld und andere materielle Dinge anzuziehen.

Um zu verdeutlichen, wie Magnetismus im Leben wirkt, lassen Sie mich berichten, wie diese Kraft einen berühmten Filmstar zu mir zog, während ich ein Unbekannter war, der um seine Anerkennung rang.

Es war im Jahr der großen Depression, und ich war nach Hollywood gegangen, konnte aber keine Arbeit finden. Schließlich nahm ich einen Job im Atelier von Edwin Bower Hesser an, einem berühmten Filmstar-Fotografen. Ich hatte mich geistig auf eine Begegnung mit Mary Pickford konzentriert, und zwar seit mindestens einem Jahr, bevor ich nach Hollywood ging. Zu jener Zeit war Mary Pickford der Liebling Amerikas, jeder junge oder reifere Mann verehrte sie als die ideale Frau schlechthin.

Bevor ich nach Hollywood ging, hatte ich Chiromantie, Astrologie und weitere Grenzwissenschaften studiert, um mich selbst und andere Menschen besser verstehen zu können. Eines Tages erschien Miß Pickford im Atelier zu einigen Aufnahmen, die ihren neuen Film *Coquette* mit Buddy Rodgers publik machen sollten.

Während der Fotograf die Kamera aufstellte und alles vorbereitete, vertrieb ich ihr die Zeit, indem ich ihr aus der Hand las und ihr aus astrologischer Sicht einiges über ihre Persönlichkeit erklärte. Das Erstaunliche war, daß ich mich dabei in ihr eheliches Zerwürfnis mit Douglas Fairbanks eingeschaltet hatte, das vor der Öffentlichkeit streng geheimgehalten wurde. Ich sagte ihr Einzelheiten aus ihrem Leben, die sie verblüfften, und sie lud mich zu einer großen Party ein, die sie in der kommenden Woche für Lord und Lady Mountbatton veranstaltete. Auf dieser Party begegnete ich William Randolph Hearst, der später durch seine weltweite Propaganda für meine Arbeit in den geistigen Wissenschaften meinem Leben eine völlig andere Richtung geben sollte.

Die magnetische Anziehung, die ich durch meine Konzentration auf Miß Pickford ausgelöst hatte, hat ohne Zweifel die Serie von Ereignissen bewirkt, die zu unserer Begegnung führten und meinen späteren Lebensweg bestimmen sollten.

3. Magnetisieren Sie Ihren Geist, indem Sie täglich eine Reihe von Bildern und Gedanken der Menschen, die Sie kennenlernen, der Reisen, die Sie unternehmen, dem Geld, das Sie anziehen, dem neuen Job, den Sie sich wünschen, dem Haus, in dem Sie wohnen möchten und den Talenten, die Sie entwickeln wollen, Revue passieren lassen.

Natürlich gehört zur Ausbildung dieser Wunderkraft mehr, als nur Bilder und Vorstellungen Ihrer Ziele an Ihrem geistigen Auge vorüberziehen zu lassen. Der Prozeß der magnetischen Anziehung muß damit beginnen, daß Sie diese bildlichen Konzepte fest in Ihrem Geist verankern. Später, in unserem intensiven Studium des Magnetismus auf den kosmischen und geistigen Ebenen unseres Bewußtseins, werden wir diesen Gegenstand eingehender behandeln.

Der beste Weg, Ihre magnetischen Gedanken und Bilder in Ihrem Geist zu verankern, besteht darin, sie schriftlich niederzulegen. Sie haben sie dann vor Augen und können sie täglich nachlesen; auf diese Weise können Sie sie dann magnetisieren.

4. Der Magnetismus in Ihrem Hirn und Körper läßt sich durch ein bewußtes Verfahren intensivieren. Da uns überall auf der Erde Magnetismus umgibt, ist es lebenswichtig, tief und bewußt zu atmen, wenn Sie den Vorrat an Magnetismus in Ihrem Körper erweitern wollen. Kopfschmerzen und andere kleine physische Unbequemlichkeiten kann ich zum Beispiel dadurch vertreiben, daß ich zehn- oder fünfzehnmal tief einatme, mit angehaltenem Atem bis vier zähle und dann ausatme. Dieselbe Methode können Sie auch anwenden, um leichter einzuschlafen, denn dieses Verfahren stärkt den Magnetismus des Körpers und entspannt Nerven und Muskeln.

Als ich zum erstenmal das weite Podium in der Carnegie Hall betrat, um in New York meinen ersten Vortrag zu halten, hätte ich mich normalerweise etwas unbehaglich gefühlt. Doch da ich über Jahre Yoga-Atemtechnik und okkulte Wissenschaften studiert hatte, inhalierte ich rasch zehn- oder fünfzehnmal, um meinen Körper mit einem genügenden Vorrat Magnetismus aufzuladen, und betrat das Podium ruhig und gelassen. Jedesmal vor einem Vortrag wende ich diese Methode zur schnellen Aufladung der Batterien meines Geistes und Körpers mit elektrischer und magnetischer Kraft an.

Die wunderbaren Superkräfte Ihres Gehirns werden durch tiefes Atmen zu magnetischer Tatkraft angeregt; schätzen Sie also diese Lebensfunktion nicht gering. Die meisten Menschen atmen flach, nur in den oberen Lungenpartien, während die unteren Partien allmählich verkümmern, weil sie nicht genutzt werden. Atmen Sie tief ein und halten Sie den Atem an, während Sie langsam bis vier oder fünf zählen, dann atmen Sie aus. Das sollten Sie mindestens vier- oder fünfmal im Lauf des Tages tun. Wenn Sie bei der Arbeit ermüden, versuchen Sie statt einer weiteren Zigarette oder einer alkoholischen Anregung den magnetisierenden Akt tiefen Atmens. Er wird Ihnen augenblicklich neue Kraft geben und überdies Ihr Leben um viele Jahre verlängern.

Jemand hat einmal gesagt: „Inspiration läßt dem Menschen seelische Flügel wachsen, die ihn seinem irdischen Gefängnis entheben." Göttliche Inspiration trägt ihn sogar noch weiter hinauf: in das Reich des himmlischen Friedens, das Reich der Schönheit und der Freude.

Alles, was Ihren Geist zu kreativem Denken und Tun anregt, kann als inspirierend bezeichnet werden. Göttliche Inspiration setzt die Wunderkräfte Ihres Geistes in einem solchen Maß frei, daß Sie übernatürliche Energie und Fähigkeiten gewinnen, die dem Alltagsmenschen unbekannt sind.

Alle genialen Persönlichkeiten vermochten ihren inneren Geist mit göttlicher Inspiration aufzuladen und eine wahre Flut schöpferischer Ideen freizusetzen.

In der Musik verfügten die großen Komponisten Beethoven, Mozart, Händel und Bach über geistige Inspiration.

In der bildenden Kunst waren es Genies wie Michelangelo, Leonardo da Vinci, Rembrandt und Raphael.

In Literatur und Poesie erkennen wir göttliche Inspiration in den Werken von Shakespeare, Dante, Milton, Homer, Byron, Keats und Wordsworth.

Auf dem Gebiet der Forschung und Entdeckung sehen wir zweifellos göttliche Inspiration bei Marco Polo, Columbus, de Soto und Ponce de Leon.

In der Wissenschaft waren Newton, Pasteur, Galileo, Edison, Einstein, Fleming und Salk göttlich inspiriert.

Das ist nur eine kleine Liste der Großen der Geschichte, die durch göttliche Inspiration motiviert waren. Auf jedem Gebiet menschlichen Strebens hat es buchstäblich Tausende von Männern und Frauen gegeben, aus deren schöpferischer Arbeit ihre göttliche Inspiration zu erkennen war.

Das System zur Auslösung göttlicher Inspiration

1. Wenn Sie die Reaktionszentren Ihres höheren Geistes anregen möchten, bedienen Sie sich der tranzendentalen Macht wertvoller und inspirierender Musik. Damit ist klassische und Semiklassische Musik gemeint, nicht die enharmonischen Formen der neuen Musik oder des Modern Jazz, die dazu tendieren, die Hirnzellen übermäßig zu erregen. Walzer, Musik aus Hawaii und selbst moderne Balladen vermögen Geist und Körper zu entspannen; doch hat man gefunden, daß die großen unsterblichen Musikwerke der Klassik am besten geeignet sind, Inspiration in ihrer höchsten Form zu übermitteln.

In Industriebetrieben wurde beobachtet, daß bei sanfter Musik im Hintergrund die Arbeiter mehr leisten, ihr Energiespiegel steigt, sie später ermüden und dadurch weniger Unfälle verursachen. Das beweist den Nutzeffekt der Musik als inspirierender Kraft, die höheren Reaktionszentren der menschlichen Psyche anzuregen.

2. Wenn Sie göttlich inspiriert werden möchten, dann stimmen Sie sich auf die Schönheit und Erhabenheit des Universums ein. Erleben Sie einen Sonnenaufgang oder Sonnenuntergang am Meer; empfinden Sie die Erhabenheit der Berge, ihren Frieden und ihre stille Heiterkeit; beobachten Sie die Sonne, den Mond und die Sterne und versetzen Sie sich in Gedanken auf hohe Gipfel des Gelingens, indem Sie sich diese Wunder zum Beispiel nehmen. Genießen Sie bewußt den Frühling, sein frisches Grün, und seine vielfarbigen Blüten.

Erleben Sie die Kraft und Majestät der mächtigen Ströme und friedvollen Seen, die das Blau des Himmels und die weißflockigen Wolken widerspiegeln. Unterbrechen Sie gelegentlich Ihre Arbeit und gehen Sie in den Park, in einen Botanischen Garten oder in den Zoo. Oder Sie schlendern zu einem nahen Feld und lassen sich dort von der Fülle und Mannigfaltigkeit der Natur inspirieren. Auf diese Weise können Sie Geist und Körper mit Energie aufladen und stillfrohe Heiterkeit und seelischen Frieden gewinnen

3. Auch im Studieren der großen religiösen Schriften der Welt können Sie göttliche Inspiration erfahren. Sie sollten es sich zum Prinzip machen, intensiv zu erfassen, was die großen Meister und

Propheten der Welt gelehrt haben. Ergründen Sie die Bibel, den Talmud, den Koran, die heiligen Schriften des Buddhismus und andere geistige Offenbarungen, für die Sie sich interessieren.

4. Lernen Sie Bibelzitate auswendig, um sie jederzeit anwenden zu können, sobald Sie Inspiration benötigen. Mir selbst haben immer vor allem der 23. und der 91. Psalm geholfen. Auch in das Vaterunser können Sie sich nutzbringend vertiefen.

5. Informieren Sie sich über die transzendentalen Philosophien unserer großen Denker. Das Goldene Zeitalter Griechenlands wurde von Geistern wie Sokrates, Plato und Aristoteles geformt, deren inspirierte Gedanken Ihr Bewußtsein zu neuen Höhen von Adel und Würde erheben können. Unsere amerikanischen Philosophen Emerson und Thoreau verdienen ebenfalls, daß man ihnen nacheifert.

6. Wohltätigkeit ist ein weiterer Weg zu göttlicher Inspiration; jenen zu helfen, die weniger glücklich sind als wir, ist ein wundervolles Mittel, Seele und Körper mit edlen Gedanken zu erfüllen. Überdies können Sie andere mit Ihrem freundlichen Lächeln, Ihren ermutigenden Worten und Ihrer Herzensgüte stärken und unterstützen.

7. Das Gebet hebt die Seele des Menschen empor in die Dimensionen des Geistes, in denen sie aller Erdenschwere entrückt ist. Beten Sie häufig im Lauf des Tages. Kleine, kurze Gebete stärken Geist und Körper. Sagen Sie häufig: Vater, ich danke dir für diesen herrlichen Tag. Ich danke dir, daß du mir so liebe Freunde gebracht hast. Ich danke dir für deinen wunderschönen Sonnenschein. Bitte hilf mir, mit meiner augenblicklichen Schwierigkeit fertigzuwerden. Führe und inspiriere mich, damit ich diese Aufgabe bewältigen kann."

Das sind die kleinen seelischen Hilfen, die uns in beständigem Einklang mit der göttlichen Quelle allen Lebens und aller guten Dinge bewahren.

Der neunte Schlüssel: Dynamische Aktivität

Aktivität ist das erste Gesetz des Universums. Um die wunderbaren Reaktionszentren Ihres Geistes zur Bildung schöpferischer Gedankenmuster anzuregen, muß Ihr Denken zuerst dynamisch arbeiten. Synonyme für den Begriff „dynamisch" sind: tatkräftig, wirkungsvoll, mächtig.

Jene Form des Denkens, die in Zeit und Raum reicht und schöpferische Kräfte in Bewegung setzt, ist dynamisches Denken. Ein dynamischer Gedanke ist ein Gedanke, an dem Sie beharrlich festhalten, und der Ihren Geist und Körper mit dem Drang zu dynamischer Tätigkeit erfüllt.

Als Edison längere Zeit ergebnislos nach einer geeigneten Faser für seine elektrische Glühbirne suchte, meinte ein Assistent: „Es hat keinen Sinn, Mr.Edison. Sie haben es zehntausendmal versucht, und es ist mißlungen. Sie können es getrost aufgeben."

Der große Erfinder, von einem inneren Drang in einen Wirbel dynamischer geistiger und physischer Aktivität getrieben, entgegenete: „Aufgeben? Niemals! Jetzt kennen wir bereits zehntausend Dinge, mit denen es nicht geht." Tags darauf brachte sein nächster Versuch die Lösung.

Das System zur Freisetzung dynamischer Aktivität

1. Regen Sie Ihre Gedanken zu wirksamerer Tätigkeit an. Die Nerven und Muskeln Ihres Körpers reagieren auf intensive und dynamische Gefühle. Ein gleichgültiger Mensch, der ohne tieferes Empfinden und ohne Begeisterungsfähigkeit dahinlebt, hat selten den Trieb, etwas zu vollbringen. Der bekannte Historiker Arnold Toynbee erklärte, die Völker des Südens, die in einer Atmosphäre von Trägheit und Untätigkeit dahinleben, weil die Sonne brennt und die Leute faul geworden sind, wurden immer von Völkern des Nordens unterworfen, die in einem Reizklima aufgewachsen waren, das zu dynamischer Aktivität anregt. Doch wo immer Sie leben, in Nord oder Süd, Sie können mehr dynamische Aktivität entwickeln, wenn Sie Ihr Denken emotionalisieren. Wenn Sie sich etwas wünschen, wünschen Sie es dringend; wenn Sie jemanden lieben, lieben Sie mit Intensität; wenn Sie einen neuen Job übernehmen, fühlen und zeigen Sie Freude

154

und Begeisterung; wenn Sie für etwas Besonderes mehr Geld brauchen, überfluten Sie Ihre Vorstellung mit Bildern der Dinge, die Sie kaufen und der Freude, die Sie dabei empfinden werden. Dadurch regen Sie Ihren Geist und Ihren Körper zu dynamischer Tätigkeit an, und Sie werden das Gewünschte wesentlich leichter bekommen.

2. Überwinden Sie die Tendenz, zu zaudern und Dinge auf morgen zu verschieben. Diese Neigung erstickt dynamisches Handeln, und viele wundervolle Ideen, die Sie haben, bleiben unausgeführt. Gewöhnen Sie sich eine „Ich-tue-es-gleich-Haltung" an, hängen Sie an Ihrem Arbeitsplatz ein Schild auf: „Tue es sofort." Ich hatte jahrelang ein solches Schild, bis es mir zur Gewohnheit wurde, alles, was ich aufschieben wollte, sofort zu erledigen. Einer der wichtigsten Briefe in meinem Leben entstand aus dieser Gewohnheit. Er hat mir geschäftlich gute Ergebnisse eingetragen, aber hätte ich nur ein paar Tage mit der Antwort gezögert, wäre es zu spät gewesen.

3. Arbeiten Sie mit den Gesetzen der Natur und nicht gegen sie. Sie können nicht Ihre Kerze an beiden Enden anzünden und lange Licht haben. Wenn Sie Ihre Kräfte vergeuden, abends lange aufbleiben, spielen, übermäßig trinken und zuviel rauchen oder sich überarbeiten oder anderweitig übertreiben, stellen Sie die Naturgesetze auf den Kopf, und ein dynamisches Wirken ist nicht mehr möglich. Geist und Körper müssen jederzeit in Höchstform gehalten werden, sonst läßt Ihre Fähigkeit und Wirkungskraft nach. Gleichen Sie Ihre Arbeit so oft wie möglich durch ein wenig Spaß und Entspannung aus; gleichen Sie körperliche Liebe mit seelischen Bedürfnissen aus, dem Drang zur Verehrung und der Liebe zu Gott. Ein derartiges Kompensieren wird Ihnen für alles, was Sie tun, mehr dynamische Aktivität geben.

4. Leben Sie nach dem Gesetz der Anpassung, damit Sie nicht beständig gegen den Strom schwimmen. Manche Menschen vergeuden alle ihre Zeit und Kraft damit, andere zu bekämpfen; sie sind eigensinnig und leicht gekränkt und machen sich überall Feinde statt Freunde. Andere lehnen sich gegen die Elemente auf oder machen Front gegen gesellschaftliche Tabus und Schranken; das sind die sturen Individualisten, die in einer durch Moral und Sitten streng geregelten Gesellschaft für sich jede unerlaubte Freiheit verlangen. Dazu gehören

zum Beispiel die Beatniks, die auf ungekämmten langen Haaren und wildwachsenden Bärten bestehen und sich der Öffentlichkeit in schäbiger und schmutziger Kleidung präsentieren. An sich ist gegen eine solche Einstellung nichts zu sagen, solange sie nicht die Rechte anderer verletzt; doch der einzelne, der alle Hemmungen beiseite schiebt und einfach tut, was ihm paßt, muß dafür den Preis zahlen, daß er von der Gesellschaft geächtet wird und viele Chancen verliert, sein Leben zu verbessern. Dynamische Aktivität bedeutet nicht, alle Beschränkungen abzuwerfen, sondern sich nach den Sitten der Mehrheit zu richten und sich den gegebenen Umständen so taktvoll und geschickt wie möglich anzupassen.

5. Dynamische Aktivität kann geistig und physisch durch Anwendung des Gesetzes der Entwicklung in Ihrem Leben zum Ausdruck kommen. Sie müssen sich beständig weiterentwickeln; wenn Sie aufhören, zu wachsen und sich zu entfalten, fangen Sie an, zu stagnieren. Dieses Gesetz wirkt in der gesamten Schöpfung. Sobald etwas nicht mehr von Nutzen ist, wird es zerstört. Machen Sie es sich zum Prinzip, sich geistig und körperlich weiterzuentwickeln und sich fit zu halten, solange Sie leben. Üben Sie täglich Ihren Geist und ebenso Ihren Körper, damit Sie bis ins hohe Alter dynamisch und in brauchbarer Verfassung bleiben.

6. Die Liebe zur Menschheit ist eins der erhabenen Grundmotive, das Tausende zu dynamischem und segensreichem Wirken auf vielen Gebieten angeregt hat.

Pater Damien arbeitete viele Jahre mit den Leprakranken auf Molokai, suchte neue Behandlungsmethoden für diese furchtbare Krankheit und opferte in dieser Tätigkeit schließlich sein Leben. Seine Liebe zur Menschheit hatte ihn zu dieser dynamischen Aktivität bewegt.

Madame Curie und ihr Mann arbeiteten zwanzig Jahre in einem elenden Schuppen, durch dessen Ritzen im Winter der Sturm den Schnee hereinblies, und extrahierten aus Hunderten von Tonnen Pechblende winzige Partikel, um ein Gramm Radium zu isolieren. Ihre Arbeit diente dem Segen der Menschheit, und ihr liebevolles Opfer hat unzähligen das Leben gerettet.

Dr. Albert Schweitzer widmete sich dem Dienst an der schwarzen Bevölkerung des afrikanischen Dschungels und heilte Tausende. Es war seine Liebe zur Menschheit, die ihn auf diesen Weg führte.

7. Um den Strom dynamischer Energie für Ihre Lebenspläne zu intensivieren, sollten Sie sich ein bestimmtes Ziel setzen, auf das Sie zustreben können. Dieses Ziel sollte etwa alle fünf Jahre überprüft und den neuen Gegebenheiten angepaßt werden, denn im Lauf der Jahre ändern sich unsere Bedürfnisse. Ihr Ziel im Auge behaltend, konzentrieren Sie Ihr ganzes Denken und Fühlen darauf, es zu erreichen, und Sie werden bald von dynamischer Energie durchdrungen sein, die Sie zu dynamischem Handeln inspiriert. An einer anderen Stelle dieses Buches wurden bereits einige wertvolle Ziele erwähnt, die jeder anstrebt und erreichen möchte.

Der zehnte Schlüssel: Metaphysische göttliche Liebe

Eine unermeßliche metaphysische Kraft wurde in der Welt freigesetzt, als der Meistermetaphysiker Jesus erklärte: „Ein neu Gebot gebe ich euch, daß ihr euch untereinander liebet." Das alte Gesetz forderte Auge um Auge, Zahn um Zahn; es war ein Gesetz von Rache und Haß. Ohne Zweifel sind die tiefgreifenden Veränderungen, die sich nach der Verkündigung dieses Gesetzes Jesu in der zivilisierten Welt vollzogen haben, auf jenes Konzept der göttlichen Liebe zurückzuführen.

Liebe zeigt sich in vielen verschiedenen Formen. An anderer Stelle unseres Studiums werden wir über die Heilkraft der Liebe und auch von der Notwendigkeit körperlicher und seelischer Liebe in unserem Leben sprechen

Die wirksamste Form der Liebe, die die Superkräfte unseres Geistes in Bewegung setzt, ist die göttliche Liebe. Von Ewigkeit zu Ewigkeit sucht die menschliche Seele ihre erhabene Ergänzung: Gott. Unser irdisches Leben ist ein beständiges Suchen nach unserem körperlichen Gefährten zur Fortpflanzung und Erhaltung der Art. Doch auch die Seele hat ihren Hunger und ihre Bedürfnisse; sie sehnt sich nach himmlischer Liebe, nach der göttlichen Romanze, in der der Mann im schöpferischen Sinn nach seiner Ergänzung sucht, dem Gott-Bewußtsein in einer weltumfassenden Liebe, die sich in die Ewigkeit erstreckt. Hat der Mensch diese göttliche Liebe erkannt, dann wird er vollkommen und ganz befriedigt. Gottes Liebe verklärt und verwandelt die gesamte Menschheit in Gottes strahlendes Ebenbild.

Wie man göttliche Liebe freisetzt

1. Geben Sie Ihren Freunden und Nachbarn täglich kleine Liebesbeweise. Diese winzigen Aufmerksamkeiten bilden in Ihrem Bewußtsein ein Gewohnheitsschema göttlicher Liebe aus und tragen Ihnen liebevolle Gesten von anderen ein.

2. Um das Bewußtsein der göttlichen Liebe zu gewinnen, müssen Sie sich erst von dem Bewußtsein von Haß, Neid, Ärger, Eifersucht und Böswilligkeit freimachen. Jedesmal, wenn ein derartiger Gedanke auftaucht, erklären Sie: „Ich ersetze diesen Gedanken durch den Gedanken der göttlichen Liebe." Auf diese Weise werden Sie bald von allen giftigen oder unschönen Gedanken, die der göttlichen Liebe entgegenwirken, befreit sein.

3. Es genügt nicht, daß Sie Ihre Freunde und Verwandten lieben; unsere göttliche Liebe muß alle Menschen in der Welt umfassen. Ich weiß, es ist nicht leicht, diesem kosmischen Konzept der Liebe ausnahmslos gerecht zu werden; es gab im Lauf der Jahrhunderte soviele Streitigkeiten in Ländern, deren Bewohner über lange Zeiten unterdrückt wurden. Viele Völker hassen die Deutschen, die Japaner, die Russen; die Griechen hassen die Türken, weil diese Ihr Land hundert Jahre lang besetzt hielten; mit dem Verstand können wir solche Reaktionen begreifen, im Geist aber können wir Haß in keiner Form billigen. Wir müssen versuchen, die Gründe für unseren Haß sachlich durchzudenken und dann ein Schema der Vergebung und göttlichen Liebe ausarbeiten, damit wir nie wieder den negativen Gefühlen anheimfallen, die zum Haß führen. Ein junges Mädchen, das eine Zeitlang meine Kurse an der Carnegie Hall besuchte, besaß den strahlendsten und schönsten Gesichtsausdruck, den man sich vorstel-

len kann. Ihr Gesicht war keineswegs ausgesprochen schön, aber ihre geistige Ausstrahlung war so intensiv, daß sich nichts dagegen behaupten konnte. Eines Tages fragte ich sie nach dem Geheimnis ihres Charmes. Sie strahlte mich an, öffnete ein Medaillon, das sie um den Hals trug, und ließ mich die Inschrift lesen: „Ich liebe, den ich nicht gesehen." Da kannte ich die Ursache ihrer geistigen Schönheit und Heiterkeit. Sie liebte die ganze Welt und ihre Bewohner mit göttlicher Liebe.

4. Jedesmal, wenn Sie jemandem begegnen, den Sie anziehen und interessieren möchten, versuchen Sie, sich zwischen Ihrem und seinem Denken eine goldene Linie vorzustellen. Senden Sie ihm oder ihr auf dieser goldenen Linie den Gedanken zu: „Ich liebe das Göttliche in dir, und du liebst das Göttliche in mir." Da andere unsere intensiv empfundenen Gedanken fühlen, werden sie augenblicklich mit Liebe und Güte darauf reagieren.

Eine andere junge Dame, die meine Vorträge besuchte, gestand mir in einem Gespräch, sie könne einfach nicht den richtigen Typ anziehen. Sie wünsche sich so sehr, zu heiraten und Kinder zu haben, aber alle Männer, die sich für sie interessierten, erschienen ihr so primitiv und animalisch, daß sie sich zwangsläufig in ihr Schneckenhaus zurückgezogen und beschlossen hätte, überhaupt nicht mehr mit jungen Männer auszugehen.

Ich gab ihr das Rezept von der goldenen Linie und riet ihr, statt körperlicher Attraktionen göttliche Liebe auszustrahlen. Sie verließ mein Büro als neuer Mensch. Innerhalb einer Woche bekam sie drei Heiratsanträge. Sie hat sich später vermählt, hat inzwischen drei Kinder, und ihr ganzes Leben hat sich zum Positiven gewandelt.

5. Ihre innere Verfassung zeigt sich in Ihrem Gesicht und in den Konturen Ihres Körpers. Um der Umwelt ein Bild göttlicher Liebe zu zeigen, beginnen Sie sofort, Ihren Gesichtsausdruck zu ändern und statt Besorgnis, Angst, Unsicherheit und Ablehnung Liebe, Zuversicht, Frieden und Ausgeglichenheit zu übermitteln. Stellen Sie sich dazu vor den Spiegel und studieren Sie die verschiedenen Mienen, die Ihr Gesicht bei verschiedenen Empfindungen zeigt. Wenn Sie an etwas denken, das Sie hassen, erkennen Sie, wie Ihr Gesicht zu einer

häßlichen Maske wird? Angst und Sorge haben denselben Effekt.

Nun ändern Sie Ihre Stimmung. Denken Sie an etwas, das Sie lieben. Sehen Sie den frohen Ausdruck um Mund und Wangen? Wenn Sie Leuten begegnen, die Sie beeindrucken oder kennenlernen möchten, dann lassen Sie Ihr Gesicht den Ausdruck zeigen, den es hat, wenn Sie sagen: „Ich liebe dich."

6. Eine weitere wirksame Methode, das Bewußtsein göttlicher Liebe von innen her anzuregen, besteht darin, schöne und romantische Poesie auswendig zu lernen. Die elektrischen Schwingungen, die vom Gemüt ausgehend das Gesicht durchdringen, haben die Tendenz, Ihr Antlitz entsprechend Ihren gewohnheitsmäßigen Gedanken zu formen.

Emerson sagte: „Was du bist, spricht so laut, daß ich nicht hören kann, was du sagst."

Um Ihr inneres Bewußtsein so zu formen, daß seine Ausstrahlung in Ihrem Gesicht und Ihrer Figur romantisch und schön ist, nehmen Sie den Sinn und die Schönheit romantischer Poesie in sich auf. Lernen Sie das wundervolle Gedicht von Elizabeth Barret Browning: *„Wie liebe ich Dich?"* ganz auswendig und sprechen Sie es oft, wenn Sie die Inspiration göttlicher Liebe wünschen.

Studieren Sie die Gedichte von Keats, Shelley und Byron, und auch die Liebes-Sonnette von Shakespeare.

7. Lernen Sie die Schönheit im Leben zu lieben, und bald werden Sie in Ihrer Seele Schönheit widerspiegeln. Diese seelische Schönheit übertrifft jede körperliche Schönheit und wird Sie strahlend schön machen.

Zusammenfassung

1. Die metaphysischen Wunderkräfte des Genies.
2. Experimente mit Gedankenprojektion.
3. Der Schlüssel Vorstellungskraft, der Wunderkräfte freisetzt.
   Wie man die Vorstellung anregt.
4. Der Schlüssel Wißbegierde, und wie er wunderbare Türen öffnet.

9. Kapitel

Angewandte Metaphysik begründete ihren Reichtum

Welche Wunderkraft ist es, die manchen Männern und Frauen ermöglicht, sich ein Vermögen aufzubauen? Besitzen die Betreffenden irgendwelche geheimnisvollen Fähigkeiten, die sie von anderen unterscheiden? Haben sie gelernt, verborgene Goldadern zu entdecken, oder besitzen sie ein solches Ausmaß an geistiger Macht, daß sie ihre Gedanken in einen strahlenden Strom des Reichtums verwandeln können?

In unserer Untersuchung der Wunderkraft zur Vermögensbildung werden wir dem alten Geheimnis der Alchimisten begegnen, die unedle Metalle in Gold zu verwandeln suchten. Zwar ist es ihnen nicht gelungen, doch das Grundprinzip, von dem sie ausgingen, ist stichhaltig; noch heute steht wie eh und je dieses Gesetz der Umwandlung hinter jeglichem Reichtum.

Die geheimnisvolle Kraft der Umwandlung erkennen wir überall in der Natur, und wir beobachten ihre Wirkung im Boden. Wenn wir eine Handvoll Weizen- oder Maiskörner in die Erde geben, verwandelt die Natur sie in einen Schoppen Getreide. Säen Sie einen Schoppen, gibt Ihnen die Natur dafür einen Scheffel. Es ist das Gesetz der Ernte, daß man mehr erhält, als man gibt. Der Natur ist das Geheimnis der Alchimisten wohlbekannt. Sie nimmt dunke Erde und formt aus ihr Wassermelonen und goldene Aprikosen. Aus grünem Gras bildet die Alchimistin Natur weiße Milch und leuchtend gelbe Butter. Aus demselben Boden bringt die Wunderkraft der Natur Mais, Äpfel, Weizen, Kartoffeln und Baumwolle hervor. Welche seltsame und geheimnisvolle Kraft im Erdboden ist es, die aus den gleichen Elementen eine derartige Mannigfaltigkeit des Reichtums zu schaffen vermag?

Metaphysische Alchimie: Geheimnis der Äonen

Zu allen Zeiten hat es Männer und Frauen gegeben, die die metaphysische Alchimie zu nutzen wußten, um wunderbare Ergebnisse zu erzielen. Durch diese Superkraft des göttlichen Geistes verstanden sie es, der Natur ein Vermögen abzuringen. Sie konnten ihre Ideen in materielle Substanz umsetzen. Sie verstanden, sich die verborgenen Kräfte der Natur dienstbar zu machen, um neue Substanzen wie Nylon und Plastik zu gewinnen; sie entdeckten die verborgenen Quellen des Reichtums und holten Öl, Stahl und Gold aus den Tiefen der Erde. Sie bedienten sich riesiger Bäume, mit deren Hilfe sie Häuserblöcke und Wolkenkratzer errichteten, und aus dem Saft anderer Bäume gewannen sie Zucker und Gummi.

Doch die Natur gibt dem Menschen ihre Schätze nicht umsonst. Sie verlangt nicht nur Arbeit, sondern ein systematisches Studieren ihrer Gesetze. Der Mensch muß begreifen, daß er für das, was er erhält, dem Universum eine Gegengabe schuldet. Die Natur schenkt dem Menschen nichts; er muß für alle ihrer unbezahlbaren Schätze bezahlen.

Möchten Sie reich werden, dann können Sie die metaphysische Alchimie, die geheime Kraft aller Zeitalter, in Ihrem Leben anwenden, um Ihre Ideen in Gold zu verwandeln. Oder Sie können, wie es viele Genies der Geschichte getan haben, diese Wunderkraft benützen, um auf der Basis Ihrer schöpferischen Begabungen ein anderes Ziel zu erreichen.

Nicht jeder möchte unbedingt Millionär sein. Viele Leute sind vollkommen zufrieden, wenn sie ein ausreichendes Einkommen haben und im Alter gesichert sind. Doch auch sie können aus dem Studieren der metaphysischen Alchimie Nutzen ziehen, denn durch diese Verwandlungskraft können sie ihre Zeit, ihre Gedanken, ihre Kräfte und Bemühungen in greifbaren Lohn umsetzen, der ihnen ein unbeschwertes Leben garantiert.

Laßt uns nun das Leben einiger der reichsten Menschen der Welt aus Vergangenheit und Gegenwart untersuchen und sehen, wie sie unsere sechzehn goldenen Schlüssel der metaphysischen Alchimie angewandt haben. In jedem einzelnen Fall werden Sie entdecken, daß die erfolgreichen Persönlichkeiten sich eines oder mehrerer dieser goldenen Schlüssel bedient haben, um die geheimen Türen zu den Schätzen des Universums aufzutun.

VORSTELLUNGSKRAFT
MUT
ORGANISATIONSTALENT
RISIKOBEREITSCHAFT
GEISTIGE FLEXIBILITÄT
BEGEISTERUNGSFÄHIGKEIT
VERNÜNFTIGE GROSSZÜGIGKEIT
SPARSAMKEIT
REDLICHKEIT
LOYALITÄT
INTENSIVES STREBEN
GUTES URTEIL
ENTSCHLUSSFÄHIGKEIT
ENTSCHIEDENHEIT
GEDULD
BEHARRLICHKEIT

Jeder Mensch hat irgendwann in seinem Leben einmal eine Idee gehabt, die ihm, hätte er sie ausgeführt, vielleicht ein Vermögen eingebracht hätte. Der einzige Unterschied zwischen den Reichsten der Welt und den sogenannten gewöhnlichen Sterblichen besteht darin, daß die ersteren ihre schöpferischen Ideen weiterverfolgen und alle der oben angeführten Schlüssel zum Reichtum benützen. Laßt uns das Leben einiger erfolgreicher Persönlichkeiten untersuchen und sehen, wie sie das Prinzip der metaphysischen Alchimie in ihrem Leben und in ihrem Geist angewandt haben.

Rockefeller dürfte einer der prominentesten Millionäre sein; sein Öl-Imperium ist in der ganzen Welt ein Begriff. Der verstorbene John D. Rockefeller sen. transformierte seine Ideen in ein gewaltiges, weltumspannendes Finanzreich, das noch immer Millionen mit seiner Produktivität und seinen Erzeugnissen segnet.

Welcher Schlüssel hat sich Rockefeller bedient, um das Produkt der Erde in Billionen Dollar umzuwandeln? *Vorstellungskraft* war der erste goldene Schlüssel, dessen er sich für seinen Umwandlungsprozeß bediente. In der alten Zeit, als das Automobil noch in den Kinderschuhen steckte, sagte ihm seine metaphysische Vorstellungskraft, daß sich die Räder der Industrie eines Tages um das Öl drehen werden. So pachtete er scheinbar nutzloses Brachland und ließ dort nach Öl bohren. Jeder nur einigermaßen Weiterblickende hätte dasselbe tun können.

Vorstellungskraft also gründete das Rockefeller-Vermögen. Doch Rockefeller gebrauchte noch weitere Schlüssel unserer Liste. Er besaß ein ausgesprochenes Organisationstalent und gründete eine Gesellschaft, der er vorstand. Auch zeigte er sich bereit, etwas zu riskieren – Nr. 4 auf unserer Liste – indem er das Kapital, das er sich zuvor für dieses extrem riskante Unternehmen hatte borgen müssen, aufs Spiel setzte.

Er war ausgesprochen begeisterungsfähig und flexibel; auf unserer Liste Nr. 5 und Nr. 6; er war redlich und sparsam, besaß ein sicheres Urteilsvermögen und die Fähigkeit, richtige Entscheidungen zu treffen. Und er teilte seinen Reichtum. Millionen Menschen fanden Hilfe durch die wissenschaftlichen und medizinischen Erkenntnisse der altruistischen Rockefeller-Stiftung. Auch die drei letzten Schlüssel unserer Liste wandte er an: Entschiedenheit, Geduld und Beharrlichkeit.

Rockefeller liebte seine Arbeit: jeden Morgen saß er in aller Frühe an seinem Schreibtisch, blieb bis spät in die Nacht und kümmerte sich persönlich um die tausend Einzelheiten, die sich täglich ergaben. An dieser Gewohnheit hielt er bis in seine Neunziger fest. Seine Begeisterung gab ihm eine erstaunliche Antriebskraft, die ihn unberührt durch Zeiten von Krankheit, Sorge und Schwierigkeiten trug, die ein weniger willensstarker Mensch wahrscheinlich nicht überstanden hätte.

Andrew Carnegie und sein goldener Finger

Von Andrew Carnegie heißt es, er habe einen goldenen Finger besessen. Was er auch unternahm, es führte zum Erfolg. Das war keineswegs Zufall. Es war das Ergebnis peinlicher Sorgfalt und intensiven Bemühens, verbunden mit einem intuitiven Spürsinn, der schon fast übersinnlich anmutete.

In seiner Jugend in Schottland war Carnegie bitter arm. Schon früh faßte er den Entschluß, reich zu werden und ein großes Vermögen zu erwerben, um den Menschen auf irgendeine Weise helfen zu können. Sein Verlangen nach Reichtum hatte nichts mit Geiz oder Selbstsucht zu tun. Ihn trieb einzig der Wunsch, seinen mittellosen Angehörigen ein unbeschwertes und schönes Leben bieten zu können und das darüber hinaus Erreichte mit der Welt zu teilen.

Frühzeitig entfaltete Carnegie als besonderen Charakterzug eine intensive Vorstellungskraft. Als er nach Amerika kam, erkannte er sofort die großen Möglichkeiten einer sich entwickelnden Wirtschaft in einem neuen Land, in dem gerade das Industrie- und Motorenzeitalter zu blühen begann. Als Grundlage seines zukünftigen Vermögens konzentrierte er sich auf Stahl.

Carnegie bediente sich des goldenen Schlüssels Nr. 5, geistige Flexibilität, und lernte zunächst alles, was er über die Herstellung und Weiterverarbeitung von Stahlprodukten erfahren konnte. Er schonte sich nicht und sah sich alles genau an. Er arbeitete in einem Stahlwerk, gewann dadurch unmittelbare Erfahrung und schaffte sich nach und nach hoch bis an die Spitze einer eigenen Gesellschaft. Bei der Einstellung führender Leute bewies er gutes Urteil und Organisationstalent. Er gründete seine eigene Stahlkompanie und erhielt aufgrund seiner Befähigung und Integrität von mehreren Banken finanzielle Deckung.

Nachdem er sein riesiges Vermögen aufgebaut hatte, verschenkte Carnegie Hunderte von Millionen Dollar. Eine seiner größten und wundervollsten Gaben waren 1200 über das ganze Land verstreute öffentliche Bibliotheken. Der goldene Schlüssel Nr. 7 – vernünftige Großzügigkeit – war auch der Schlüssel zu Carnegies Charakter und eine der Ursachen seines Erfolgs. Er hat überdies die Carnegie Hall gegründet, eine kulturelle Institution, die seit Jahren unschätzbare Kostbarkeiten nach New York bringt. Er unterstützte zahllose kulturelle und wohltätige Unternehmen, denn er war überzeugt, daß Reichtum auf alle verteilt werden sollte, um der Menschheit zu dienen. Sein ganzes Leben war ein einziges Bekenntnis zur Großzügigkeit.

Andrew Carnegie hat sich aller sechzehn unserer goldenen Schlüssel bedient, um das metaphysische Wunder der Gründung eines riesigen Vermögens zu vollbringen.

Das Verlagsreich Hearst

Das gewaltige Imperium, das William Randolph Hearst errichtet hat, basiert auf den sechzehn goldenen Schlüsseln, mit denen wir uns hier befassen. Hearst erbte von seinem Vater ein beträchtliches Vermögen. Mit diesem Geld kaufte er Zeitungen und Magazine auf, solange, bis er sich als der mächtigste Verleger der Welt etabliert hatte. Er münzte Ideen um in einen stetigen Strom von Gold, der ihn zu einem der reichsten Männer der Welt machte. Welcher metaphysischer Wunderkräfte hat er sich dabei bedient? Er begann mit dem goldenen Schlüssel Vorstellungskraft, dem ersten auf unserer Liste, denn er erkannte, daß ein wachsendes Amerika Zeitungen und Magazine verlangen würde, um jederzeit über den neuesten Stand der Dinge informiert zu sein.

Er gebrauchte die Schlüssel drei und zwölf, denn er verfügte über bedeutende organisatorische Fähigkeiten, und indem er Arthur Brisbane zu seinem persönlichen Referenten erkor, bewies er gutes Urteil.

Es war Brisbane, der Hearst anregte, Amerika jene Form des Journalismus zu bieten, die es zu wünschen schien. Er sicherte sich die Masse mittels sensationeller Schlagzeilen und aufwühlender Berichte über Sex, Skandale und Verbrechen, und seine Blätter verkauften sich in Millionenauflagen.

Weitere Schlüssel unserer Liste, die Hearst zur Gründung seines enormen Vermögens benutzte, waren: Mut, erweiterungsfähige Vorstellungskraft, Begeisterung, Loyalität, intensives Streben, die Fähigkeit, richtig zu entscheiden, Entschlußkraft, Geduld und Beharrlichkeit.

Onassis, der goldene Grieche

Aristoteles Sokrates Onassis ist als der „goldene Grieche" bekannt. Er begann als einfacher Matrose, arbeitete sich hoch, wurde Offizier der griechischen Marine und lernte alles über Schiffe und Seefahrt. Er besaß eine ausgesprochen wache Vorstellungskraft – der erste Schlüssel auf unserer Liste. So erkannte er, daß die derzeitige Verschiffung von Gütern zu kostspielig war. Wenn er einen Weg fände, schnellere Schiffe zu bekommen, die weniger Arbeit erforderten und somit billiger waren, könnte er sein Glück machen.

Er nahm Geld auf und besaß bald eine zahlreiche Flotte, die er auf allen Meeren einsetzte. Zuletzt war er einer der größten Reeder der Welt, man schätzt sein Vermögen auf fast eine Billion.

Welcher Schlüssel hat sich Onassis bedient, um seinen Aufstieg zu Glück und Ruhm zu vollbringen?

Neben einer intensiven Vorstellungskraft besaß er Entschiedenheit, Nr. 14 auf unserer Liste. Er war mutig, bereit, ein Risiko auf sich zu nehmen, er war begeisterungsfähig und flexibel, besaß gutes Urteilsvermögen, Geduld, Beharrlichkeit und die Fähigkeit, im richtigen Moment richtig zu entscheiden. Alle diese Faktoren unterstützten ihn in seinem rapiden Aufstieg zum Gründer eines riesigen Schiffahrtsunternehmens.

Mut – der Schlüssel zum Reichtum von Henry J. Kaiser

Der Hauptschlüssel zur Bildung des ungeheuren Vermögens von Henry J. Kaiser war Mut. Als die Regierung dringend Schiffe benötigte, um den Krieg im Südpazifik zu gewinnen, erklärte jeder Schiffbauer, eine kampffähige Ausrüstung von Passagier- oder Frachtschiffen würde Monate dauern. Kaiser besaß den Mut und die Vorstellungskraft, die Schiffe innerhalb von 30 Tagen zu versprechen. Das spottete jeglicher Logik, und man erwartete allgemein, die Sache würde schiefgehen.

Aber Kaiser setzte die in der Autoindustrie gebräuchliche Fließbandmethode im Schiffbau ein. Pünktlich zum versprochenen Termin rollten die Liberty-Schiffe von den Fließbändern, und ihr Einsatz trug wesentlich zur siegreichen Beendigung des Krieges bei.

Welcher Wunderkräfte hatte sich Henry J. Kaiser bedient? Zusammen mit Mut und Vorstellungskraft gebrauchte er die metaphysischen Schlüssel Organisationstalent, Risikobereitschaft, Begeisterungsfähigkeit, intensives Streben, gutes Urteil, Entschlußfähigkeit, Geduld und Beharrlichkeit.

Die neuen Millionäre von Hollywood

Sensationelle Erfolge sind die Ausnahme, nicht die Regel. Doch in der Traumfabrikatmosphäre von Hollywood hat die metaphysische Wunderkraft der geistigen Alchimie neue Millionäre erschaffen.

In den alten Tagen zu Anfang des Films sind Persönlichkeiten wie Harold Lloyd, Charlie Chaplin, Mary Pickford, Griffith, DeMille, Goldwyn, Zanuk, Selznick und zahlreiche andere buchstäblich über Nacht zu Ruhm, Macht und Reichtum gelangt. In fast allen dieser erstaunlichen Karrieren wurden die goldenen metaphysischen Schlüssel eingesetzt, die sich auf unserer Liste finden.

Die Wunderkraft der geistigen Alchimie ist heute keineswegs tot; sie ist noch ebenso wirksam und lebendig wie in den Tagen, da die Obenstehenden ihr Glück machten.

Von Frank Sinatra zum Beispiel heißt es, er sei an die 35 Millionen Dollar schwer. Welche goldenen Schlüssel hat er benutzt? Er besaß Vorstellungskraft, Mut, Risikobereitschaft, Begeisterungsfähigkeit, intensives Streben, gutes Urteil, Entschlußfähigkeit und Geduld. Als seine Karriere als Sänger zu Ende ging, dachte jeder, seine Zeit sei nun vorbei. Doch er arbeitete beharrlich weiter, ihn trieb der intensive Wunsch, Schauspieler zu werden. Als der Film „Verdammt in alle Ewigkeit" gedreht wurde, überzeugte Sinatra Produzent und Regisseur, daß er die richtige Besetzung für die Hauptrolle war. Sein Erfolg brachte ihm den Oscar ein; Sinatra wurde einer der strahlendsten Sterne am Himmel von Hollywood und überdies ein schwerreicher Mann. Inzwischen besitzt er eine eigene Schallplattenfirma, einen Filmproduktionsverband und weitreichende Kapitalanlagen und Besitztümer, einschließlich eines eigenen Flugzeugs. Er ist der Freund und Vertraute von Direktoren und Industriekapitänen. Die metaphysische Alchimie, die er anwendet, wirkt wahrhaft Wunder für den einstigen unbekannten Italienerbuben, der seinerzeit mit neun Punkten gegen sich startete!

Die Lebensgeschichte von Bing Crosby weist ähnliche Züge auf. Der berühmte Sänger bediente sich der meisten unserer metaphysischen Wunderschlüssel, insbesondere der Eigenschaften Vorstellungskraft, Mut und Beharrlichkeit, um sich am glänzenden Starhimmel Hollywoods einen bleibenden Platz zu sichern.

Walt Disney und sein Millionen-Dollar-Bewußtsein

Eins der prominentesten Beispiele Hollywoods, wie man durch die Prinzipien der geistigen und physischen Alchimie, die wir studieren, ein Millionen-Dollar-Bewußtsein erlangt, lieferte Walt Disney. Mittels der Chemie seiner Gedanken webte er Kette und Schuß eines Gobelins der Träume, von dem sich ein steter goldfunkelnder Strom in seine Schatzkammern ergoß. Die metaphysische Mixtur, die er verwandte, bestand aus Vorstellungskraft, Mut, Organisationstalent, Begeisterungsfähigkeit, sensiblem Denken, intensivem Wünschen,

Loyalität, gutem Urteil, Entschiedenheit, Geduld und Beharrlichkeit. Walt Disney wurde nicht nur reich und berühmt, er bereicherte die Welt mit dem Zauber, den er entdeckte, jenem Zauber, der alle seine Produktionen durchdringt. Er hat nie einen Mißerfolg erfahren, weil er zuerst das Bewußtsein eines schöpferischen Geistes aufbaute, das dann sein eigenes Leben ebenso bereicherte wie das Leben von Millionen Filmbesuchern in der ganzen Welt.

Die Magie einer schöpferischen Idee

Geistige Alchimie beginnt mit der Magie einer schöpferischen Idee. Wenn wir den Namen Sears Roebuck hören, sehen wir im Geist eine Multimillionen-Organisation, die seinerzeit in den Köpfen zweier Männer Gestalt gewann: Sears und Roebuck. Diese Idee – Kleidungskauf nach Katalog – war neu im Versandgeschäft. Ihre beiden Väter wandten alle sechzehn goldenen Schlüssel unserer Liste an, um ihr höchst erfolgreiches Unternehmen aufzubauen.

Wenn wir an Gummi denken, kommen uns die Namen Goodrich oder Firestone in den Sinn. Revlon ruft uns Charles Revlon ins Gedächtnis. Die Chrysler Corporation erinnert uns an die schöpferische Genialität von Walter Chrysler. Der Name Lipton läßt uns an Tee denken, Ford an Autos, Hilton an Hotels, Wrigley an Kaugummi, der Name Helena Rubinstein an Kosmetik. Immer stand hinter einem neuen Produkt oder einer neuen Verkaufsmethode für ein altes Produkt der Name eines Mannes oder einer Frau mit Vorstellungskraft. Und jedes dieser riesigen Vermögen, die der Name des Produkts repräsentiert, wurde erschaffen aus der mentalen Alchimie einer Idee im Geist der Person, nach der das Produkt oder die Gesellschaft benannt wurde.

In jedem Beispiel der obengenannten Firmen oder Personen wurden unsere sechzehn metaphysischen Schlüssel benutzt, um das Produkt zu entwickeln und die Vertriebsgesellschaft aufzubauen.

Kann man heutzutage noch Millionär werden?

Viele Menschen denken mit Wehmut daran, daß es in den alten Tagen, als die meisten wirklich großen Vermögen entstanden, noch keine so hohen Steuern gab wie jetzt. Damals konnte fast jeder zum Millionär werden, heute jedoch, so klagen sie, sei es ungeheuer schwer, wenn nicht so gut wie unmöglich, wirklich reich zu werden.

Laßt uns diese Theorie in unserer Untersuchung, wie wir die geheime Wunderkraft, der sich die Reichsten der Welt bedient haben, für uns nützen können, einmal genauer betrachten.

Zu diesem Zweck nehmen wir sechs Millionäre der Gegenwart unter die Lupe, die kürzlich in David Susskind's Fernsehprogramm *Open End* interviewt wurden. Die Sendung hieß *Geldgespräche*.

Edward Lamb begann als Rechtsanwalt. Er kandidierte auf der republikanischen Liste für den Senat; während der Depressionsjahre wurde er abgewählt. In den mageren Dreißigern begann er sich lebhaft für soziologische Fragen zu interessieren und schloß sich der Arbeiterbewegung an. Er hat alle 77 nationalen und internationalen Arbeitervereinigungen vertreten. Er war davon überzeugt, daß der Weg zum Reichtum über den Dienst an der Menschheit führte.

Später ging Lamb ins Presseverlagsgeschäft und gründete nach und nach ein 50-Millionen-Dollar-Reich verschiedenster Interessen.

Auf die Frage: „Wie fühlt man sich, wenn man reich ist?" erwiderte er, daß man sich nicht immer absolut reich fühle, denn der Reichtum eines Mannes würde immer an der Höhe seiner Schulden gemessen. Was ihm Antrieb gibt, sei Freude am Erfolg, der Wunsch, der Menschheit zu dienen, und ein natürlicher Instinkt, auf der Seite der Sieger zu sein.

In seinem Aufstieg zum Reichtum hat Lamb alle unsere metaphysischen Schlüssel angewandt.

Die große Verantwortung des Reichtums

Mr. Marvin Kratter ist Präsident und Vorsitzender einer riesigen Brauerei. Er erwarb kürzlich Ebbet's Field und errichtete auf diesem wertvollen Grundstück die neue Ruppert's Brauerei. Mr. Kratter erklärte, Reichtum sei für denjenigen, der ihn besitzt, eine ungeheure Verantwortung. Was hat Mr. Kratter angespornt, nach Reichtum zu streben?

Sein Leben begann in bescheidenen Verhältnissen, doch er hatte den intensiven Wunsch, seine Interessen zu fördern, um sich die Annehmlichkeiten des Daseins leisten zu können. Reichtum, so erklärte er, sei ermutigend, aber wenn man die erste Million geschafft habe, sei es schwer, aufzuhören. Irgendetwas im Menschen, ein Wunsch nach größerer Macht oder eine Bindung an das Schicksal anderer dränge einen beständig vorwärts, ganz egal, wieviele Millionen man besitzt. Mr. Kratter ist überzeugt, daß ein Mensch, der ein Vermögen gemacht hat, seinen Angestellten, seinen Aktionären und allen, die zu seinem Profit beigetragen haben, moralisch verpflichtet ist. Diese Verantwortung erstreckt sich schließlich bis auf die Öffentlichkeit, die letztlich die Quelle allen Reichtums ist. Vermögen, so erklärte er, bürdet einem Beschränkungen und Verpflichtungen auf, die man nicht auf die leichte Schulter nehmen darf.

Sechzig Millionen Dollar

Louis Lesser ist ebenfalls ein neuzeitlicher Millionär. Er hat die Aufsicht über eine Gesamtsumme von 60 Millionen. Begonnen hat er als Zeitschriftenverkäufer von Tür zu Tür, arbeitete sich hoch, besaß schließlich zahlreiche Ölquellen und wurde Präsident der Lesser Corporation. Der Wunsch, reich zu werden, entstand bereits in seiner Jugend. Er wollte eine Million Dollar machen, dann aufhören, in der Welt herumreisen und das Leben genießen. Als er sein Ziel erreicht hatte, so berichtete er, fand er sich in soviele Unternehmungen verwickelt, daß er unmöglich aussteigen konnte. Er warnt vor Geiz als motivierende Kraft, Reichtum anzustreben, weil dieses negative Gefühl häufig die Menschen zerstört, die von ihm besessen sind. Nachdem er sein riesiges Vermögen erworben hatte, begann Mr. Lesser zahlreiche wohltätige Organisationen großzügig zu unterstützen, unter anderen die City of Hope und ähnliche Gruppen.

Louis Lesser hat mit Sicherheit die meisten metaphysischen goldenen Schlüssel unserer Liste angewandt, vor allem Vorstellungkraft, Mut, Entschlossenheit, Großzügigkeit und Beharrlichkeit.

Von 250 Dollar zu Millionen

Mr. Wallace Johnson, der 50 Handesgesellschaften leitete, darunter die sagenhaften Holliday Inns, borgte sich in seiner Jugend 250 Dollar. Mit diesem Geld ging er in sein erstes Geschäftsunternehmen. Durch harte Arbeit, gewitzte Kapitalanlagen und ein sicheres Gespür für das, was die Leute wollen, erweiterte er seine kleine Ausgangssumme auf mehrere Millionen und Geschäftsunternehmungen in 50 verschiedenen Handelsgesellschaften.

Das Geheimnis seines Reichtums? Gib den Leuten für ihr Geld einen echten Gegenwert. Finde heraus, was sie brauchen, und entsprich ihrem Bedarf mit Produkten, die so gut wie irgend möglich sind. „Erfolg? Ich suche noch immer danach und arbeite sehr hart." Vielleicht findet sich in diesen Worten der wirkliche Impuls, der Mr. Johnson zum Multimillionär gemacht hat.

Er trieb in ein 120 Millionen-Dollar-Vermögen

Die vielleicht verblüffendste Erfolgsgeschichte dieser neuzeitlichen Millionäre ist jene von David Murdock. Als er noch ein junger Mann war, trieb es ihn von Job zu Job, er wußte einfach nicht recht, wohin, Einen klaren und intensiven Wunsch indes hatte er: er wollte reich werden.

1946 trieb es ihn, nach Arizona zu gehen, und zwar nach Phoenix, und dort legte er den Grundstein für sein zukünftiges Vermögen.

Seine Kapitalanlagen in Grundbesitz, Liegenschaften und anderen Spekulationen, sein Vertrauen in die Zukunft des Westens und sein übermächtiger Wunsch nach Erfolg waren die Grundpfeiler seines späteren riesigen Vermögens. Ohne Zweifel bewies er Vorstellungskraft, Entschlossenheit, Mut, gutes Urteil, die Fähigkeit zu richtigen Entscheidungen, Beharrlichkeit und Geduld, während er zielbewußt die Erfolgsleiter erklomm.

Die Herausforderungen des Lebens spornten ihn an

Thomas J. Bolack machte sich mit 26 Jahren auf den Weg zu Ruhm und Reichtum. Etwas in ihm sagte ihm, daß sich sein Schicksal in New Mexico erfüllen würde. Das Land strotzte förmlich vor versteckten Möglichkeiten, die einen Mann reichmachen konnten, wenn er nur den Blick und die Voraussicht besaß, sie zu erkennen. In dem unfruchtbaren Wüstengebiet des ausgedörrten Staates entdeckte Bolack Öl, und schon war er auf dem Weg, seinen Kindheitstraum vom Erfolg zu realisieren.

Mr. Bolack wollte den Menschen des Staates, der ihn reich gemacht hatte, nützlich sein. Er bewarb sich um den Gouverneursposten, bekam ihn und umwand so seine Erfolgskrone mit Lorbeeren.

Das Leben ist eine Herausforderung, glaubt Mr. Bolack, und man muß sich auf diese Herausforderung vorbereiten, indem man den Hindernissen im Leben ins Gesicht sieht und sie überwindet. Er glaubt auch, daß man alle seine Begabungen und Fähigkeiten einsetzen muß, um die freien Schätze des Lebens in nützliche Produkte zu verwandeln, die der Menschheit zugute kommen und sie bereichern. Sich selbst betrachtet er als einen Treuhänder des Reichtums mit der Verpflichtung, sein Geld zu gebrauchen, um soviel Gutes wie möglich für die Menschen zu tun, denen es dienen soll. Nur dann, so sagt er, ist man eines so hohen und heiligen Vertrauens würdig.

Wie man die Wunderkraft zur Erlangung von Reichtum motiviert

1. Erweitern Sie mittels Ihrer Vorstellungskraft Ihr Bewußtsein. Machen Sie sich klar, daß es Ihnen möglich ist, so reich zu werden, wie Sie wollen. Es gibt keine Grenzen außer jenen, die Sie sich selbst setzen. Die Bibel sagt: „Wenn kein Gesicht da ist, wird das Volk wild und wüst."

Haben Sie das „Gesicht", sich wohlhabend und erfolgreich zu sehen. Wenn Sie nicht eine Million oder mehr haben wollen, dann bitten Sie Ihren inneren Geist um Sicherheit für sich und Ihre Familie.

2. Gehen Sie in eine öffentliche Bibliothek und besorgen Sie sich Bücher über so vermögende Leute wie Vanderbilt, Morgan, Astor, Carnegie, Hearst, Chryssler, Getty und andere, die extrem reich geworden sind. Studieren sie ihre Lebensgeschichte, machen Sie sich Notizen, finden Sie heraus, welche Fehler sie gemacht haben, damit Sie diese Fehler vermeiden können. Empfinden Sie ihre Gedanken und Handlungen nach. Machen Sie sich mit ihren Methoden vertraut und wenden Sie diese in Ihrem eigenen Leben an.

3. Konzentrieren Sie sich nach innen und bitten Sie den göttlichen Geist um Ideen, Rezepte, Erfindungen, Berichte und schöpferische Gedanken, die Sie nützen können, um reich zu werden. Eine Idee kann Millionen einbringen. Das Gesetz der Umwandlung kann für Sie arbeiten, um Ihre Gedanken in Gold zu verwandeln. Vertrauen Sie Ihren geistigen Kräften und suchen Sie innerlich solange bis Sie den Schlüssel finden, der Ihnen die Tür zu den Schätzen des Universums öffnet.

4. Setzen Sie sich einen Monat lang täglich eine Viertelstunde ruhig hin und konzentrieren Sie sich ausschließlich auf Geld. Sehen Sie sich im Geist eine bedeutende Summe empfangen; sehen Sie sich, wie Sie dieses Geld in der Bank einzahlen oder es für etwas ausgeben, das Sie haben möchten. Erfahren Sie das angenehme Gefühl, das eine so gute Nachricht in Ihnen hervorrufen würde. Überlegen Sie sich genau, was Sie mit Geld tun würden, wenn Sie welches hätten. Gehen sie durch die Stadt, sehen Sie sich die Schaufenster an und wählen Sie die Dinge aus, die Sie kaufen wollen, wenn Ihr Traum sich erfüllt hat.

5. Gebrauchen Sie das Geld und eventuelle Besitztümer, die Sie bereits haben, klug und verwalten Sie sie gut. Das wird Ihren höheren Geist überzeugen, daß Sie befähigt sind, ein größeres Vermögen zu verwalten und weise zu nutzen. Viele Menschen verschwenden ihr Geld, ihr Essen und ihre Zeit völlig gedankenlos. Diese Gewohnheiten beweisen, daß sie für die Verantwortung, die ein Vermögen, ein wertvolles Haus oder anderer Besitz mit sich bringt, noch nicht reif sind.

6. Behandeln Sie Ihr gegenwärtiges Zuhause wie einen Palast, um Ihrem höheren Geist zu beweisen, daß Sie einer besseren Unterkunft würdig sind. Dekorieren Sie es so geschmackvoll wie möglich. Selbst wenn es nur ein kleiner Raum ist, halten Sie ihn sauber und ordentlich. Genießen Sie ihn in Dankbarkeit, bis Sie gelernt haben, Ihr Bewußtsein so zu erweitern, daß Sie in eine Ihnen entsprechende Wohnung einziehen können.

7. Jedesmal, wenn Sie einen Dollar oder mehr ausgeben, schreiben Sie auf den Rand des Scheins: „Ich segne dich." Seien Sie sich bewußt, daß unter dem Gesetz der Ernte jeder Betrag, den Sie ausgeben, zehnfach zu Ihnen zurückkommt. Das trifft besonders auf Geld zu, das ausgegeben wird um anderen zu helfen. Das Prinzip des Zehnten, das die Kirche anwendet, ist ein ausgezeichnetes Mittel, Ihr Geld zu segnen und zu vervielfältigen. Dieses geistige Prinzip kann Ihr Denken und Ihre Brieftasche bereichern.

8. Gründen Sie Ihr Bewußtsein auf Reichtum. Verfolgen Sie täglich die Börsenberichte und lernen Sie die Zahlen und Fakten einiger der wichtigsten Effekten der großen Handelsgesellschaften auswendig. Hassen Sie Wallstreet und die Reichen nicht; Sie würden dadurch eine geistige Barriere schaffen, die Ihnen den Zugang zum Reichtum für immer versperrt. Etwas, das wir verabscheuen, können wir nicht zu uns heranziehen. Ändern Sie also Ihre Einstellung und versuchen Sie zu verstehen, wie Markt und Börse arbeiten. Das kapitalistische System hat Amerika zu einer der reichsten und angesehensten Nationen der Welt gemacht. Millionen Amerikaner sind an der Industrie ihres Landes beteiligt, und so bedeutende Betriebe wie die amerikanische Telefongesellchaft, General Motors, die Ford Corpora-

tion, die Radio Corporation of America, Standard Oil und Chrysler gehören de facto den Leuten, die Aktien besitzen. Wünschen Sie sich intensiv, ein Teil dieses Netzwerks kreativen Denkens zu werden, und lernen Sie soviel Sie können über Industrie und Finanzierung. Auf diese Weise werden Sie die Mittel finden, Investierungen zu machen, die Ihnen in der Zukunft reiche Dividenden einbringen.

9. Setzen Sie sich jeden Abend hin und bitten Sie den göttlichen Geist um drei Ideen für die nächste Woche, um Ihre Position in der Welt zu verbessern. Nehmen Sie in diese Meditation Papier und Bleistift mit und lassen Sie sich für diese Sitzungen mindestens eine halbe Stunde Zeit. Schreiben Sie als Überschrift *Wege zur Verbesserung meines Lebens*. Nachdem Sie dann den göttlichen Geist um Führung gebeten haben, warten Sie still auf die innere Eingebung, die kommen wird. Schreiben Sie diese Gedanken auf und lesen Sie sie am nächsten Tag durch. Behalten Sie dieses Verfahren eine Woche lang bei und sehen Sie, welche Ergebnisse Sie bekommen.

10. Gehen Sie in einen öffentlichen Park, setzen Sie sich auf eine Bank oder schlendern Sie ein wenig umher. Stellen Sie sich vor, Sie seien der Besitzer dieses wertvollen Grundstücks. Es ist Ihr eigenes privates Land, und Sie erfreuen sich daran, als wäre es wirklich Ihr Eigen. Diese Übung vermittelt Ihnen ein Gefühl von Besitzerstolz. In Wahrheit gehören Ihnen die Parkanlagen ebenso wie jedem anderen, der hier spazierengeht und ihre Schönheit genießt. Daß der Park keinen Zaun hat, und Sie keine Besitzurkunde, sollte Sie nicht abhalten, ihn zu genießen. Diese Übung erweitert Ihr Bewußtsein und Ihre Vorstellungskraft.

11. Verfahren Sie ebenso mit Ihrer Leihbibliothek, Ihrer Kunstgalerie oder dem Städtischen Museum. Die von reichen Leuten gestifteten Institutionen gehören Ihnen. Machen Sie von ihnen Gebrauch, seien Sie dankbar für die darin enthaltenen Schätze und bereichern Sie sich an den Quellen des Wissens, der Inspiration und der Schönheit, die sie Ihnen bieten.

12. Fragen Sie sich, ob Sie Ihre Zeit klug anwenden. Zeit ist Geld. Sie ist die Substanz von Leben und Erfolg. Die kostbaren Stunden, die Sie vielleicht vergeuden, könnten unter dem alchimistischen Gesetz

der Umwandlung durch das Genie Ihres Geistes zu kostbaren Schätzen werden. Fragen Sie einen Millionär auf dem Totenbett, was er lieber möchte: eine weitere Million, oder ein paar Minuten länger leben. Er würde die Zeit dem Geld vorziehen. Nützen Sie Ihre übrige Zeit, indem Sie eine Abendschule besuchen, Bücher lesen oder einen Briefkursus auf einem Gebiet absolvieren, wo er Ihnen später reichen Lohn einträgt.

13. Durch die Anwendung dieser metaphysischen Formel zur Erlangung von Reichtum werden Sie ohne Zweifel finanzielle Sicherheit für Ihre Zukunft gewinnen. Wenn Sie keine Millionen anziehen, fühlen Sie sich deswegen nicht als Versager. Zählen Sie Ihre Segnungen. Wenn Sie gut sehen und hören können, besitzen Sie bereits den Wert von einer Million Dollar.

Wenn Sie in der Liebe glücklich sind und eine wundervolle Familie haben, kennen Sie wahren Reichtum.

Wenn Sie Zufriedenheit und seelischen Frieden besitzen, geht es Ihnen wahrscheinlich besser als den meisten Millionären.

Wenn Sie Freude an Ihrer Arbeit haben und einen leuchtenden Traum für Ihre Zukunft, sind Sie bereits reich an den Dingen, die im Leben zählen.

Wenn Sie gesund sind und Ihr Leben genießen, würden Sie um nichts in der Welt mit einem Millionär tauschen, der krank ist.

Wenn Sie die Schönheit eines Sonnenuntergangs genießen können, den blassen Horizont des Meeres, der mit geheimnisvollen Abenteuern lockt; wenn der Gesang der Lerche Sie entzückt oder Sie mit der Kadenz eines sprudelnden Baches lachen, der dem Meer entgegenspringt, dann sind Sie im Einklang mit der Schönheit des Kosmos, und Ihre Seele kennt Frieden und wahre Zufriedenheit. Wenn Sie Gott und die Menschen lieben, besitzen Sie bereits unendlichen Reichtum. Zählen Sie Ihre Segnungen und vertrauen Sie darauf, daß Sie alles zu sich ziehen können, was Sie je benötigen, um Ihnen Frieden, Zufriedenheit und Erfüllung Ihres Schicksals zu bringen.

Zusammenfassung

1. Die Wunderkraft, die die Reichsten der Welt gebrauchten, und das uralte Geheimnis der Alchimisten.
2. Metaphysische Alchimie, Geheimnis der Zeitalter. Die Superkraft des göttlichen oder kosmischen Geistes im Menschen.
3. Die sechzehn goldenen Schlüssel zur metaphysischen Alchimie im einzelnen.
4. Die Magie schöpferischer Gedanken, und wie man heute Millionär werden kann.
5. Sechs neuzeitliche Millionäre, und wie sie diese Geheimnisse gebrauchten.
6. Wie ein Mann in ein Vermögen von 120 Millionen Dollar trieb.
7. Wie Sie Ihre metaphysische Wunderkraft motivieren, um Reichtum zu erlangen.

10. Kapitel

Lebensmeisterung durch metaphysische Kraft

Jene erleuchteten Seelen der Vergangenheit, die die Mächte des Lebens zu überwinden vermochten, werden Meister genannt. So erhabene und inspirierte Lehrer wie Moses, Abraham, Christus, Buddha, Konfuzius und Zarathustra nannte man Meister, weil sie vollkommene Herrschaft über die unsichtbaren Lebenskräfte erlangt und gelernt hatten, diese Kräfte in kreative Bahnen zu lenken.

Diese ehrwürdigen Persönlichkeiten waren imstande, die unsichtbare metaphysische Kraft zu erschließen, um Heilungswunder zu vollbringen oder den Bedürfnissen des täglichen Lebens zu begegnen. Sie beherrschten nicht nur sich selbst, sondern auch die Mächte des Lebens und die Menschen ihrer Umgebung.

Auch Sie können ein Meistermetaphysiker werden, wenn Sie dieselben höheren Fähigkeiten von Geist und Seele freisetzen, deren sich jene Meister zu ihrer Zeit bedient haben.

Schritt um Schritt können Sie das Bewußtsein Ihrer Kraft intensivieren, bis Sie das Leben vollkommen beherrschen, und zwar durch die metaphysischen Kräfte, die wir nun gemeinsam erforschen wollen. Jene geheimnisvolle Lebenskraft, die Ihren Geist, Ihren Körper und Ihre Seele durchströmt, ist dieselbe Kraft, die die großen Lehrer aller Zeiten hervorgerufen und eingesetzt haben. Diese metaphysische Kraft ist heute noch ebenso lebendig und unüberwindlich wie vor Jahrhunderten und Jahrtausenden. Tatsächlich können wir mit unseren modernen Erkenntnissen und unseren Fortschritten auf allen Gebieten diese erhabene metaphysische Kraft in unserer Zeit sogar mit weit größerem Gewinn einsetzen als je zuvor.

Göttliche Wissenschaft, die verlorengegangene Kunst

Es gibt eine göttliche Wissenschaft, die das physikalische und materielle Wissen, das der Mensch in seinen Laboratorien einsetzt, um solche Wunder wie die Atomspaltung und die Erforschung des Weltraums zu ermöglichen, weit übersteigt. Diese göttliche Wissenschaft ist die verlorengegangene Kunst der Zeitalter. In der Seele des Menschen wohnt eine Bewußtseinsform, die man als seelische Wahrnehmung bezeichnet, und die weit umfassender ist als unser Bewußtsein und selbst unser Unterbewußtsein. Sobald Sie gelernt haben, sich jene kosmischen Ebenen des göttlichen Geistes zu erschließen, können Sie Geheimnisse entdecken, die nur jenen offenstehen, die in die erhabenen Mysterien des Universums eingeweiht sind.

Das göttliche Modell, das der Schöpfergeist seiner gesamten Schöpfung zugrunde gelegt hat, ist auch in den menschlichen Körperzellen enthalten. Wenn der Mensch Nachkommen zeugt nach seiner Art, dann braucht er keine Blaupause zu Rate zu ziehen, um ein neues Menschenwesen zu erschaffen. Das Modell wohnt in jeder Zelle und jedem Atom des lebendigen, pulsierenden und erschaffenden Universums. Der Grashalm weiß, wie er sich selbst vollkommen nachschaffen kann; eine Orange birgt in ihrem Innersten das geheimisvolle Muster zur Hervorbringung weiterer Orangen. Denken Sie oft an das Wunder dieser goldenen Frucht: umgeben von einer schützenden Schale, die sie vor der Zerstörung durch Insekten und andere Tiere bewahrt, reift in ihrer Mitte die kostbare Saat, Garant ihres Fortbestehens, umschlossen von dem köstlichen Destillat aus Sonne und Erde und Regen. Ein tiefgründiges metaphysisches Wunder, das alle Weisheit und Findigkeit menschlichen Vermögens weder beschreiben noch gar nachschaffen kann.

Gottes im Unsichtbaren verborgene Kraft

Gott hat seine verborgene Kraft, das metaphysische Schöpfungsprinzip des Lebens, in das Reich des Unsichtbaren gelegt. Hier wirken alle Kräfte der Natur. Und hier, im Unsichtbaren, kann auch der Mensch wirken, um seine Lebenskräfte und das Universum, in dem er wohnt, zu überwachen.

Gewaltige elektrische und magnetische Ströme existieren im Unsichtbaren und wirken ihre Wunder im Meer, in der Erde und in der Atmosphäre des Menschen. In der Erde arbeiten ungeheure Kräfte kapillarer Anziehung; die Schwerkraft mit ihren gewaltigen magnetischen Feldern steuert die Gezeiten der Meere; elektrische Ströme lösen Blitz und Donner aus und bestimmen unser Wetter. Unvorstellbare Sternenkräfte beeinflussen die Erde; Radiowellen, kosmische und radioaktive Schwingungen beschießen unseren Planeten aus dem Weltraum, und doch sind alle diese Kräfte exakt ausgewogen und halten das Leben auf unserem Planeten in vollkommener Harmonie. Der Geist des Menschen wohnt in diesem allumfassenden Dynamo der Kraft, wirkt in seinen eigenen Dimensionen von Zeit und Raum und er vermag eine oder alle dieser unsichtbaren Kräfte zu lenken und sie zu gebrauchen, um Wunder jeglicher Form zu vollbringen.

Beherrschung – der Weg zum Gelingen

Um im Leben irgendein Ziel zu erreichen, ist vollkommene Beherrschung des Selbst und der zahlreichen unsichtbaren Kräfte erforderlich, die uns auf unserem Planeten umgeben. Das System zur Beherrschung muß vom Selbst ausgehen, denn im Selbst beginnt das kosmische Bewußtsein.

Die großen Lehrmeister vermochten die geheimnisvollen unsichtbaren Kräfte des Lebens zu beherrschen, weil sie zuvor ihre eigenen Gedanken, Gefühle und geistigen Kräfte der Meditation, Konzentration und Verbildlichung zu beherrschen gelernt hatten.

Die sechs metaphysischen Kontrollbereiche

Es gibt sechs metaphysische Kontrollbereiche. Wir können vollkommene Herrschaft über unsere Gedanken, unsere Umgebung, unsere Mitmenschen und die unsichtbaren Lebenskräfte erlangen, wenn wir uns in diesen sechs Bereichen üben.

Erster Kontrollbereich: Beherrschung Ihrer Gedanken

Das Beherrschen aller Ihrer Lebenskräfte muß mit der Beherrschung Ihrer Gedanken beginnen. Da Gedanken elektrisch und magnetisch sind, haben sie einen starken Einfluß auf unseren Verstand und unseren Körper. Auch überwinden sie Zeit und Raum und wirken auf andere Menschen ein. Wer seine Gedanken unter Kontrolle hat, vermag ungeheure Kräfte zu konzentrieren und seinen Körper, seine Umgebung und selbst andere Menschen nachhaltig zu beeinflussen.

Die Gesundheit unseres Körpers wird wesentlich von unseren Gedanken bestimmt. In der psychosomatischen Medizin, die sich mit dem Einfluß von Gedanken und Gefühlen auf den menschlichen Körper befaßt, hat man herausgefunden, daß fast jede Krankheit durch negative und zerstörerische Gedanken des Patienten verursacht sein kann.

Ebenso, wie zerstörerische Gedanken Krankheit hervorrufen können, kann andererseits durch bewußte und vernünftige Wahl positiver und belebender Gedanken auf Heilung hingewirkt und effektiv Heilung erreicht werden, sobald die geistige Atmosphäre des Patienten vom Negativen ins Positive umgewandelt ist.

Beweise für die Macht des positiven Denkens

Eine Frau litt an einem gutartigen Tumor im Unterleib, der sie aussehen ließ, als ob sie schwanger sei. Man gab ihr mittels Autosuggestion Gedankenkontrolle mit der Vorstellung, daß ihre Geschwulst nach und nach immer kleiner wird und schließlich verschwindet. Sie erhielt diese Suggestion jeden Abend und jeden Morgen über einen Zeitraum von drei Monaten. Danach war der Tumor bis auf Faustgröße zusammengeschrumpft.

Ein Diabetiker, der täglich Insulinspritzen benötigte, um seinen Blutzuckerspiegel niedrig zu halten, wurde ebenfalls mit Autosuggestion behandelt und konnte innerhalb von vier Wochen seine Insulindosis herabsetzen. Nach drei Monaten produzierte der Körper des Patienten genügend Insulin, und es waren keine weiteren Injektionen mehr erforderlich. Die Mediziner beeilen sich immer, zu erklären, daß nicht alle Patienten auf diese Form der Autosuggestion ansprechen, doch selbst wenn nur einige Fälle reagieren, ist dies ein Beweis, daß es eine Kraft im menschlichen Geist gibt, die unter den richtigen Bedingungen zu Heilungszwecken eingeschaltet werden kann.

Anstatt eine Krankheit zu behandeln, kann der Mensch versuchen, sie durch einen Prozeß von Gedankenkontrolle und positiver geistiger und seelischer Einwirkung zu vermeiden. Wenn Gedanken den Menschen krankmachen können, dann kann dynamische gedankliche Aktion ihn auch heilen.

Schema zur Beherrschung Ihrer Gedanken

1. Setzen Sie sich täglich eine halbe Stunde entspannt hin und meditieren Sie über Ihre Denkprozesse. Seien Sie sich die ganze Zeit über Ihrer Gedanken bewußt. Versuchen Sie anfangs nicht, sie zu überwachen; lassen Sie sie einfach ziellos schweifen, aber achten Sie darauf, was vorgeht. Sie werden sehen, wie flatterhaft Ihre Gedanken sind; wie sie ziellos, ohne jede Ordnung oder Kontrolle, hierhin und dorthin springen.

Am zweiten Tag Ihrer Meditation versuchen Sie, den raschen Wechsel Ihrer Gedanken zu stoppen und jeweils nur einen Gedanken zur Zeit vorzunehmen. Legen Sie sich auf diesen Gedanken fest und denken Sie bewußt ausschließlich ihn; lassen Sie den gewählten Gedanken dann los, wenn Sie es bestimmen.

Von einem indischen Guru oder Lehrer erfuhr ich die Methode, die von manchen Indern zur Beherrschung ihrer Gedanken angewandt wird. Er erklärte mir, ich solle mein Gehirn als einen Baum betrachten und meine unschlüssigen Gedanken als kleine Affen sehen, die in diesem Baum rastlos von Ast zu Ast springen. Dann solle ich in meiner Vorstellung jeden Affen einzeln ergreifen und in einen Sack stecken. Der Affe wird sich festkrallen und schreien und sich wehren, aber man muß ihn mit Gewalt von seinem Sitz im Baum losreißen. Dieser Vorgang wird solange fortgesetzt, bis alle Affen sicher im Sack sind, und der Baum von ihrem verwirrenden Hüpfen, Schnattern und Kreischen befreit ist.

Das ist eine ausgezeichnete Methode, sich von unerwünschten, wirren und negativen Gedanken zu befreien. Zuerst müssen Sie die Entscheidung erzwingen und alle unliebsamen Gedanken ausräumen. Allmählich werden Sie nur noch positive, schöne und inspirierende Gedanken wählen, die Sie in Ihrem Geist bewahren wollen. Haben Sie erst einmal die Herrschaft über Ihre Gedanken erreicht, werden Sie merken, wie in Ihnen eine ungeheure Kraft frei wird. Sie werden Ihre elektrische und magnetische Energie nicht mehr an nutzlose Träumereien verschwenden; Sie werden imstande sein, Sorge, Angst und ähnliche negative Gefühle, die Ihren Geist untergraben und Ihre physische Energie und Vitalität mindern, völlig zu überwinden.

2. Nun sind Sie bereit, jene Art von Gedanken auszuwählen, von denen Sie wünschen, daß Ihr Geist sie sich zu eigen macht. Ihre Gedanken formen Ihr Geschick. Beschließen Sie jeden Tag, welche Gedanken Sie während der Arbeit, in Gesellschaft und im Privatleben begleiten sollen. Es sollten inspirierende, gute, gesunde, schöne, fröhliche, erwartungsvolle und reiche Gedanken sein. Wenn Sie mit Ihren Gedanken andere Menschen zu freundlichem Entgegenkommen anregen möchten, senden Sie die magnetischen Gedanken der Liebe und Freundschaft aus. Dazu eignet sich sehr gut Emersons Rat: „Willst du einen Freund haben, sei ein Freund."

Passive Liebeskur zur Lenkung anderer

Eine Dame, die an meinen Vorträgen in der Carnegie Hall teilnahm, klagte darüber, daß ihr Mann sie bei jeder Gelegenheit beschimpft und in einer Tour an ihr herumnörgelt. Sie könne wegen seiner negativen

Einstellung und permanenten Kritik seine Gegenwart kaum noch ertragen. Ich erklärte ihr, wie sie sich gegen diesen Wall negativer Worte und Gedanken abschirmen könnte, indem sie jedesmal, wenn ihr Mann ausfallend wurde, einfach im Stillen zu ihm sagte: „Ich sende dir nur liebevolle und gütige Gedanken. Du bist im Bild und Gleichnis Gottes geschaffen, und ich sehe in dir nur das göttliche Ebenbild." An dieser passiven Liebesbehandlung hielt sie einen Monat lang fest. Als sie wiederkam, berichtete sie, ihr Mann habe aus irgendeinem geheimnisvollen Grund offenbar begonnen, seine Einstellung zu ihr zu ändern. Eines Tages habe er plötzlich zu ihr gesagt: „Was hat es noch für einen Sinn, dich anzuschreien, wenn du jedes meiner Worte mit diesem geistesabwesenden Lächeln quittierst!" Die Zauberkraft der Liebe verwandelte diesen Haustyrann nach und nach in einen friedlichen und verständnisvollen Gefährten.

3. Beseitigen Sie den negativen Zündstoff, der in vielen Gedanken und Worten enthalten ist. Bewahren Sie keine Erinnerungen an Zeitungsmeldungen von Mord und Totschlag, Einbrüchen, Unfällen und Katastrophen. Diese schädlichen Eindrücke müssen jeden Abend vor dem Einschlafen völlig aus Ihrem Gedächtnis getilgt werden, sonst suchen sie Ihr Bewußtsein und Ihr Unterbewußtsein heim und behindern den freien Fluß elektrischer und magnetischer Ströme zu Ihren Körperzellen. Eine einfache positive Bejahung, die Sie regelmäßig vor dem Schlafengehen sprechen, wird Ihnen helfen, sich von diesen unerfreulichen Bildern zu befreien.

„Ich entlasse jetzt alle negativen Gedanken und Bilder, die heute in mein Bewußtsein eingedrungen sind. Ich isoliere meinen Geist mit positiven Gedanken. Ich bin im Bild und Gleichnis Gottes geschaffen. Ich werde göttlich behütet, und während ich schlafe, ruht mein Bewußtsein in Gottes Liebe, Schönheit, Frieden und strahlender Freude. Ich überlasse mich nun der Obhut meines Schöpfers und schlafe gesund und sicher unter den ewigen Armen."

4. Lenken Sie im Lauf des Tages, während Sie arbeiten oder zu Hause beschäftigt sind, Ihr Bewußtsein in die Richtung, in der Sie denken sollten. Gedanken sind Gäste, die im Haus Ihres Geistes wohnen. Bestimmt würden Sie sich keine lärmenden, unerzogenen

Leute einladen, die womöglich Ihre Möbel beschädigen, Löcher in den Teppich brennen und durch Grobheit und schlechte Manieren Ihren häuslichen Frieden erschüttern. Ihre Gedanken sind Gäste, die Sie in Ihr geistiges Haus eingeladen haben. Aus diesem Haus können Sie einen Palast oder einen elenden Schuppen machen; die Wahl liegt bei Ihnen. Sie haben die Macht, schöne, edle und begeisternde Gedanken zu sich einzuladen, die Ihrem Auftreten und Ihrer Persönlichkeit jenes gewisse Etwas geben, das jeden, der Ihnen begegnet, entzücken und begeistern wird.

5. Vermeiden Sie obszöne Worte und erzählen Sie keine schlüpfrigen Geschichten. Im Augenblick lachen die Leute darüber und amüsieren sich, doch wenn sie sich im Nachhinein daran erinnern, werden sie Sie automatisch mit den unschönen Ausdrücken, die Sie damals gebraucht haben, identifizieren. Bewahren Sie bei aller Lustigkeit die Würde und das Bewußtsein Ihrer göttlichen Herkunft, und Ihre Mitmenschen werden Ihnen größere Achtung entgegenbringen.

Zweiter Kontrollbereich: Nervenkraft

Im Yoga, dem philosophischen System der Inder, lernen wir, daß das Prana — die Lebenskraft – den ganzen Körper durchstrahlt und dem Menschen Energie und Vitalität gibt. Wenn diese Kraft mißbraucht wird, löst sie sich allmählich auf, und der Körper des betreffenden Menschen wird widerstandslos und schwach. Um Ihre Nervenkraft unter Kontrolle zu halten, müssen Sie das folgende System beherrschen, das Ihnen mehr Stärke, bessere Gesundheit, jugendliche Vitalität und Ihrer Persönlichkeit strahlenden Ausdruck verleiht.

Schema zur Beherrschung der Nervenkraft

1. Elektrizität und Magnetismus strahlen, von Ihren Gehirnzentren ausgehend, in sämtliche Nerven und Muskeln Ihrers Körpers. Wenn diese Lebenskraft vergeudet wird, verkümmern die Nerven und

Körperzellen, und die gravierenden Folgen können sich sogar in Krankheit äußern.

Um Ihre Nervenkraft unter Kontrolle zu halten, müssen Sie alle unnötigen, unbeherrschten Bewegungen der Hände, der Füße und des Körpers vermeiden. Wenn Sie zu Übungszwecken stillsitzen, halten Sie Ihren Körper fünf oder zehn Minuten lang vollkommen ruhig. Bewegen Sie keinen Muskel. Im Anfang müssen Sie vielleicht ab und zu mit den Augen blinken, bis Sie auch diesen Reflex beherrschen können. Während Sie so Ihren Körper streng unter Kontrolle halten, atmen Sie tief ein, zählen langsam bis vier und atmen dann aus. Die Elektrizität und der Magnetismus, die Ihr Wesen durchdringen, existieren in der Luft, die Sie umgibt. Sie müssen diese Luft bewußt einatmen, dabei bis vier zählen und dann ausatmen. Durch dieses Atmen bauen Sie das Prana – die Lebenskraft – auf.

2. Nun sitzen Sie ruhig und entspannt da und meditieren Sie über einen bestimmten Teil Ihres Körpers, zum Beispiel über Ihre rechte Hand. Bewegen Sie nach und nach jeden einzelnen Finger, schließen Sie dann die Hand, erst sanft, dann fest und bewußt. Danach richten sie Ihre Aufmerksamkeit auf Ihren Arm und Ihre Schulter. Heben sie den Arm und halten Sie ihn einige Augenblicke starr über Ihren Kopf. Konzentrieren Sie alle Nervenkräfte auf diesen Arm und seine Hand. Sie werden mit ein paar Bewegungen in Ihren Händen, Füßen und in Ihrem Körper warme Ströme fühlen. Wiederholen Sie diese Übung häufig. Schon viele Menschen haben sie angewandt, um durch gezielte Therapie bestimmte Körperpartien zu heilen, indem sie magnetische Ströme in die erkrankten Stellen oder Gliedmaßen lenkten.

Der Sohn einer Dame, die an unseren Kursen in der Carnegie Hall teilnahm, war während seiner Militärzeit in einer extrem kalten Gegend stationiert. In seinen Briefen klagte er über die eisigen Nächte, in denen seine Füße immer fast erfroren. Die Mutter schrieb ihm von der Nervenkontrolle, die sie gelernt hatte, und der Sohn machte die Probe aufs Exempel, indem er sich darauf konzentrierte, seine Nervenkraft in seine Füße zu lenken. Im seinem nächsten Brief berichtete er, innerhalb weniger Augenblicke seien seine Füße so warm geworden, daß er sie zum Abkühlen rausstrecken mußte!

Die Energie strömt immer an den Punkt, auf den Sie Ihre Gedanken richten. Von den Nerven ausgehende Ströme bewegen sich augenblicklich in die Richtung Ihres Denkens. Viele Menschen, die an Herzschwäche oder Magenbeschwerden leiden, haben diese Methode der Nervensteuerung angewandt und ihre Gedanken auf das unpäßliche Organ geleitet, um in kurzer Zeit erstaunliche Ergebnisse zu erzielen.

3. Um Ihrem Gehirn nervliche Kraft für schöpferische Inspiration zuzuführen, stellen Sie sich Ihren Atem wie einen goldenen Lichtstrahl vor, der von Ihrer Wirbelsäule ausgehend bis zu Ihrem Kopf emporgleitet und Ihr Hirn mit schöpferischer Energie durchflutet. Während Sie zehn- bis fünfzehnmal tief ein- und ausatmen, fühlen Sie die Atemsäule Ihrer Kraft wie eine Fontäne emporstoßen, und sehen sie im Geist, wie sie über Ihrem Kopf wie eine goldene Flut von Kraft und Inspiration erstrahlt. Wenn Sie diese Übung ausführen, wird Ihr Hirn lebendig werden, und Sie werden herrliche Dinge schaffen können. Die meisten unserer großen Genies der Kunst und Wissenschaft bedienen sich dieser verborgenen Quelle, um die inspirierende Nervenkraft Ihres Hirns freizusetzen.

Dritter Kontrollbereich: Ihre Gefühle

Wir haben bereits an anderer Stelle das Wirken der Gefühle betrachtet und erforscht, wie man negative, zerstörende Emotionen vermeidet. Laßt uns nun lernen, alle Empfindungen der Seele und des Körpers zu kontrollieren, damit wir unsere Lebenskraft besser zu konstruktiven und schöpferischen Zwecken lenken können.

Schema zur Gefühlsbeherrschung

1. Wenn Sie das Leben meistern wollen, müssen Sie erst Ihre Gefühle meistern. Sie können sich von Ihren Gefühlen nicht beherrschen lassen, vielmehr müssen Sie Ihre Gefühle beherrschen, und zwar

ganz besonders Ihre negativen Gefühle. Wir wissen, daß die zerstörerischsten Gefühle Angst, Haß, Sorge, Eifersucht, Neid und Egoismus sind. Wir wissen auch, daß Liebe, Freude, Güte, Nachsicht, Mitleid und Vergebung positive Gefühle sind.

Wenn nun eine negative Empfindung Ihr Denken zu beherrschen sucht, dann ersetzen Sie dieses Gefühl augenblicklich durch ein positives. Beispielsweise, wenn Sie eine Person intensiv hassen, dann machen Sie sich bewußt, daß diese Empfindung destruktiv ist und Ihnen in irgendeiner Form Schaden bringen wird. Wandeln Sie also Ihre Empfindungen um in Liebe und Verständnis. Sollten Sie den betreffenden Menschen nicht wirklich lieben können, dann versuchen Sie, ihn zu verstehen und herauszufinden, welche Beweggründe er für sein Handeln hat.

Seien Sie dann nachsichtig und verhalten Sie sich ihm und seinem Tun gegenüber neutral.

Wenn Sie sich elend und unglücklich fühlen, setzen Sie ein positives Gefühl dagegen. Versuchen Sie sich etwas Schönes vorzustellen, das auf Sie zukommt, oder konzentrieren Sie sich auf ein erfreuliches Erlebnis aus der Vergangenheit. Ein längeres und detailliertes Verweilen bei diesen angenehmen Empfindungen wird das negative Gefühl automatisch neutralisieren.

2. Üben Sie jeden Tag mit einem anderen positiven Gefühl, bis Sie für jede Empfindung und jeden Tag ein Kontrollschema haben. Wählen Sie täglich ein neues Gefühl, das Sie bewußt in sich hervorrufen und empfinden; zum Beispiel:

Montag: Ihr Tag der Ruhe. Konzentrieren Sie sich darauf, ruhig zu bleiben, was immer geschehen mag.

Dienstag: Ihr Tag des Mutes. Begegnen sie den Herausforderungen des Lebens mit Mut, und versuchen Sie nicht, der Wirklichkeit auszuweichen.

Mittwoch: Ihr Tag, mit Schönheit zu leben. Entdecken Sie neue Schönheit in Ihrer Umgebung; seien Sie sich der Schönheit der Natur bewußt. Sehen Sie die Schönheit der Seele in jedem, dem Sie begegnen.

Donnerstag: Ihr Tag der Wahrheit. Üben Sie, die Wahrheit zu sehen und im Umgang mit anderen der Wahrheit Ausdruck zu geben.

Freitag: Ihr Tag der Liebe. Dieses versöhnende Gefühl sollte in allen Ihren Kontakten mit anderen täglich zum Ausdruck gebracht werden.

Samstag: Ihr Tag der Vergebung privater Kränkungen, Beleidigungen und Verstöße gegen Ihre Person.

Sonntag: Ihr Tag der Meditation über die göttlichen Mysterien des Lebens. Ein Tag der Anbetung und Verehrung.

Vierter Kontrollbereich: Ihr Körper

Ihr Körper kann unersättliche Anforderungen an Ihren Geist und Ihre Zeit stellen, wenn Sie ihn und seinen Hunger nicht befriedigen. Nichts ist jemals vollkommen; es ist entweder zu heiß oder zu kalt – von dem Wunsch nach Essen und Trinken bis zu dem Wunsch nach sexueller Befriedigung. Der wahre Meister lernt, daß er seinen Körper beizeiten beherrschen muß, wenn er sein Leben nicht in Trübsal und Unbehagen zubringen will.

Schema zur Beherrschung Ihres Körpers

Das folgende Verfahren zur Beherrschung des Körpers wird in Indien von den höheren Yogis angewandt.

1. Sitzen Sie mit gekreuzten Beinen und im Schoß ruhenden Händen in der „Buddha-Stellung." Konzentrieren Sie Ihre Gedankenkraft auf den Bereich Ihres Kopfes. Halten Sie Ihre Augen während dieser Übung geschlossen. Sehen Sie nun in Ihrer Vorstellung Ihren Kopf und seine Funktionen, Gesicht, Geschmack, Geruch, Gehör und Denken. Sehen Sie Ihr Gehirn als physisches Organ, das aller nur möglichen Gedanken und Empfindungen fähig ist. Lassen Sie Ihre Gedanken einige Minuten bei Ihrem Kopf verweilen und versuchen Sie, jeden einzelnen Ihrer fünf Sinne zu kontrollieren. Werden Sie sich Ihres Gehörs bewußt; achten Sie auf die Geräusche des Raums, das Ticken der Uhr, den Lärm von der Straße, das entfernte Bellen eines Hundes oder das Heulen einer Sirene.

2. Konzentrieren Sie sich nun auf Ihren Gesichtssinn; öffnen Sie die Augen und schauen Sie sich im Zimmer um. Prägen Sie sich soviele Gegenstände ein, wie Sie erkennen können. Starren Sie auf einen Punkt an der Wand und zählen Sie bis zehn. Versuchen Sie dann, dasselbe fünf Minuten oder länger auszuhalten, ohne zu zwinkern. Es kann mehrere Tage oder Wochen dauern, bis Ihnen das gelingt. Verkrampfen Sie sich nicht, lassen Sie sich Zeit, diese Fähigkeit allmählich auszubilden. Dann erweitern sie Ihren Blick nach innen; schließen Sie die Augen und finden sie heraus, an wieviele Bilder aus Ihrer Vergangenheit Sie sich deutlich erinnern können. Halten Sie während dieser Übung Ihren Körper vollkommen ruhig.

3. Konzentrieren Sie sich jetzt auf den Geschmackssinn. Nehmen Sie etwas Süßes auf die Zunge und empfinden Sie die Süße bewußt. Tun Sie dasselbe mit Salz oder etwas Bitterem. Konzentrieren Sie sich ausschließlich auf den jeweiligen Geschmack.

4. Entwickeln Sie nun Ihren Geruchssinn. Lassen Sie während Ihrer Meditationszeit Weihrauch brennen und machen Sie sich seinen Duft bewußt. Ein andermal können Sie eine Blüte nehmen, oder einen Tropfen Parfüm, um sich darauf zu konzentrieren; verweilen Sie eine Zeitlang bei dem Duft, den Sie untersuchen möchten.

5. Als nächstens sollte der Gefühlssinn entwickelt werden. Nehmen Sie ein Stück Holz in die Hand; schließen Sie die Augen und fühlen Sie seine rauhe Struktur. Greifen Sie nun nach den Blütenblättern einer Rose; spüren Sie ihre samtene Zartheit und erfassen Sie den Unterschied. Wechseln Sie die Gegenstände Ihrer Konzentration solange, bis Sie imstande sind, die Verschiedenheit der Dinge, die Sie in der Hand halten, mit geschlossenen Augen exakt zu beschreiben.

6. Nun konzentrieren Sie sich auf Ihr Herz und sein rhythmisches Schlagen. Versuchen Sie es nicht zu beeinflussen, sondern seien Sie sich nur ganz unpersönlich seiner bewußt. Später, wenn Sie alle Körperfunktionen unter Kontrolle haben, können Sie den Rhythmus Ihres Herzschlags willentlich verlangsamen oder beschleunigen. Auch mit Ihrem Blutdruck und anderen Funktionen werden Sie so verfahren können. Im Augenblick jedoch geben Sie sich besser damit zufrieden,

einfach auf Ihr Herz zu hören und den Rhythmus des Lebens in Ihnen bewußt zu fühlen.

7. In derselben Weise konzentrieren Sie sich nun auf Ihren Magen und seine Arbeit. Werden Sie sich Ihres Magens bewußt; stellen Sie sich seine Tätigkeit vor; sehen Sie im Geist den Vorgang der Osmose, der den Flüssigkeiten ermöglicht, durch die Darmwände in den Blutstrom zu gelangen. Seien Sie sich zehn oder fünfzehn Minuten lang Ihrer Verdauung bewußt. Manche Menschen vermochten in erstaunlicher Weise ihren Magen zu beherrschen und den Fluß der Salzsäure zur Förderung des Verdauungsprozesses willentlich zu regulieren.

Fünfter Kontrollbereich: Andere Menschen

Den vier obenstehenden Kontrollbereichen zu folgen, ist verhältnismäßig einfach, da sie mit dem Selbst befaßt sind. Unsere Gedanken, unsere Gefühle, unsere Nervenkräfte und Körperfunktionen zu beherrschen ist eine Frage der Disziplin und Gewohnheit. Der fünfte Kontrollbereich ist ein wenig schwieriger, denn hier haben wir es mit den Handlungen anderer zu tun. Wir können das Handeln anderer nicht immer lenken, aber wir können seine Wirkung auf uns und auf unser Geschick kontrollieren. Durch die Kraft Ihres Geistes können Sie in hohem Grad bestimmen, welche Menschen Sie in Ihren Lebenskreis ziehen möchten. Die Eigenschaften Ihrer Freunde werden Ihre Zukunft wesentlich beeinflussen. Wählen Sie daher Ihre Freunde sorgfältig, und wenn Sie Ihre Wahl getroffen haben, gebrauchen Sie das folgende Kontrollschema, um sicher zu gehen, daß Ihre Bekannten und Freunde sich nicht in Ihr Privatleben drängen und Ihre Handlungen und Entscheidungen beeinflussen.

Schema zur Kontrolle anderer Menschen

1. Um andere lenken zu können, müssen Sie zuerst ihre Achtung und Bewunderung gewinnen. Die Menschen werden freundlich zu

Ihnen sein, wenn Sie ihnen freundlich entgegenkommen. Sind Sie in einer Gesellschaft, wo Sie nur wenige Leute kennen, und Sie möchten Ihren Freundeskreis erweitern, dann gehen Sie einfach auf die anderen zu und machen sich mit ihnen bekannt. Seien Sie liebenswürdig, brechen Sie das Eis. Die anderen sind genauso begierig, Sie kennenzulernen, wie Sie den anderen näherkommen möchten, aber oft fühlen sie sich durch Konvention oder Bescheidenheit gehemmt und zögern, den ersten Schritt zu tun.

Dazu ein Beispiel aus meinem eigenen Leben. Ich ging zu einer großen Hollywood-Party und sah dort einen etwas verloren aussehenden, zurückhaltend wirkenden Mann allein in einer Ecke sitzen. Niemand kümmerte sich um ihn. Alle drängten sich um die berühmten Stars, Regisseure und Produzenten, die erschienen waren. Ich ging zu dem einsamen Fremden, stellte mich vor und verplauderte mit ihm eine volle Stunde. Er war charmant, amüsant und belesen. Als er aufstand, um zu gehen, sagte er: „Junger Mann, Sie haben mich sehr beeindruckt. Ich würde gern eines Tages mit Ihnen essen, damit wir uns weiter unterhalten können." Dabei gab er mir seine Karte und verabredete sich mit mir für die nächste Woche zum Mittagessen. Ich sah die Karte an: mein Gesprächspartner war Irvin Cobb, der berühmte Komiker und Schriftsteller. Seine Schweigsamkeit hat oft die Leute davon abgehalten, sich mit ihm anzufreunden, aber er besaß ein Herz von Gold, hatte einen wundervollen Sinn für Humor und wurde einer meiner besten Freunde. Durch seine Beziehungen konnte ich meine Karriere außerordentlich fördern.

2. Wenn Sie einem Menschen zum erstenmal begegnen, versuchen Sie, sich für eine spätere Empfehlung seinen Namen einzuprägen. Seien Sie bemüht, mit ihm über Dinge zu sprechen, die ihn interessieren. Auf diese Weise können Sie ihn auf Themen lenken, die ihm besonders am Herzen liegen: seine Frau, seine Kinder, seine Arbeit, sein Haus, sein Wagen; alles Dinge, die ihm das Gefühl geben, mit Ihnen vertraut zu sein, so daß er Sie mag, ohne sich bewußt zu werden, warum.

3. Wenn Sie wirklich Einfluß auf andere gewinnen wollen, dann versuchen Sie zu vermeiden, was ich „scharfe Kanten" in der

Konversation nenne. Diskutieren Sie nicht über unterschiedliche Standpunkte in bezug auf Religion, Politik und ähnliche strittige Themen. Erst wenn Sie einen Menschen besser kennen, können Sie riskieren, ihm Ihre konträren Ansichten zu unterbreiten. Lassen Sie Ihren Gesprächspartner sanft mit Ihnen auf dem Strom der Unterhaltung dahingleiten, und Sie werden finden, daß es so leichter ist, Kontrolle über sein Denken zu gewinnen, als wenn Sie ihn herausgefordert und sich gleich zu Anfang bei ihm unbeliebt gemacht hätten.

4. Wenn Sie neue Menschen kennenlernen, suchen Sie, irgend etwas an ihrer Persönlichkeit, ihrer Kleidung, ihrer Stimme oder ihrer beruflichen Tätigkeit zu loben. Jeder Mensch sehnt sich nach Bestätigung, und durch Lob und milde Schmeichelei können Sie schnell Freunde gewinnen.

Ein Bekannter von mir, ein Grundstücksmakler, beherrscht dieses Prinzip in geradezu vollendeter Weise. Eines Tages verriet er mir sein Geheimnis: „Ich sorge dafür, daß jeder Mann sich wie ein Fürst fühlt und jede Frau wie eine Königin," sagte er. „Ich versuche, einiges über die Arbeit des Betreffenden herauszufinden, und dann bewundere ich seine Fähigkeiten und vielseitigen Kenntnisse. Das wirkt wie Zauberei." Und er beeilte sich, hinzuzufügen: „Selbstverständlich bin ich in meinem Lob absolut aufrichtig. Ich suche etwas, das ich an dem Betreffenden und seiner Tätigkeit tatsächlich bewundere; andernfalls würden meine Worte nicht ehrlich und überzeugend klingen."

Dieser Mann hat mit seiner einfachen Formel buchstäblich Millionen gemacht.

5. Wenn Sie einem Menschen zum erstenmal begegnen, dann versuchen Sie, so schnell wie möglich auf eine persönliche, private Ebene zu kommen. Denken Sie an die vier Dinge, die jedem Menschen gefühlsmäßig am meisten bedeuten.

A. Selbsterhaltung. Alles, was zum Essen, zur Ernährung und allgemein zur Gesundheit gehört. Das ist immer ein interessierendes Gesprächsthema, das jeden fesselt.

B. Geld und finanzielle Sicherheit. Alle Männer diskutieren gern über die Geschäftslage, die Börse, über ihr Metier und andere Dinge, die das Geld betreffen.

C. Liebe und Sex. Dieses Thema interessiert jeden, vorausgesetzt, daß es sachlich, intelligent und amüsant diskutiert wird.

D. Persönliche oder gesellschaftliche Anerkennung. Wenn Sie jemandem Ihre Aufmerksamkeit und Ihre Bewunderung schenken, heben Sie automatisch sein Selbstgefühl, und er kann gar nicht anders als Sie zu schätzen.

Suchen Sie Kontrolle über andere zu gewinnen, dann gebrauchen Sie im Gespräch so oft wie möglich das Wort „Sie". Bringen Sie den anderen dazu, Ihnen beizupflichten, und bald werden Sie die Richtung seiner Gedanken bestimmen. Die Menschen suchen überall ihren Vorteil. Das ist indes durchaus keine Selbstsucht; es ist ein Ergebnis frühzeitiger Prägung und entsprechender geistiger Beeinflussung. Das Wort „Sie" oder „Du" weckt stärkeres Interesse als das Wort „Ich". Denken Sie daran, wenn Sie eine neue Bekanntschaft machen, und Sie werden schnell Anklang finden und den oder die Gesprächspartner alsbald lenken können.

7. Ermutigen und begeistern Sie einen Menschen, wenn Sie versuchen, seine Freundschaft und Einfluß auf sein Denken zu gewinnen. Zu oft entmutigen die Leute ihre Gesprächspartner, das dämpft das Interesse, und die Angesprochenen ziehen sich in ihr Schneckenhaus zurück. Wenn Sie einem Menschen Mut machen und ihn begeistern, wird er Sie in freundlicher Erinnerung behalten, denn das passiert ihm nicht alle Tage. Meistens verletzen die Leute ihre Mitmenschen und versuchen, sie herabzusetzen und zu verunsichern.

Sechster Kontrollbereich: Seelische Erkenntnis

Es gibt ein vierdimensionales Reich, das, wie wir bereits gelernt haben, den physischen und materiellen Bereichen übergeordnet ist. Das ist das Reich der Seele. Hier kann der Mensch göttliche Erkenntnis gewinnen, wenn er lernt, wie er in dieses erhabene Reich emporsteigen und Vergangenheit, Gegenwart und Zukunft erfassen kann. Mystiker vermögen Wunder zu wirken, sobald sie die Lebensfunktionen der menschlichen Seele zu beherrschen gelernt haben.

Schema zur Erlangung seelischer Erkenntnis

1. Sitzen Sie mindestens eine halbe Stunde täglich still in Meditation und betreten Sie das innere Heiligtum der Seele, indem Sie alle körperlichen und materiellen Dinge aus Ihrem Denken entlassen. Sinnen Sie in dieser Zeit nach über das göttliche Mysterium, das Wesen der Gottheit, das Geheimnis des Lebens, Ihre geistige Identität. Lassen Sie sich von Kerzenlicht, Weihrauch und sanfter Musik inspirieren. Vergessen Sie die Mühe und Last des Tages. Lassen Sie Besorgnisse und Probleme los. Konzentrieren Sie sich ganz auf das heilige Bild der Gottheit, das Ihrer unsterblichen Seele eingeprägt ist.

2. Richten Sie Ihre Aufmerksamkeit auf den göttlichen Geist in Ihrem Bewußtsein. Bitten Sie in Ihrer Meditation diese höchste Macht um Führung in Ihrem Leben. Bringen Sie besondere Dinge vor den inneren Vater. Diese Sitzung sollte täglich fünf Minuten eingehalten werden; sie unterscheidet sich von der obenerwähnten Meditation, in der Sie ausschließlich über das göttliche Mysterium nachdenken. In der jetzigen Sitzung können Sie bestimmte Fragen oder Probleme vorbringen, die Sie gelöst haben möchten. Fragen Sie den inneren Geist: „Was soll ich tun? Wie werde ich diese Schwierigkeit bewältigen? Woher kann ich das Geld bekommen, das ich brauche? Wie komme ich zu einem anderen Job? Sollte ich diesen Menschen heiraten? Soll ich nach Kalifornien gehen?"

Sitzen Sie dann ruhig in der Stille und warten Sie auf die Antwort Ihres inneren Selbst. Manchmal kommt die seelische Erkenntnis nicht sofort. Lassen Sie sich nicht entmutigen. Gehen Sie an Ihre Arbeit, und plötzlich, wie ein Aufblitzen der Inspiration, ist die Antwort da. Seelische Erkenntnis gibt Ihnen einen Tip in bezug auf zukünftige Geschehnisse, Menschen, die Sie treffen, Reisen, die Sie unternehmen werden, und zwar lange bevor diese Dinge sich tatsächlich materialisieren.

3. Seelische Erkenntnis zeigt sich, während wir ruhig und friedvoll sind. Wenn Sie den göttlichen Pulsschlag der Intuition und Vorhersage fühlen möchten, schließen Sie jegliche Unruhe in Ihrer Umgebung aus. Betrachten Sie das Wirken der göttlichen Kraft in der Natur. Die Eichel keimt still und verborgen in der Erde. Mitten im Ei reift das

Küken ungestört, bis es stark genug ist, um aus seinem Gefängnis auszubrechen. Seelische Wahrnehmung gedeiht nur in einer Atmosphäre des Friedens und der Stille. Sie vergeht in der Gegenwart von Streit, Erregung, Selbstsucht und Neid. Wenn Sie in irgendeiner Lebensfrage göttliche Führung suchen, umgeben Sie sich mit einer Atmosphäre der Stille, Ordnung und Harmonie. Dann bitten Sie den göttlichen Geist um das Wunder der Schöpferkraft, das Sie sich wünschen.

4. Um die göttliche Gegenwart im Heiligtum Ihrer Seele zu unterstützen, leben Sie jeden Ihrer Tage bewußt in einer Atmosphäre göttlicher Liebe. Da Gott Liebe ist, werden ein liebevolles Herz und eine liebevolle Seele mit Sicherheit den göttlichen Gast ermutigen, der in dem heiteren und liebevollen Geist jener wohnt, die auf ihren Schöpfer eingestimmt sind.

Zusammenfassung

1. Die metaphysische Wunderkraft ist in uns.
2. Das Wesen geistigen Wissens und seine Verbindung zur Seelenerkenntnis des Menschen.
3. Gottes geheimnisvolle Kraft, das metaphysische Schöpferprinzip hinter dem Leben, steht uns zur Verfügung.
4. Selbstbeherrschung stärkt kosmisches Bewußtsein und gibt Kontrolle über die unsichtbaren Kräfte des Lebens.
5. Wie man die Lebenskräfte beherrscht: sechs Bereiche metaphysischer Kontrolle.
6. Beherrschung Ihrer Gedanken: Schema zur Gedankenkontrolle. Passives Verfahren.
7. Beherrschung Ihrer Nervenkraft: System zur Lenkung Ihrer Gedanken.
8. Beherrschung Ihrer Gefühle: System zur Gefühlskontrolle.
9. Beherrschung Ihres Körpers: System zur Körperkontrolle.
1o. Beherrschung Ihrer Reaktionen auf andere: System zur Beherrschung Ihrer Umweltbeziehungen.
11. Beherrschung seelischer Erkenntnis: System zur Erlangung seelischer Wahrnehmung.

11. Kapitel

Wie man die kosmischen Ströme göttlicher Geistkraft erschließt

Das gesamte Universum wird unaufhörlich von einer gewaltigen Woge kosmischer Kraft durchflutet. Das ist jene Schöpferkraft des göttlichen Geistes, die das Universum erhält und alle Dinge erschaffen hat. Haben Sie erst gelernt, sich die göttlichen Kraftströme des Kosmos zu erschließen, dann sind Sie im Einklang mit dem Unendlichen, und alle metaphysischen Kräfte stehen zu Ihrer Verfügung.

Laßt uns jene Methoden erforschen, mittels derer diese kosmische Kraft die Schöpfung durchdringt, und dabei lernen, wie wir die Allwissenheit, Allmacht und Allgegenwart für uns nützen können.

In jedem Grashalm wirkt eine Wunderkraft, und jedes Vogelei birgt ein göttliches Mysterium. Doch mit allen seinen Kenntnissen und seinem hochentwickelten Wissen ist der Mensch noch nicht imstande, die geheimnisvollen Kräfte des Universums zu kopieren. Aber er kann mit ihnen arbeiten und dadurch scheinbare Wunder vollbringen.

Betrachten Sie, wie die kosmische Intelligenz Büsche und Bäume so geschaffen hat, daß sie in dem Kohlendioxyd, das Menschen und Tiere ausatmen, existieren können und es durch frischen, belebenden Sauerstoff ersetzen.

Erkennen Sie, wie diese Intelligenz aus dem Boden die Nahrung, das Baumaterial, die Metalle, das Öl und die Kohle hervorbringt, die der Mensch benötigt, um durch Äonen zu überleben. Und heute, wo diese natürlichen Hilfsquellen allmählich aufgebraucht werden, können zukünftige Generationen mittels kosmischer Kraft, die durch Atomspaltung frei wird, ihre Wohnungen heizen und ihre Transportmittel antreiben.

203

Sehen Sie, welche reichen Hilfsquellen die kosmische Intelligenz in die Meere unseres Planeten gelegt hat: Fische zur Nahrung, Gold, Diamanten und Öl im Überfluß, die der Mensch jetzt zutagezufördern beginnt.

Erfassen Sie das Wunder eines wachsenden Baumes, der dem Menschen Schutz, Nahrung, Bauholz, Gummi, Zucker, Früchte die Fülle, Parfum und Blüten beschert. Der kosmische Geist hat in der Erschaffung des Universums keinen einzigen Aspekt menschlicher Bedürfnisse übersehen.

Erkennen Sie das Wirken der gottgeistigen Kraftströme in den niederen Formen der Schöpfung. Die Schwalben von Capistrano wählen immer genau den richtigen Tag, um zu ihren Nestern im Bereich des berühmten Missionshauses zurückzukehren.

Der Lachs weiß, wann er stromaufwärts in seinen Geburtsfluß zurückschwimmen muß, um dort zu laichen und seinen Lebenszirkel zu vollenden.

Ein Aal im Saragossameer legt im Gegenstrom 3000 Meilen zurück bis zum Ort seiner Geburt, um dort seine Eier abzulegen und die ausschlüpfenden Jungen zu betreuen. Sein Gedächtnis ist so exakt, daß er den Ort seiner Geburt niemals vergißt.

In der Natur hat der kosmische Geist allen besonders gefährdeten Geschöpfen eine schützende Tarnung gegeben, damit sie überleben können. Die Schlange ist gesprenkelt und der Farbe ihrer Umgebung angepaßt; der Krebs und das Gürteltier besitzen einen knöchernen Panzer, der sie vor ihren Feinden schützt; Krake und Tintenfisch stoßen in der Gefahr eine Wolke tintenähnlicher Substanz aus, in der sie sich verbergen; die Puffotter kann sich zu einer schreckenerregenden Gestalt aufblasen, um ihre Feinde in die Flucht zu schlagen; eine Eidechsenart vermag, wenn sie am Schwanz gepackt wird, diesen abzustoßen und dadurch zu entkommen; der Schwanz wächst wieder nach.

Es gibt Tausende von solchen Wundern im Reich der Natur. Wenn wir sie ernsthaft untersuchen, müssen wir zugeben, daß im Universum eine höhere Intelligenz wirkt, die nicht nur alle Dinge geschaffen hat, sondern sie auch durch ein wunderbares System von Instinkt und eingeborener Intelligenz erhält, das sie automatisch überleben und ihre Art fortpflanzen läßt.

Der göttliche Geist im Menschen

Als man ihn über die erstaunlichen Wunder befragte, die er vollbrachte, erwiderte der Meistermetaphysiker Jesus:

„Die Worte, die ich rede, die rede ich nicht von mir; der Vater aber, der in mir wohnt, der tut die Werke."

Wer ist dieser geheimnisvolle Vater, von dem Jesus sprach? Offensichtlich handelte es sich um eine höhere Macht als das Bewußtsein des Meisters, sonst würde er nicht so deutlich auf sie hingewiesen haben.

Heute, mit unserer geschulten Kenntnis der menschlichen Psyche und den Forschungsergebnissen unserer Psychologen und Naturwissenschaftler ist uns klar, daß dieser Ausspruch Jesu auf eine göttliche Geistkraft hinwies, die in allen Menschen und durch alle Menschen strömt, und daß der Mensch sich dieser göttlichen Strömung bedienen kann, um zu vollbringen, was wir Wunder nennen.

Wenn wir die Heilungswunder betrachten, die heutzutage durch Gebet, Glauben und geistige Meditation erreicht werden, müssen wir zu der Überzeugung gelangen, daß im menschlichen Bewußtsein eine dynamische Superkraft existiert, die durch unser aufrichtiges Vertrauen ihr heilendes Werk im Körper vollbringt.

Diese göttliche Kraft durchdringt den Kosmos und wird im menschlichen Bewußtsein zu dynamischen Strömen konzentriert, und wer diese geistige Kraft freizusetzen weiß, vermag buchstäblich Wunder zu vollbringen.

Der göttliche Geist wirkt durch fünf Kanäle

Fünf Kanäle gibt es, durch die die göttliche Geistkraft wirkt. Das sind:

1. Der bewußte, willentliche Geist, der dem Menschen die Macht gibt, sein Schicksal und das Geschehen in seinem Leben zu wählen.

2. Die Sinneswahrnehmungen, die das physikalische und materielle Universum offenbaren.

3. Die intuitiven Fähigkeiten, die den göttlichen Geist aktivieren: Psychismus und außersinnliche Wahrnehmung.

4. Seelische Wahrnehmung, das innere geistige Bewußtsein der Unsterblichkeit und Göttlichkeit des Menschen.

5. Das kosmische Gedächtnis, die Intelligenz der Zellen und der Speicher der Menschheitserinnerungen, in dem sämtliche chemischen und zellularen Formeln zur Erschaffung alles Lebendigen bewahrt sind. Gottes Gedächtnis und die letzte Vollendung des Menschen durch das kosmische Bewußtsein oder die kosmische Erkenntnis.

Kanal eins: Ihr Bewußtsein

Der bewußte Geist im Menschen wird auch als konkretes oder objektives Denken bezeichnet. Es ist jenes Denken, das Ihnen Ihr Selbst, Ihre mentalen Kräfte und die äußere, objektive Welt, in der Sie leben, bewußt macht.

Durch Ihr Bewußtsein erkennen Sie den Kosmos und seine Ordnung. Im Bewußtsein empfindet der Mensch den Drang nach Anbetung und Verehrung einer höheren Intelligenz, die er Gott genannt hat. In diesem inneren Bereich bewußter Kontrolle fühlen Sie das Bedürfnis, sich einer unermeßlichen höheren Macht anzuschließen, von der Sie intuitiv empfinden, daß sie das gesamte Universum und somit auch Sie geschaffen hat.

Mit Ihrem Bewußtsein wählen Sie die Menschen, die an Ihrem Leben teilhaben und Ihr zukünftiges Geschick mitformen. Das bewußte Denken in Ihnen ist auch die Kraft, durch die Sie die Geschehnisse wählen, die das Schema Ihrer Bestimmung formen.

Zu Recht hat einmal jemand gesagt:

„Schicksal, das ist nicht Zufall, sondern Wahl;

Nicht etwas, das man erwartet, sondern etwas, das man erreicht."

Die Gesetze, die Ihr Bewußtsein regieren

Das Bewußtsein kann nur dann die Macht des göttlichen Geistes widerspiegeln, wenn Sie sich der Wahrheit Ihrer Göttlichkeit bewußt sind. Wenn Sie wissen, daß jene Gottkraft ebenso in Ihnen wohnt wie in jeder Zelle des sichtbaren und des unsichtbaren Universums, werden Sie sich von neuer Lebenskraft durchdrungen fühlen, Sie werden zielbewußt denken und handeln, und Ihr ganzes Leben wird neue Bedeutung gewinnen.

Es gibt bestimmte Gesetze, die das Bewußtsein regieren, und diese Gesetze müssen Sie beachten, wenn Sie sich der Leistungsfähigkeit und dynamischen Kraft bedienen wollen, die Ihrem bewußten, willentlichen Geist innewohnt.

1. Das Gesetz der Ordnung. Das Gesetz der Ordnung ist ein kosmisches Gesetz und gilt somit für die gesamte Schöpfung. Ordnung regiert am Firmament, alle Planeten kreisen ohne Störungen oder Kollisionen. Denken Sie an die unzählbaren Billionen Sterne und Sonnensysteme, weit größer als das unsere, die in ein derart gewaltiges Programm einbezogen sind, daß der menschliche Geist es nicht mehr zu erfassen vermag. Machen Sie sich dann bewußt, daß diese Planeten ein so vollendetes Funktionssystem haben, daß wir auf der Erde unsere Uhren nach ihnen stellen. Kopieren Sie dieses Gesetz der Ordnung in Ihrem Denken. Leben Sie nach einem festen Plan. Machen Sie für jeden Tag eine Liste der Dinge, die Sie erledigen wollen. Legen Sie allen Unternehmungen einen Plan zugrunde.

Verfolgen Sie täglich Ihre Ausgaben. Rockefellers System, durch das er sein ungeheures Vermögen begründete, bestand darin, jede Ausgabe peinlich genau aufzuschreiben, selbst wenn es sich nur um einen winzigen Betrag handelte. Die Gewohnheit von Ordnung und System, die er ausbildete, führte später zu seinem gewaltigen Finanzreich und machte ihn zum Multimillionär.

2. Das Gesetz des Gleichgewichts. Lassen Sie Ihr Denken niemals außer Kontrolle geraten, denn das Gesetz des Ausgleichs in der Natur verlangt, daß wir für jedes Übermaß bezahlen. Wie ein schwingendes Pendel wirkt dieses Gesetz; der Bogen, den es bei seiner Aufwärtsbe-

wegung beschreibt, muß sich bei seiner Abwärtsbewegung verdoppeln. Wenn Sie irgendein Gefühl oder einen Genuß übertreiben, erzwingt die Natur eine Strafe, um das Gesetz aufrechtzuhalten. Wenn Sie in einer Nacht nicht genug Schlaf bekommen, müssen Sie das am nächsten Tag ausgleichen, oder Ihre Denkvorgänge leiden an Müdigkeit und Unvermögen. Ein Übermaß an Alkohol und Zigaretten oder Schlafmitteln bewirkt eine körperliche Reaktion auf das in den Blutkreislauf gepumpte Gift, die sich in einer Schwächung der Widerstandskraft und einem Nachlassen aller Körperfunktionen äußert.

Die Kraft des göttlichen Geistes, die durch unser Bewußtsein wirkt, ist äußerst feinfühlig und zieht sich sofort zurück, wenn dieses Gesetz verletzt wird. Sorgen Sie darum täglich für den rechten Ausgleich zwischen Arbeit und Vergnügen, Liebe und Frömmigkeit, damit sich in keinem Lebensbereich ein Übermaß ergibt.

3. Das Gesetz der Verstandesmäßigkeit oder Vernunft. Unser Bewußtsein arbeitet am besten mit dem göttlichen Geist, wenn wir unsere Handlungen und Denkprozesse rationalisieren. Gebrauchen Sie Ihre bewußte Denkkraft. Werden Sie sich klar, warum Sie dieses oder jenes tun. Durchdenken Sie logisch die Notwendigkeit des körperlichen Liebesgefühls; beherrschen Sie Ihre geistigen und körperlichen Funktionen, anstatt sich von ihnen beherrschen zu lassen. In Amerika begehen in jedem Jahr Tausende Selbstmord, weil sie sich nicht die Mühe machen, täglich ihr Tun und Lassen durchzudenken. Ihr Verstand ist außer Kontrolle geraten, denn sie haben die Kunst vernunftgemäßen Denkens verloren. Auf jede gedankliche Ursache folgt eine körperliche Wirkung. Wenn Sie durch irgendeine unbedachte Handlung einen guten Job verlieren, suchen Sie die Gründe für diesen Verlust zu finden. Machen Sie nicht die Gesellschaft, die Regierung, den Kapitalismus oder den Kommunismus verantwortlich. Sie können die Ursache bis zu Ihren eigenen bewußten oder unbewußten Gedanken oder Handlungen zurückverfolgen.

4. Das Gesetz der Anziehung. Was Sie Ihrem bewußten, willentlichen Geist eingeben, wird zum Schema dessen, was Sie zu sich ziehen werden. Es gibt ein Gesetz der magnetischen Anziehung, das gleicher-

maßen geistig und körperlich gilt. Sie sind, was Sie denken. Nehmen Sie also nur solche Gedanken in Ihr Bewußtsein auf, die Sie mittels dynamischer Tätigkeit in Ihren äußeren Lebensumständen vergegenständlichen wollen. Pflegen Sie freundliche Gedanken, und Sie werden sich Freunde zuziehen. Wenn Sie an Haß, Neid und Feindschaft denken, werden Sie Leute anziehen, die jene Eigenschaften in der äußeren Welt personifizieren. Sie haben die Macht, durch bewußte Wahl die Kulissen und Requisiten Ihres Lebensspiels zu bestimmen. Wünschen Sie sich ein Drama oder eine Tragödie? Wird es eine romantische Liebesgeschichte? Oder soll es eine Posse werden, in der Sie die Rolle des Clowns gestalten? Möchten Sie ein Bühnenbild in Pracht und Schönheit, oder wollen Sie Ihr Lebensdrama in einer häßlichen und armseligen Kulisse darstellen? Die Wahl liegt bei Ihnen.

Die Macht des göttlichen Geistes wird Ihnen helfen, alles zu verkörpern, wofür Sie sich bewußt entscheiden. Treffen Sie sorgfältig Ihre Entscheidung, und dann lehnen Sie sich zurück und beobachten, wie das Geschehen sich formen wird, um dem geistigen Modell der Handlung zu entsprechen.

Kanal zwei: Ihre Sinneswahrnehmungen

Mittels Ihrer Sinneswahrnehmungen werden Sie sich der gegenständlichen Welt der Realität bewußt. Wir haben an anderer Stelle unseres Studiums bereits von der Bedeutung der fünf Sinne gesprochen; laßt uns nun lernen, mittels dieser Sinneswahrnehmungen die göttliche Geisteskraft zu lenken. Auf diese Weise können Sie die Wirksamkeit Ihrer Sinne steigern und in Bereichen geistiger und körperlicher Tätigkeit eine intensivere Empfindungsfähigkeit erreichen.

1. Seien Sie sich Ihrer inneren persönlichen Welt bewußt. Schließen Sie in dieser Übungssitzung, die eine halbe Stunde dauern sollte, die Augen. Empfinden Sie bewußt Ihr innerstes Wesen. Sehen Sie mit Ihrem geistigen Auge; versuchen Sie, sich an Bilder, Farben und Tätigkeiten aus der äußeren Welt der Realität zu erinnern. Kopieren

Sie sie in Gedanken und projizieren Sie sie auf die Leinwand Ihrer inneren Vorstellung. Tun Sie dann dasselbe mit Ihren Sinnen Gehör, Geschmack, Geruch. Kopieren Sie Ihre täglichen Verrichtungen und wenden Sie dabei jeden Ihrer fünf Sinne an. Gehen Sie jeden Abend, wenn Sie sich zu Bett legen, den vergangenen Tag vom Aufstehen bis zum Schlafengehen in Gedanken durch. Dieses innere Erfassen Ihrer subjektiven Welt der Emotionen, Eindrücke, Bewußtseinsformen und Wahrnehmungen wird Ihnen helfen, die Kraft des göttlichen Geistes in jede Ihrer körperlichen und geistigen Fähigkeiten zu lenken.

2. In einer weiteren, mindestens zwei Stunden währenden täglichen Übung, die eine volle Woche eingehalten werden sollte, sitzen Sie in Meditation, um sich der äußeren, konkreten Welt bewußt zu werden, in der Sie leben. Empfinden Sie dabei körperlich bewußt Wärme und Kälte; den Raum, in dem Sie meditieren; die äußere Welt, in der Sie arbeiten und lieben und spielen. Lassen Sie sich die körperlichen Gefühle durch den Sinn gehen, die Sie empfinden, wenn Sie essen, wenn Sie arbeiten, wenn Sie einen Film sehen, wenn Sie lieben.

Machen Sie einen Spaziergang durch einen öffentlichen Park oder eine Straße, und merken Sie sich die Form und Größe der Bäume, Blumen, Häuser und der Umgebung. Beachten sie die Bäume, die Blätter, die Blüten, die Gestaltung von Rasen und Büschen; wenn Sie am Strand entlanggehen, beobachten Sie den Himmel, den fernen Horizont, die Berge, das Gold der Sonne im blauen Firmament. Mit anderen Worten, machen Sie ein Prinzip daraus, sich Ihre gesamte physische Umwelt so deutlich einzuprägen, als wären Sie ein Künstler, der diesen Anblick auf der Leinwand nachschaffen will, oder ein Schriftsteller, der ihn in einem Roman beschreiben möchte. Diese Übung wird das Strömen des göttlichen Geistes in Ihr Bewußtsein lenken und Ihre Sinneswahrnehmungen enorm erweitern.

3. Dehnen Sie dieses Bewußtsein Ihrer Sinneswahrnehmungen auf Ihren Körper und seine Bedürfnisse aus. Erfassen Sie bewußt Gestalt und Maße Ihres physischen Körpers. Schauen Sie in den Spiegel und studieren Sie sorgfältig Ihr Gesicht. Finden Sie heraus, welche Gedanken Ihr Gesichtsausdruck in anderen hervorruft. Geben Sie Ihrem Gesicht nacheinander den Ausdruck von Habgier, Haß,

Eifersucht, Besorgnis und Angst. Beobachten Sie, wie die Gesichts-muskeln auf diese negativen Gefühle reagieren. Wechseln Sie nun die geistige Maske und nehmen Sie den Ausdruck von Mitleid, Liebe, Vertrauen und Zuversicht an. Beobachten Sie dabei, wie sich die Gesichtsmuskeln allmählich nach oben bewegen und Ihrem Gesicht einen völlig anderen Ausdruck geben.

Kanal drei: Die intuitiven Fähigkeiten

Die Kraft des göttlichen Geistes in Ihnen wird von Ihren intuitiven Fähigkeiten angeregt. Jeder Mensch besitzt eine gewisse seelische und intuitive Befähigung. Sie kann so entwickelt werden, daß Sie bei jedem Ihrer Schritte göttliche Führung erhalten können. Es ist dem Menschen möglich, die Zukunft zu kennen; zwar nicht jedes einzelne Geschehen, aber doch die allgemeine Richtung seines Lebens und Schicksals.

Betrachten Sie, wie diese Macht in zwei der größten Wunder der Natur wirkt. Irgendwo in einem Bach auf dem Land haben Sie sicher einmal eine Kaulquappe gesehen. So ein kleines, schwarzes, sich dahinwindendes Geschöpf ohne Füße, aber mit einem langen Schwanz, das in diesem Stadium seiner Metamorphose gewiß kein bißchen nach einem Frosch aussieht. Kurze Zeit später verschwindet der Schwanz völlig, das Wesen beginnt, Füße auszubilden und nimmt schließlich seine wahre Froschgestalt an.

Diese Kaulquappe trug das Bild eines Frosches in sisch. Man könnte meinen, daß dieses kleine niedere Geschöpf sein schließliches Schicksal kannte; der Prägestempel befand sich in seinen Körperzellen und seiner Form von Geist, wie immer diese aussehen mag.

Dasselbe läßt sich von einer dahinkriechenden Raupe sagen. Sie schaut bestimmt nicht wie ein goldgeflügelter Schmetterling aus. Aber irgendein göttlicher Instinkt in diesem Geschöpf treibt es, einen Kokon zu spinnen und darin den langen Winter zu verschlafen, um im nächsten Frühjahr zu seinem schließlichen Triumph sich als geflügeltes Geschöpf in den blauen Himmel emporzuschwingen.

Der Raupe wohnte die göttliche Gewißheit der Prophezeihung inne, die sie veranlaßte, sich einzuspinnen und ein Schmetterling zu werden. Es ließe sich behaupten, daß sie um ihre Bestimmung wußte.

Wie man den göttlichen Geist durch Intuition freisetzt

1. Intuition ist ein spontanes Wissen oder Erfahren, dem kein bewußtes Überlegen vorausgegangen ist. Diese Gabe des göttlichen Geistes können Sie wissentlich gebrauchen. Vergessen Sie nicht, daß Sie seelische Kräfte besitzen, und daß Sie sich ihrer bedienen können, wann immer Sie wollen. Nehmen Sie diese Kraft der Intuition in Anspruch, wenn Sie gezwungen sind, sich zwischen zwei Wegen zu entscheiden. Stellen Sie diesem innewohnenden Vater Fragen, und warten Sie dann auf die Antworten. Sie werden kommen, vielleicht nicht im Augenblick, aber irgendwann später bestimmt. Häufig kommt die Antwort in einem Brief, oder durch einen anderen Menschen, oder Sie finden sie gar in einem Buch, das sie „zufällig" lesen.

Ich erinnere mich, daß ich einmal in New York ein bestimmtes Buch suchte, das für mich wertvolle Informationen enthielt. Es war jedoch in der ganzen Stadt nicht aufzutreiben. Ich überließ das Problem meinem höheren göttlichen Geist und vergaß es dann. Zwei Wochen später mußte ich geschäftlich nach Hollywood. Ich ging in ein Antiquariat um ein wenig zu schmökern, und der erste Band, den ich aus dem Regal zog, war das Buch, nach dem ich gesucht hatte! Das war die Auswirkung eines höheren Geistes, der mich zu dem Gegenstand geführt hatte, den ich mir wünschte.

2. Psychische und intuitive Begabungen können vorsätzlich kultiviert werden. Die Stimme des Geistes spricht generell zu jeder Zelle des Universums. Im Frühling brechen die Knospen auf, die Bäume bedecken sich mit Blättern, und die Blumen blühen aus einem göttlichen Instinkt, der ihnen sagt, daß der Lenz gekommen ist. In der Erde keimt die Saat und wächst unter göttlichem Antrieb, zu erzeugen nach ihrer Art. Im Menschen wirkt dieselbe Gabe der Intuition ihr

schöpferisches Wunder, wenn wir uns der Stimme des Geistes bewußt sind, die uns beständig zu führen und zu lenken versucht. Setzen Sie sich mindestens eine halbe Stunde am Tag ruhig hin und versuchen Sie, diese intuitive seelische Gabe zu entwickeln. Stellen Sie dem höheren Geist spezifische Fragen, und warten Sie dann auf die Antworten:

Ist dieser Mensch aufrichtig? Kann ich ihm vertrauen?

Sollte ich mir erlauben, ihn zu lieben?

Soll ich diese berufliche Veränderung akzeptieren? Sollte ich diese Reise unternehmen?

Nachdem Sie Ihre Fragen gestellt haben, sitzen Sie eine Weile entspannt da und warten Sie auf die Antworten des göttlichen Geistes. Wenn Sie nicht sofort eine Eingebung bekommen, verlieren Sie nicht den Mut, geben Sie nicht auf. Gehen Sie an Ihre gewohnten Tätigkeiten, und die Antwort kommt vielleicht nachts im Schlaf oder am Tag im Lauf Ihrer Arbeitszeit. Manchmal erhalten Sie keine direkte Antwort sondern eine Eingebung; häufig kommt die Antwort auch in Gestalt einer anderen Person.

3. Konzentrieren Sie Ihre seelischen Kräfte auf einen Menschen, den Sie kennen, und lassen Sie sich von Ihrem inneren Geist enthüllen, wie der Betreffende in Wahrheit ist. Sie können Ihren höheren Geist fragen, und eine Ihnen innewohnende Kraft wird Ihnen die richtigen Antworten geben. Häufig verbergen Menschen ihr wahres Gesicht, aber Ihr innerer göttlicher Geist kennt über jeden die Wahrheit. Wenn Sie diese psychische, intuitive Gabe kultivieren, können Sie hinter die Maske schauen. Vielleicht wollen Sie zunächst einiges von dem, was der höhere Geist Ihnen sagt, nicht glauben, doch Sie werden später feststellen, daß es zutrifft. Haben Sie schon einmal bei der ersten Begegnung mit jemandem das Gefühl gehabt, der oder dem Betreffenden nicht trauen zu können? Und wurde Ihr Verdacht nicht später gerechtfertigt?

4. Um die intuitive Fähigkeit des göttlichen Geistes weiter zu entwickeln, sitzen Sie in der Stille und lassen Sie in Ihrem Innern mentale Bilder entstehen. Das können Bilder aus fernen Ländern sein, die Sie interessieren, oder das Bild des Hauses, in dem Sie in Zukunft wohnen möchten. Ihr Geist mag fühlen, daß er von Ort zu Ort

springt, aber folgen Sie seiner Aktivität mindestens eine halbe Stunde lang. Zu einer späteren Zeit werden sich einige der Geschehnisse, die in Ihrem Innern aufblitzten, tatsächlich in der äußeren Welt kopieren, und dann werden Sie wissen, daß Sie die geistige Vorankündigung eines Geschehens erfahren haben, das für Ihr Leben vorherbestimmt war.

Ein Marineleutnant, der im zweiten Weltkrieg im Pazifik eingesetzt war, sah in einem Magazin das Foto einer Filmschauspielerin. Er verliebte sich in sie. Sie war haargenau sein Ideal. Er schnitt das Bild aus, legte es in seine Brieftasche, und jeden Abend vor dem Einschlafen betrachtete er es und stellte sich dabei deutlich vor, daß sie seine Frau war und sie beide in einem wunderschönen Haus im Tal glücklich miteinander lebten.

Dieses geistige Bild wurde in der Vorstellung des jungen Mannes so lebendig, daß er fest überzeugt war, der Schauspielerin eines Tages zu begegnen und sich mit ihr zu vermählen.

Ein paar Monate später befand er sich in San Francisco auf einer großen Party. Er sah blendend aus in seiner blauen Uniform, und als er durchs Wohnzimmer ging, erblickte er die Vision in weiß, die ihm entgegenschwebte. Es war das Mädchen seiner Träume! Sie kam auf ihn zu wie hypnotisiert. Plötzlich lagen die beiden einander in den Armen und tanzten durch den Raum. Sie verliebte sich rasend in den schmucken Leutnant, und bald darauf haben die beiden geheiratet.

Diese „Romanze im wirklichen Leben" geschah dem Filmstar Ruth Hussey. Inzwischen sind viele Jahre vergangen, und diese durch die Vorstellungskraft des jungen Mannes vorherbestimmte Liebesgeschichte hat sich bestätigt und beiden das Glück und die Erfüllung gebracht, die sie sich gewünscht hatten.

Kanal vier: Seelische Wahrnehmung

Zwischen geistiger Wahrnehmung und seelischer Wahrnehmung besteht ein Unterschied. Geistige Wahrnehmung hat mit der äußeren Welt der Menschen und Geschehnisse, mit Ursache und Wirkung zu tun.

Seelische Wahrnehmung hat zu tun mit dem inneren Bewußtsein des Menschen, in dem Gott in der unsterblichen Seele des Menschen zum Menschen spricht.

Hier, im Heiligtum Ihrer Seele, enthüllt der göttliche Geist seinen wundervollen Plan für Ihr gegenwärtiges und zukünftiges Leben. Wenn Sie imstande sind, sich auf jene göttlichen Schwingungen einzustimmen, können Sie die unermeßlichen Wunderkräfte der Natur und der erleuchteten Seher, Propheten und mystischen Lehrer der Vergangenheit kopieren.

Wie man seelische Wahrnehmung erhält

1. Ziehen Sie sich von der Welt der kalten Realität zurück und schaffen Sie sich eine freundliche Atmosphäre von Musik und sanftem Kerzenlicht. Wenn Sie mögen, können Sie Räucherstäbchen anzünden. Die höheren geistigen Kräfte lassen sich oft durch derartige Hilfsmittel leichter aktivieren. Das ist der Grund, warum man in vielen Kirchen Kerzen und Weihrauch findet, und mildes Licht, das durch bunte Glasfenster scheint. Oft werden auch Symbole wie Kreuze oder Heiligenfiguren verwendet, um jene höheren Kräfte anzuregen, damit der Mensch sich leichter auf die erhabenen Schwingungen des göttlichen Bildes einstimmen kann.

Diese Meditationsübung sollte täglich zehn oder fünfzehn Minuten eingehalten werden. Schließen Sie während dieser Zeit alle Gedanken an Sorgen und Probleme aus und sprechen Sie zu Gott in der Stille Ihrer Seele.

Seelische Wahrnehmung überfällt Sie oft mitten in Ihren täglichen Beschäftigungen. Bisweilen erfahren Sie eine Flut von Inspiration, nachdem Sie einen anderen Menschen mit einer guten oder barmherzigen Tat erfreut haben.Häufig, wenn Sie einen wundervollen Sonnenaufgang oder einen überwältigenden Anblick wie beispielsweise den des Grand Canyon erlebt haben, wird ein tiefes geistiges Gefühl in Ihnen aufwallen, so eindringlich und überwältigend, daß Ihnen fast die Tränen kommen.

Denselben Effekt hat häufig auch außergewöhnlich schöne und ergreifende Musik.

Ich erinnere mich noch gut daran, wie ich zum erstenmal den herrlichen Parthenon auf der Akropolis im vollen Mittagslicht erblickte. Wie ich so vor dem alten Tempel der Göttin Athene stand, in der Ferne die Ägeis schimmern sah und die alte und neue Stadt Athen überschaute, so weit das Auge reichte, da empfand ich ein plötzliches Gefühl seelischer Wahrnehmung, das mich mit den unzählbaren Geistesgrößen, die dieses zutiefst inspirierende Denkmal der Göttlichkeit des Menschen gesehen hatten, verschmelzen ließ.

3. Seelische Wahrnehmung erfahren Sie, wenn Sie zutiefst an Gott und seine unermeßliche Macht glauben. Sie können jeden Tag bewußt mit Gott leben, und durch seelische Wahrnehmung wird seine beständige Gegenwart Sie unfehlbar führen.

Wenn Sie sich den Attributen des göttlichen Geistes angleichen, werden Sie auch Ihre Kräfte seelischer Wahrnehmung entsprechend ausrichten. Diese göttlichen Eigenschaften sind: Liebe, Güte, Wahrheit, Schönheit, Vergebung und Nachsicht.

5. Glaube und Gebet bringen uns in Harmonie mit der Kraft des göttlichen Geistes, die das gesamte Universum erfüllt. Das Bewußtsein des Menschen ist wie die Erde; es kann nur blühen und gedeihen, wenn es von der Sonne beschienen wird, die ihm Leben und Auftrieb gibt. Stimmt der Mensch nicht mit dem Bewußtsein des kosmischen göttlichen Geistes überein, dann sperrt er die Sonne des Geistes aus, und sein Leben bleibt sinnlos und leer. Wenn er sich im Licht der geistigen Sonne badet, blüht er auf und wird weise, und seine Talente und Gaben reifen, und er segnet die Erde mit seinem schöpferischen Geist.

Das Gebet setzt einen goldenen Strom geistigen Lichts, Lebens und Wissens frei. Dr. Alexis Carrel nannte das Gebet eine schöpferische Kraft, die ebenso real ist, wie die irdische Schwerkraft. Experimente, die von Wissenschaftlern und Geistlichen geleitet wurden, führten zu folgendem Ergebnis: Wurde über dem frisch ausgesäten Weizen oder Mais gebetet, war der Ertrag dreimal so hoch wie der einer normal ausgestreuten Saat. In einem Experiment mit bereits wachsenden

Pflanzen wurde beobachtet, daß Flüche und Beschimpfungen die zarten Schößlinge welken und absterben ließ, während aufrichtig liebevolle Worte und Gedanken sie zum Blühen und Reifen brachten. In der uns umgebenden Atmosphäre existiert also eine Wunderkraft, die auf Gebet und Glauben reagiert.

6. Die Macht der göttlichen Liebe hilft dem Menschen auch, jene göttliche Geistkraft in all sein Tun zu leiten. Verschiedene Tests unter der Aufsicht einer bekannten Kinderärztin ergaben, daß Kleinkinder, denen keine Liebe erwiesen wurde, häufig in ihrem ersten, kritischen Lebensjahr starben. Diese Ärztin befestigt an jedem Kinderwagen einen Zettel: „Dieses Kind muß jede Stunde herausgenommen und geliebt werden." Dabei ist es nicht wichtig, ob eine Pflegerin, eine fremde Person oder die Mutter es aufnimmt; es kommt einzig darauf an, daß die Kinder, die auf diese Weise Liebe erfahren, wachsen und gesund, glücklich und ausgeglichen werden, während Babys, denen Liebe vorenthalten wird, selten ihr erstes Lebensjahr überstehen.

Kanal fünf: Das kosmische Gedächtnis

Im kosmischen Gedächtnis bewahrt Gott alle chemischen und zellularen Formeln, die zur Schaffung alles Lebendigen im Universum nötig sind. Das Weltall ist nach einem Modellplan errichtet, der in seiner Struktur einem automatischen Muster folgt. Dieses wiederholt sich im Wesentlichen in sämtlichen erschaffenen Objekten.

Die Atome, aus denen die sogenannte Materie besteht, sind winzige, effektiv unsichtbare Bausteine. Werden sie durch das Gesetz der Schwerkraft geballt und verdichtet, dann werden sie zu Bäumen, Bergen, Monden und Sternen. Geschaffen und erhalten wird das gesamte Universum von einem Strom unsichtbarer Substanz, die wir als Geist oder Intelligenz bezeichnen. Während diese Intelligenz, einem höheren schöpferischen Befehl gehorchend, das gesamte Universum durchströmt, ordnet sie sich zu Formen und Gestalten, die einem Meer von geistigem Protoplasma aufgeprägt sind.

Es gibt im Universum weniger als hundert verschiedene Typen von Atomen. Aus ihnen, in Millionen unterschiedlicher Muster und Formen geordnet, wird die gesamte Schöpfung gebildet. Alles in den Bereichen Mineral, Pflanze, Tier und Mensch stammt von diesen ersten atomaren Bausteinen. Die Wissenschaft vermag die Kraft, die in diesen Atomen wirkt und sie lenkt, nicht zu erfassen. Sie ist noch immer ein vollkommenes Mysterium.

In der Metaphysik können wir etwas von diesem Mysterium der Schöpfung zu verstehen beginnen. Das kosmische Gedächtnis enthüllt der Menschheit viele seiner verborgenen Geheimnisse. So kennen wir zum Beispiel inzwischen die Grundstruktur aller Atome.

Das Elektron ist ein negativ geladenes Partikel, das einen Teil aller Atome bildet.

Das Neutron ist eins der elementaren nicht geladenen Partikel eines Atoms.

Das Proton ist ein fundamentales Partikel der Nuklei aller Atome und trägt eine Einheit positiver elektrischer Ladung.

Der Nukleus ist das Zentrum des Atoms, um das die anderen Teile kreisen. Die Schnelligkeit ihrer Bewegung hält sie in einem Gravitationsfeld zusammen, ähnlich wie die Sonne die Planeten in ihren Umlaufbahnen hält.

Aus dieser mikroskopischen Struktur, dem Atom, formt Gott alles vom Stern bis zur Schneeflocke. Die unendliche Vielfalt der Schöpfung bestätigt die Tatsache, daß unserer gesamten Welt eine unerfaßbar hohe Ordnung kosmischer Intelligenz zugrundeliegt.

Schema zur Erschließung des kosmischen Gedächtnisses

1. Studieren Sie das Universum, in dem Sie leben. Versuchen Sie die Vorgänge im All zu verstehen. Betrachten Sie die Natur, beobachten Sie das Wachstum. Versuchen Sie, durch Interesse und Beobachtung die Geheimnisse der Natur zu erkunden. Einige unserer bedeutendsten Wissenschaftler haben diese kosmischen Rätsel untersucht und der Menschheit eine Vielfalt neuer Produkte, Nahrungsmittel und anderer Bereicherungen geschenkt.

218

2. Betrachten Sie einen Grashalm oder ein Sandkorn und versuchen Sie den Schöpfungsprozeß zu erkennen, mittels dessen die kosmische Intelligenz jene Elemente hervorgebracht hat. Ein Gelehrter in Frankreich hat vierzig Jahre lang Schneeflocken untersucht und dabei nicht zwei Exemplare gefunden, die einander vollkommen glichen. Kein Grashalm, kein Sandkorn ist jemals exakt einem anderen gleich. Selbst Zwillinge sind einander lediglich ähnlich. Der Kosmische Geist ist ein Künstler, der niemals zwei einander vollkommen gleichende Dinge schafft. Untersuchen Sie Blumen und Früchte und sehen Sie, wie der Geist des Kosmos diese Augen- und Gaumenweiden gestaltet. Nehmen Sie eine Orange oder einen Granatapfel auseinander; schauen Sie, wie die Natur die einzelnen Segmente durch Hautschichten von einander getrennt hat; wie sorgfältig sie die Samen in die Mitte der Frucht gab, wo sie ungestört und geschützt reifen können. Versuchen Sie, durch sorgfältiges Studieren der Gesetze, nach denen der kosmische Geist Gottes arbeitet, einiges über das Mysterium der Schöpfung zu verstehen.

3. Beobachten Sie das Gesetz des Wachstums, das im Universum regiert, und versuchen Sie dann es in Ihrem Leben zu kopieren. Ihr Geist muß wachsen und sich entfalten; Ihr Bewußtsein muß sich vom Körperlichen zum Geistigen entwickeln. Streben Sie danach, Ihre Interessen zu erweitern und sich zahlreiche unterschiedliche Wissenszweige zu erschließen.

4. Arbeiten Sie mit den Gesetzen des Alls und nicht gegen sie. Drei Gesetze gibt es, die Sie beachten sollten: das Gesetz der Nützlichkeit, das Gesetz der Produktivität, und das Gesetz der Aktivität. Jedes Ding, das im Programm der Schöpfung seinen Nutzen verliert, wird automatisch von der Natur aufgegeben. Versuchen Sie, bis ins hohe Alter nützlich zu bleiben. Seien Sie ihr ganzes Leben hindurch in irgendeiner Weise schöpferisch und aktiv. Sie sollten nicht nur einen Beruf, sondern auch eine Art von Nebenberuf haben, damit Sie geistig und körperlich immer wieder durch neue Interessen angeregt werden. Bleiben Sie in Bewegung und hören Sie nie auf, etwas für die Welt zu tun. Auf diese Weise sind Sie immer in Einklang mit dem göttlichen Geist, dem alle Intelligenz innewohnt. Und wenn Sie mit dem Geist

Gottes im Einklang sind, werden Sie durch sein kosmisches Gedächtnis erhöhte Kraft und Energie ausstrahlen.

Zusammenfassung

1. Die Kraftströme des göttlichen Geistes durchfluten den Kosmos und somit auch Sie.
2. Die Wunderkraft im Kosmos wirkt unermüdlich; sie ist der „innere Vater", der Wunder vollbringt, der göttliche Geist im Menschen.
3. Die fünf Kanäle, durch die der göttliche Geist wirkt.
4. Die Gesetze, die Ihr Bewußtsein, Ihre Sinneswahrnehmungen und Ihre intuitiven Fähigkeiten regieren, und wie man sie erschließt.
5. Seelische Wahrnehmung, und wie diese Kraft gelenkt werden kann.
6. Die Macht von Glauben und Gebet, die Wunder wirkt.
7. Das kosmische Gedächtnis, und wie man diese Kraft für schöpferische Wunder freisetzt.

12. Kapitel

Wie man die fünf Aspekte der Wunderheilung erreicht

Die wunderbare Heilungskraft des göttlichen Geistes erstreckt sich auf alle Bereiche des von Gott erschafffenen Universums. Wir sehen diese metaphysische Kraft in der Natur wirken, wo wir im Tierreich ein instinktives Wissen beobachten, das die Intelligenz des höheren Menschenreichs weit übersteigt. Nur wenn der Mensch imstande ist, sich die Kräfte göttlicher Inspiration zu erschließen, vermag er einen Strom dieser metaphysischen Wunderkraft freizusetzen.

Niemals werden Sie eine Kuh oder ein Pferd wie einen Schornstein qualmen sehen. Sie können diese Geschöpfe auch nicht dazu bringen, Alkohol oder andere ungesunde Sachen zu trinken. Sie überessen sich fast nie und leiden auch nicht an Verdauungsstörungen. Sie scheinen zu wissen, wie sich die meisten der unheilvollen Krankheiten, an denen der Mensch leidet, vermeiden lassen. Dinge wie Herzbeschwerden, Krebs, hoher Blutdruck und Diabetes sind ihnen unbekannt.

Wenn ein Tier erkrankt, weiß es offenbar, wie es wieder gesund werden kann. Meist lehnt es dann jegliche Nahrung ab, verkriecht sich und läßt sich von seinen Wunderkräften heilen.

Die Menschheit befindet sich momentan auf einer Orgie der Pillen und Wunderdrogen. Der homo sapiens von heute nimmt Stärkungspillen, die ihm Kraft geben sollen, seinen Tag durchzustehen; dann wieder Pillen, die ihn beruhigen, damit er abends einschlafen kann. Er braucht seine Cocktails, um sein Gehirn soweit anzuregen, daß er bis zum Abend durchhält, ohne vorher zusammenzubrechen. In dieser irren Jagd von einer Droge zur anderen verliert er allmählich die Fähigkeit, sich den natürlichen Heilkräften seines Körpers zu überlassen, damit sie die Arbeit tun, für die sie bestimmt sind ... ihn zu heilen, wenn er krank ist.

Die Ärzte kennen diese wunderbare Heilkraft

Die meisten vorurteilsfreien Mediziner arbeiten heute mit natürlichen Heilmitteln. Sie wissen um die wunderwirkende Kraft, die Gott in des Menschen Geist und Körperzellen gegeben hat. Häufig verabreicht ein Arzt dem Patienten eine Spritze mit destilliertem Wasser, erklärt, es sei Morphium, und prompt fühlt der Kranke sich müde, schläft alsbald friedlich ein und während er schläft, wirken die natürlichen Heilkräfte des Körpers und tun ihr wunderbares Werk.

Ganz gewiß haben Wissenschaftler und Medikamente in unserer Zeit wundervolle Arbeit geleistet, um die Heilungskräfte des Körpers zu unterstützen, wenn der Patient zu schwach war, sich selbst zu helfen. Wir haben uns noch nicht genügend weit entwickelt, um auf Ärzte und Drogen verzichten zu können. In der Zukunft jedoch wird Sinn und Aufgabe des Arztes vor allem von der Präventivmedizin bestimmt werden; Krankheiten zu vermeiden ist wichtiger, als sie zu heilen. Ferner gilt es zu bedenken, daß bei Unfällen wie Arm- und Beinbrüchen die Verletzung sehr geschickt behandelt werden muß, wenn die Natur ihr heilendes Werk in vollkommener Weise tun soll. Ärzte können der Wunderkraft in Geist und Körper assistieren, und in dem neuen Gebiet der psychosomatischen Medizin, das in den letzten zwanzig Jahren entstanden ist, wird allgemein bestätigt, daß der menschliche Geist den Menschen krankmachen, aber auch bei zahlreichen Zuständen und Bedingungen Heilung bewirken kann.

Die fünf Aspekte der Wunderheilung

Laßt uns nun die fünf Aspekte der Wunderheilung betrachten, die Sie in Ihrem Leben nützen können. Zunächst müssen Sie sich darüber klar werden, daß Heilung nicht nur den kranken Körper betrifft, sondern auch andere Bezirke Ihres Lebens. Wir werden die fünf wesentlichsten Gebiete des menschlichen Daseins untersuchen und erfahren, wie wir die Wunderheilkraft in diesen unterschiedlichen Bereichen einsetzen. Dieselben Gesetze und Prinzipien, die zu den

fünf Aspekten der Wunderheilung gehören, können auch auf andere negative Bedingungen, die Sie in Ihrem Leben kurieren möchten, angewandt werden. Diese Aspekte sind:
1. Heilung des physischen Körpers.
2. Heilung von Persönlichkeitsstörungen.
3. Heilung der Umgebung.
4. Heilung von Liebes- und Eheproblemen.
5. Heilung wirtschaftlicher und finanzieller Schwierigkeiten.

Wenn wir bedenken, daß es in den Vereinigten Staaten über 25 Millionen Menschen gibt, die leidend, verkrüppelt, blind oder anderweitig behindet sind, müssen wir zugeben, wir sind in der Tat eine kranke Nation. Ferner gibt es zu denken, daß bei der Musterung nur einer von fünf jungen Männern für die Armee in Betracht kommt. Machen wir uns nun die Millionen bewußt, die an kleineren Handicaps leiden, wie Kurz- oder Weitsichtigkeit, Schwerhörigkeit, Beeinträchtigungen durch Arthritis, Rheuma und ähnlichen Beschwerden. Weitere Millionen werden von Asthma, Allergien und Sinusleiden geplagt. Wahrlich, unser Land braucht eine Renaissance der wunderwirkenden Kraft, die der Meister Jesus anwandte. Er vermochte seine Heilungswunder zu tun, weil er die Kraft, die Gott in das menschliche Bewußtsein gegeben hatte, kannte und verstand. Im Folgenden nun Ihr sicherer Leitfaden für Heilungsprogramme in allen fünf Aspekten.

1. Heilung des physischen Körpers

Bevor wir die Wunderheilung des physischen Körpers ins Auge fassen, laßt uns die Ursachen der Krankheit untersuchen, damit wir die Natur der Unpäßlichkeit besser verstehen.

Eine der hauptsächlichsten Krankheitsursachen ist das Eindringen von Bazillen in den Blutkreislauf. Wenn die Widerstandskraft des Körpers geschwächt ist, scheint dieser Typ einer bakteriellen Infektion wahrscheinlicher zu sein, als wenn die körperliche Widerstandskraft normal ist. Die Phagozyten und die weißen Blutkörperchen scheinen dann imstande, die einfallenden Bakterien auf ein Minimum zu beschränken.

Körperliche Unfälle tragen ebenfalls zur Arbeitsunfähigkeit des Menschen bei. Viele dieser Pannen sind psychosomatisch bedingt und ließen sich vermeiden, wie wir noch sehen werden.

Psychosomatische Faktoren sind heutzutage bei zahlreichen Leiden im Spiel. Viele Ärzte sind davon überzeugt, daß etwa 85 % aller Krankheiten auf seelische Störungen zurückzuführen sind; das heißt, auf Störungen im Gefühlsleben, die die Psyche einbeziehen. Bei einer Untersuchung von Unfällen in der Industrie stellte sich heraus, daß von 95 % aller Unfälle nur 10 % durch Arbeiter verursacht werden. Wie sich weiter ergab, hatten diese zehn Prozent private und eheliche Probleme, Ängste und Sorgen, die zu inneren Spannungen führten und somit zu Unkonzentriertheit und Nachlässigkeit bei der Arbeit. Ferner stellte sich heraus, daß diese selben 10 % auch wegen häufiger Abwesenheit aus Krankheitsgründen – Erkältung und ähnlichen Beschwerden – auf der Betriebsliste standen.

Wunderheilschema für Erkrankung

1. Nehmen Sie den zuversichtlichen Standpunkt ein, daß die wunderbare Kraft des göttlichen Geistes Sie heilen kann, ungeachtet, welcher Zustand Sie plagt.

2. Beseitigen Sie die Faktoren, die Ihre Krankheit verursacht haben könnten. vielleicht leiden Sie an irgendeiner Form von emotionaler Lähmung, die Ihren Körper von seiner Heilungsaufgabe abhält. Forschen Sie sorgfältig in Ihrem Gedächtnis. Hassen Sie jemanden? Ärgern Sie sich über etwas, das Ihnen auf der Seele brennt? Ist in Ihrer Ehe oder Liebesbeziehung etwas vorgefallen, das Sie erbittert hat?

Bei einer Frau, die jahrelang von Asthma und Nebenhöhlenbeschwerden gequält wurde, stellte sich heraus, daß sie bereute, ihren Mann geheiratet zu haben. Sie hatte einen anderen geliebt, und als sie ihn verlor, nahm sie den ersten, der ihr einen Antrag machte. Reue, Groll, und zwanzig Jahre mit einer Lüge zu leben, hatten ihren Körper in den Zustand gebracht, unter dem sie nun litt. Nachdem man sie entsprechend beraten und ihr erklärt hatte, wo die Fehler lagen, erfuhr

Sie eine Wunderheilung und paßte sich alsbald mit gutem Ergebnis in ihre Ehe ein.

Zahlreiche Fälle von Allergie, Hautkrankheiten, Sinusitis und Lungenleiden sind von Medizinern auf psychosomatische Faktoren zurückgeführt worden. Sobald der Patient seine Gedanken von Haß, Groll, Eifersucht oder anderen negativen Emotionen befreit hatte, verließ die Krankheit seinen Körper.

Positives Denken ist wichtig

Seien Sie stets bemüht, positiv zu denken. Das alte Sprichwort „Vorbeugen ist besser als Heilen" sollte stets bedacht werden. Sie sollten den zerstörenden Kräften, die dem Widerstand des Körpers entgegenwirken, entschieden vorbeugen. Wenn Sie entschieden an dem Gedanken festhalten, daß Sie von Gottes Liebe umgeben sind und nichts Ihnen Böses zufügen kann, werden Sie bald eine Wandlung in Ihrer geistigen und körperlichen Verfassung bemerken. Jedesmal, wenn Sie sagen möchten: „Ich fühle mich scheußlich," erklären Sie statt dessen: „Ich fühle mich herrlich." Nicht lange, und Sie werden sich wirklich jederzeit herrlich fühlen. Viele Menschen verbreiten sich zu oft über die Geschichten ihrer Leiden und Operationen und schaffen dadurch eine Krankheitsatmosphäre.

Verschwenden Sie keine Zeit damit, bei sich nach irgendwelchen Krankheitsanzeichen zu suchen. Zuviele Menschen horchen ängstlich auf ihren Herzschlag oder versuchen, die Funktion ihres Magens oder anderer Organe zu stören. Gott hat alle Organe samt der Heilfähigkeit ihrer Zellen in Ihren Leib eingeschlossen. Diese Organe sind bestimmt, ohne Störungen von außen perfekt zu arbeiten. Wenn man sich zu einer Operation entschließen zu müssen glaubte, waren in den meisten Fällen Faktoren im Spiel, die zum Versagen des betreffenden Organs beigetragen haben. Wieviele Gallenblasen sind schon den falschen Eßgewohnheiten ihrer Besitzer zum Opfer gefallen!

Regulieren Sie Ihre Nahrungs- und Flüssigkeitseinnahme im Hinblick auf Ausgewogenheit und Diätvorschriften. Besorgen Sie sich ein gutes Buch über Ernährungsweise und Gesundheit, halten Sie Ihre Mahlzeiten möglichst pünktlich ein, und Ihr Körper wird für alles weitere sorgen und sich auf einer hohen Leistungsebene halten. Wissenschaftlichen Untersuchungen zufolge benötigt der menschliche Körper im derzeitigen Stadium unserer Entwicklung fleischliche Proteine. Viele Leute leben vegetarisch, und Chinesen und Inder leben von einer Handvoll Reis, aber es läßt sich nicht behaupten, daß sie besonders gesund oder gar lange leben. Unser Körper braucht Fleisch, Gemüse, Früchte und bestimmte Mineralien und Vitamine. Es ist durchaus nützlich, wenn Sie Bücher von Ernährungswissenschaftlern studieren, damit Sie zu vernünftigen Eßgewohnheiten kommen und sich bis ins hohe Alter einer guten Gesundheit erfreuen können.

2. Heilung von Persönlichkeitsstörungen

Persönlichkeitsstörungen äußern sich in zahlreichen verschiedenen Formen. Sie reichen von Befangenheit und Minderwertigkeitsgefühlen bis zu Verwirrtheit und Anpassungsunfähigkeit. Ein kranker Geist kann genauso real und quälend sein wie ein kranker Körper. Viele Personen, die an einer gestörten Persönlichkeit leiden, brauchen keine psychiatrische Hilfe in Anspruch zu nehmen. Wenn sie die Ursache ihres Zustands kennen, vermögen Sie sich oft selbst zu helfen. Die häufigsten Ursachen einer gestörten Persönlichkeit sind:
Angst vor Versagen.
Enttäuschung in Liebe und Ehe.
Unbefriedigende Arbeit.
Ärger, Eifersucht und andere negative Gefühle.
Streit und Spannungen zu Hause oder im Betrieb.
Minderwertigkeits- oder Unzulänglichkeitsgefühle.
Sexuelle Verdrängung und mangelnde Erfüllung.

Ungelöste Sorgen und Ängste.
Unsicherheit in früher Kindheit.

Das Wunderheilschema für Persönlichkeitsstörungen

Wenn Sie den oder die Gründe Ihrer Persönlichkeitsstörung kennen, gehen Sie zuerst daran, sich von dieser Ursache Ihres Zustands zu befreien. Sie sollten sich täglich darin üben, im Umgang mit Ihrem Problem einen positiven Standpunkt einzunehmen. Wenn es sich um die Angst handelt, zu versagen, stärken Sie Ihr Selbstvertrauen, indem Sie sich klarmachen, daß jeder Mensch in seinem Leben schon mehr als einmal versagt hat. Dann nehmen Sie kleine Dinge in Angriff, die Sie mit Erfolg vollbringen können, und führen Sie sie aus. Haben Sie auf diese Weise das Erfolgsgefühl zu einer Gewohnheit gemacht, dann werden Sie die Furcht vor einem möglichen Versagen gebannt haben.

Überdenken sie jeden Abend vor dem Einschlafen Ihren Tag und analysieren Sie die negativen oder peinlichen Erlebnisse, unter denen Sie in Ihrer Jugend gelitten haben. Solche Erfahrungen in der Kindheit werfen ihre Schatten auf das gesamte Gefühlsleben des Erwachsenen und verursachen alle möglichen Symptome von Stottern bis zu der unüberwindlichen Scheu, vor einem Publikum zu sprechen.

Stottern durch Metaphysik überwunden

Ein junger Mann, der unsere Kurse in der Carnegie Hall besuchte, litt unter Stottern und Stammeln. Im Laufe mehrerer intensiver Beratungen stellte sich heraus, daß er im Kindesalter wiederholt von seiner Stiefmutter geschlagen worden war. Nachdem er mir alles über die qualvollen Umstände seiner frühen Jugend erzählt hatte, erklärte ich ihm, daß seine Kindheit nun hinter ihm lag, und daß er versuchen müsse, seine Stiefmutter zu verstehen und ihr zu verzeihen. Dann gab ich ihm eine Reihe positiver Bejahungen, die er jeden Abend vor dem Einschlafen wiederholen sollte, und als er diesem Schema drei Monate lang getreulich gefolgt war, hatte er erreicht, daß er nur noch dann stotterte, wenn er in Erregung geriet. Wann er von seiner Persönlichkeitsstörung völlig geheilt sein wird, ist jetzt nur noch eine Frage der Zeit.

Wenn Sie jene gefühlsbedingte Blockierung herausfinden, die die Störung in Ihrer Persönlichkeit auslöst, dann rationalisieren Sie sie; das heißt, denken sie sie logisch durch und geben Sie sich dann positive Anregungen, die Ihnen den Zustand überwinden helfen. Die folgende Bejahung ist allgemein gehalten und läßt sich auf jeden spezifischen Fall anwenden.

„Ich kenne jetzt die Ursache meiner Schwierigkeiten. Ich bitte den göttlichen Geist in mir, alle diese persönlichen Probleme zu übernehmen und sie vollkommen aufzulösen. Ich bis zuversichtlich, ausgeglichen, ruhig, fröhlich und liebevoll. Mein Körper arbeitet durch die Kraft meines höheren Geistes; er ist jetzt gesund, vital und stark. Ich ruhe sicher und entspannt in Gottes liebevollen Armen und schlafe friedlich ein in der Gewißheit, daß ich inzwischen erfrischt, wiederhergestellt, neu gestärkt und verjüngt werde."

Ärger und Haß machen krank

Wenn Sie wegen irgendeiner Person oder Bedingung Haß oder Ärger empfinden, dann sollten sie versuchen, diese Reaktion in Liebe, Vergebung und Verständnis umzuwandeln. Die meisten negativen Gefühle verursachen Krankheit. Unser Charakter kann durch Habsucht, Sorge, Angst, Selbstsucht oder Haß nachteilig beeinflußt werden. Häufig führen derart negative Gefühle sogar zu Herzbeschwerden, hohem Blutdruck, Geschwüren und anderen körperlichen Unstimmigkeiten.

Ein Mann, der seinen Geschäftspartner nicht ausstehen konnte, entwickelte eine höchst unangenehme Form von Geschwüren. Man riet ihm zu einer Operation, aber er fürchtete sich davor und suchte einen psychosomatischen Arzt auf. Als dieser entdeckte, daß der Patient seinen Geschäftspartner haßte, wies er ihn an, so schnell wie möglich aus dem Geschäft auszusteigen. Der Kranke befolgte den Rat. Drei Wochen später waren sämtliche Geschwüre verheilt! Wann immer Sie irgendwelche geistigen oder körperlichen Symptome entdecken, die Ihnen Kummer machen, wandeln Sie das Gefühl von Haß in Liebe um. Ein Gefühl von Liebe und Wohlwollen ist eine heilende Kraft.

3. Heilung der Umwelt

Welche sind die hauptsächlichsten Ursachen von Streit in der Umgebung? Reibung und Zwietracht führen häufig zu Mißverständnissen. Oft gefällt uns nicht, was die Leute tun, oder die Leute können aus einem von dutzend Gründen uns nicht leiden. Vielleicht arbeiten wir in einem Büro, in dem Eifersucht, Ärger und Neid herrschen. Es kann auch sein, daß man die einem zugewiesene Arbeit nicht mag und deshalb sauer ist. Schließlich fühlt sich einer vielleicht unterbezahlt, wird mißlaunig und schimpft über den Chef.

Was immer der Grund für Ihre Unzufriedenheit mit der Umwelt sein mag, es gibt ein System, durch das Sie negative Bedingungen auf wunderbare Weise heilen können.

Das Wunderheilsystem für falsche Umgebung

1. Prägen Sie Ihrem Bewußtsein den positiven Gedanken ein, daß Sie über alle negativen Bedingungen, die Sie in Ihrer gegenwärtigen Umgebung finden, erhaben sind. Wenn Sie Ihre Stellung oder Ihre Wohnung nicht wechseln können, versuchen Sie, den negativen Umständen metaphysisch zu begegnen. Sehen Sie die Leute, mit denen Sie zu arbeiten gezwungen sind, als geistig im Bild und Gleichnis Gottes erschaffen. Versuchen Sie, ihnen ehrlich liebevolle Gedanken zuzusenden.

2. Passen Sie sich einer Gegebenheit, die Sie nicht ändern können, negativ an. Zum Beispiel müssen Sie vielleicht an Ihrem gegenwärtigen

Arbeitsplatz ausharren, weil Sie schon zuviele Jahre eingesetzt haben, um jetzt noch zu wechseln; oder Sie stehen kurz vor einer Beförderung oder Ihrer Pensionierung. Negative Anpassung bedeutet einfach, solange mit dem gegenwärtigen Zustand zu leben, bis Sie ihn ändern können.

Wie ein junges Mädchen das ersehnte Glück fand

Eine junge Dame, die meine Kurse besuchte, sagte mir, daß ihr der Job im Büro nicht gefiel. Ihre Kolleginnen schienen boshaft zu sein und beständig über sie zu tratschen. Sie hatte einen häßlichen Ausschlag im Gesicht, der ihre Verlegenheit und ihr Unzulänglichkeitsgefühl noch unterstrich. Junge Männer verabredeten sich nicht mit ihr, und sie war bereits 24 und fürchtete, eine alte Jungfer zu werden.

Was sollte sie tun? Ihren Job konnte sie nicht aufgeben, weil ihre verwitwete Mutter und der kleine Bruder von ihrem Verdienst abhängig waren. Ich erklärte ihr, daß ihre Hauptschwierigkeit in ihrem eigenen Bewußtsein lag. Ich riet ihr dringend, sich ihrer Situation eine Zeitlang negativ anzupassen, bis sie positive Schritte unternehmen könne, um die für sie so belastenden Bedingungen zu ändern. Wie sie an das Leben heranging, war völlig falsch. Nun begann sie, das metaphysische Prinzip von Liebe und Verständnis anzuwenden. Sie entwickelte Sinn für Humor und lernte, die bissigen Bemerkungen der anderen Mädchen jeweils in einen Scherz umzuwandeln. Nicht lange, und die anderen lachten mit ihr statt über sie. Bald war sie auch in ihrer Einstellung zu ihren Kolleginnen nicht mehr so reserviert. Nach drei Wochen dieses metaphysischen Verfahrens bat ein Mann aus einer anderen Abteilung, den sie schon lange im Stillen bewundert hatte, sie um ein Treffen. Er verliebte sich in sie, und die beiden heirateten. Ich wohnte der Hochzeit bei. Die Braut sah bildschön aus, ihr Gesicht war klar, und sie wirkte sicher und gelöst. Inzwischen ist sie Mutter zweier Kinder und hat das Glück gefunden, das sie sich immer gewünscht hatte.

4. Heilung von Liebes- und Eheproblemen

Eins der problemreichsten Gebiete menschlicher Beziehungen ist der Bereich Liebe und Ehe. Fast jeder Mensch hat zu irgendeiner Zeit diesbezügliche Schwierigkeiten, die seine innere Ruhe stören und ihn aus dem Gleichgewicht bringen. Die metaphysische Wunderkraft vermag auch diese Probleme zu heilen.

Laßt uns in einem derartigen Fall zunächst die Dinge im Licht der Vernunft betrachten und die Ursachen der meisten Eheprobleme herausfinden.

Eine übereilte Heirat bringt häufig zwei Menschen zusammen, die einander nicht verstehen und sich nichts zu sagen haben. Was also sollen sie tun? Sich scheiden lassen oder in einer Atmosphäre beständiger Reibereien und Mißverständnisse mit- oder vielmehr gegeneinander leben, ganz abgesehen von der seelischen Belastung, die sich daraus für die Kinder ergibt?

Weiter gibt es das Problem des Flirtens und Kokettierens, dem einer oder auch beide Ehepartner frönen. Die Folgen: Eifersucht, Streit, häufig sogar Gewalttätigkeiten.

Häufig leiden beide Partner an mangelnder sexueller Anpassung; Frigidität von seiten der Frau, Impotenz oder mangelnde Erfahrung von seiten des Mannes. Ein derartiges Problem macht eine Ehe zur Qual, und es verlangt sehr viel Geduld und Feingefühl, wenn die Verbindung überleben soll.

Ferner wäre noch beständiges Zanken, Nörgeln und Quengeln zu nennen, sowie die bekannte grundsätzlich schlechte Laune. Die daraus resultierende negative Atmosphäre kann eine Ehe völlig zustören und beide Partner mit Schuld- und Unzulänglichkeitsgefühlen belasten.

Das wunderbare Heilschema für Liebesprobleme

Das Problem des Flirtens ergibt sich meist nach dem vierten oder fünften Ehejahr. Einer der Partner wird vielleicht des ehelichen Jochs müde und sucht nach einer Abwechslung. Wenn der andere die außereheliche Beziehung entdeckt, kommt es oft zu erbitterten gegenseitigen Beschuldigungen und schließlich zur Scheidung. Wie läßt sich ein solcher Bruch metaphysisch heilen? Dadurch, daß jeder Partner erkennt, daß Irren menschlich, Vergeben aber göttlich ist. Versuchen Sie, die Schwäche des anderen zu verstehen. Versuchen Sie dann, für zukünftiges Verständnis und zukünftige Harmonie in der Liebe und den sexuellen Beziehungen eine Lösung zu finden, die beide Partner zufriedenstellt.

Untreue machte eine Frau zum Krüppel

Vor einiger Zeit erfuhr ich von einem Fall, in dem eine Frau durch Untreue zum Krüppel wurde. Diese Frau war dahintergekommen, daß ihr Mann mit einer anderen herumzog, und zwar mit seiner Sekretärin. Sie reagierte mit einer spontanen Erkrankung, die zu chronischer Lähmung führte. Es handelte sich natürlich um ein psychosomatisches Leiden; das Unterbewußtsein der Frau wollte die Lähmung, damit sie ihren Mann bestrafen konnte, indem er sie bedienen mußte und überdies auf die gewohnten Bequemlichkeiten im Haus, die sie ihm nun nicht mehr bieten konnte, zu verzichten hatte.

Die Untersuchungen mehrerer Ärzte ergaben, daß die Frau körperlich völlig gesund war. Einer der Doktoren, der psychosomatische Medizin studiert hatte, fand schließlich die Lösung. Er riet dem Ehemann, seine Frau in einem der Zimmer des oberen Stockwerks unterzubringen und in den unteren Räumen zwei- bis dreimal in der Woche eine Party zu veranstalten, ohne seine Frau dazu herunterzuholen. Nach dem ersten rauschenden Fest konnte die Frau es nicht mehr ertragen, daß da unten alles so vergnügt und sie da oben so allein war. Am Abend der zweiten Party vernahm ihr Mann ein schabendes Geräusch aus dem oberen Zimmer. Bald darauf erblickte er zwischen den Geländerstäben den Kopf seiner Frau, die die Gesichter der Gäste zu erkennen suchte. Innerhalb weniger Wochen war die Leidende vollkommen geheilt. Die höheren Zentren ihres Gehirns, von Neugier und dem Wunsch, an der festlichen Fröhlichkeit teilzuhaben, elektrisiert, hatten eine Heilung vollbracht, wo die Medizin versagt hatte.

Wenn es sich – aus welchem Grund auch immer – um ein Problem sexueller Anpassung handelt, sollte der metaphysische Weg zur Heilung folgendermaßen aussehen: Versuchen Sie zunächst herauszufinden, wo die Schwierigkeit liegt und wann sie begonnen hat. Gehen Sie notfalls in die frühe Kindheit des Partners zurück und forschen Sie, ob sich damals etwas zugetragen hat, das zu dem Problem geführt haben könnte. Der Partner sollte im Liebesspiel mehr Zärtlichkeit und Sorgfalt zeigen, denn häufig ist Frigidität die Folge einer Schockierung beim Vorspiel oder einer frühen Erfahrung, die die Frau so abgestoßen hat, daß sie die Vereinigung haßt und fürchtet. In diesem Fall sollte der Mann Rücksicht und Verständnis beweisen und versuchen, seine Bedürfnisse der Befangenheit seiner Frau anzupassen.

Sexuelle Frigidität überwunden durch Metaphysik

Einmal kam eine Frau, die an Frigidität litt, zu mir um Rat. In unserem Gespräch berichtete sie, daß sie als Zehnjährige von ihrem Onkel belästigt worden war, und daß der Geschlechtsakt sie seitdem anwiderte. Sie hatte gehofft, in der Ehe würde sich das geben, weil die Liebe, die sie für ihren Mann empfand, dazu beitragen würde, ihren Ekel zu überwinden, aber diese Hoffnung hatte sich nicht erfüllt.

Ich vermittelte der Frau eine konstruktive Analyse ihres Problems und sagte, ihr höherer Geist würde ihr die Schwierigkeit vernunftgemäß erläutern und sie in der Überwindung ihrer Hemmung unterstützen. Nun, da sie sich über die Ursache ihrer Frigidität im Klaren sei, würde ihr Unterbewußtsein sie allmählich von den bisher erlittenen Qualen befreien. Wenige Wochen später berichtete sie mir, daß sie nun, da sie die Dinge mit neuen Augen sähe, zum erstenmal nach ihrer Heirat am Geschlechtsakt Gefallen zu finden beginne.

5. Heilung ökonomischer und finanzieller Bedingungen

An anderer Stelle unseres Studiums haben wir metaphysische Regeln zur Demonstration von Geld, Arbeitsplätzen und anderen erwünschten Dingen vermittelt. Wenn diese Abschnitte sorgfältig durchgearbeitet worden sind, sollte es in Zukunft keine wirtschaftlichen und finanziellen Probleme mehr geben.

Falls derartige Schwierigkeiten jedoch noch immer bestehen, ist hier ein Schema, das die kränkelnde Ökonomie kurieren hilft.

Schema für die Heilung ökonomischer und finanzieller Bedingungen

1. Versuchen Sie die Ursache Ihrer finanziellen Schwierigkeiten herauszufinden. Finanzielle Begrenzung kann mehrere Gründe haben. Diese sind:

    A. Mangelnde Vorbereitung auf passende Arbeit.

    B. Fehlen eines Ziels, um darauf hinzuarbeiten.

    C. Falsches Grundmotiv zum Gelingen.

    D. Verschwendung, Extravaganz oder Trägheit.

Sollte A die Ursache Ihrer finanziellen Begrenzungen sein, dann bereiten Sie sich für Ihre zukünftige Tätigkeit durch einen Abendkursus in einer Handelsschule vor.

Wenn B der Grund für Ihre finanziellen Probleme ist, versuchen Sie, ein bestimmtes Ziel anzustreben: ein eigenes Haus, die Ausbildung Ihrer Kinder, Reisen etc.

Wenn C die Ursache für die ökonomischen Schwierigkeiten ist, versuchen Sie ein erstrebenswertes Grundmotiv zu finden, das Sie anspornt. Einige gute Grundmotive sind: der Wunsch, Ihre Familie zu fördern; der Wunsch, der Welt etwas zu geben, das unser Leben angenehmer oder schöner macht; der Wunsch, Ihr Wissen zu erweitern und Kenntnisse zu erlangen; die Liebe zur Menschheit und die Liebe zu Gott.

Wenn Sie an der Ursache D leiden und mit Ihrer Zeit und Ihrem Geld verschwenderisch umgehen, müssen Sie unverzüglich Ihre

Alltagsgewohnheiten mittels des Schemas, das Sie an anderer Stelle dieses Buches finden, ändern. Leiden Sie an jener geistigen und körperlichen Lähmung, die man Faulheit nennt, dann müssen Sie äußerste Anstrengungen machen, um Ihre Lethargie abzuschütteln, indem Sie sich den Lohn und das in der Zukunft mögliche Erreichte vor Augen halten.

2. Arbeiten Sie mit dem inneren göttlichen Geist und bitten Sie ihn, Sie zu einer Lösung Ihrer finanziellen Probleme zu führen. Stellen Sie sich in der Meditation folgende Fragen: Wie kann ich mehr Geld verdienen? Wo kann ich einen besseren Job bekommen? Welchen Beruf sollte ich erlernen? Warten Sie dann auf die Antwort, die Ihr höherer Geist Ihnen gibt.

3. Sehen Sie sich in Ihrer Umgebung um und überlegen Sie, wie Sie ein Produkt verbessern oder eine neue Arbeitsmethode für sich entwickeln können. Prüfen Sie die Möglichkeiten, auf eigene Rechnung ins Geschäft zu gehen, denn nur selten kann man ein Vermögen machen, wenn man für einen anderen arbeitet.

4. Schreiben Sie an wichtige Persönlichkeiten, die Ihnen zu einer Verbesserung Ihrer Position verhelfen könnten. Schreibt man eine vermögende Persönlichkeit, die ein Geschäft betreibt, an und läßt erkennen, daß man kreativ denkt und Originalität besitzt, geschieht es oft, daß einem ein Gespräch mit dem Ziel einer Anstellung geboten wird.

Zusammenfassung

1. Die Wunderheilkraft in der Natur; göttlicher Instinkt, und wie er im Tierreich wirkt.
2. Die fünf Aspekte der Wunderheilung für alle Heilungsarten im einzelnen erklärt, und wie der Mensch mit den Wunderkräften der Natur arbeiten kann.
3. Die Ursachen physischer Krankheiten, und psychosomatische Faktoren, die zur Krankheit beitragen.
4. Das Gesetz der negativen Anpassung, das Umweltschwierigkeiten überwinden hilft.

5. Die Ursachen von Eheproblemen.
6. Das Wunderheilungsschema für Probleme in Liebe und Ehe.
7. Wie mangelnde sexuelle Anpassung durch die Metaphysik des höheren Geistes zu überwinden ist.
8. Heilung der ökonomischen und finanziellen Verhältnisse.
9. Die Ursachen von Geldmangel, und die metaphysische Kur für finanzielle und ökonomische Begrenzung.

13. Kapitel

Die beglückenden kleinen Alltagswunder

Auf unserer Suche nach den großen Dingen des Lebens übersehen wir leicht die kleinen Wunder des Alltags, die uns, wenn wir sie bewußt aufnehmen, so sehr bereichern können.

Der beständige Strom göttlicher Segnungen überschüttet uns im physischen und materiellen Dasein mit einer Fülle von Gaben und Kostbarkeiten, die wir als selbstverständlich betrachten. Wir sind die gesegneten Empfänger dieses Reichtums: dem Überfluß der Produkte der Jahreszeiten; der zarten Schönheit des Frühlings; dem Wunder des sommerlichen Wachsens; der reichen Ernte und der friedvollen Gelassenheit des Winters, in dem die Erde sich einen Augenblick von ihrer schöpferischen Betriebsamkeit des Hervorbringens und Reifens erholt.

Diesen Segen nehmen wir als gegeben hin und halten kaum inne, um für diesen metaphysischen Reichtum des Universums Dank zu sagen. Laßt uns nun diese Welt der Alltagswunder untersuchen, wobei wir zwölf verborgene Kleinodien entdecken werden, die das Leben bereichern und es herrlich, üppig und wundervoll machen!

1. Die Entdeckung des bewußten Gewahrseins Ihres Geistes, Ihres Körpers und der Welt, in der Sie leben

Es ist die Erkenntnis Ihrer selbst als Einzelwesen, die Ihnen die wunderwirkende metaphysische Kraft in Ihrem höheren Geist bewußt macht.

A. Halten Sie in den nächsten ein bis zwei Monaten täglich mindestens eine halbe Stunde inne und konzentrieren sie sich auf sich selbst und die erstaunlichen Kräfte, die Sie besitzen.

In unserer heutigen Welt sind wir oft so sehr mit äußeren Problemen beschäftigt, daß wir uns nur selten Zeit nehmen für die geistige Pause, die unsere Seele erfrischt. Die meisten Leute verwenden mehr Zeit auf Fernsehen, Kegeln, Golf oder ähnliche Unterhaltungen und pausieren nie, um den Geist mit seinen reichen Schätzen, den Körper mit seinen angenehmen Gefühlen, die Seele mit ihrer Liebe und Güte und ihrem Verstehen des Wunders der Göttlichkeit zu entdecken.

B. Um die geistige Wahrheit Ihrer Realität besser zu erfassen, machen Sie sich die Methode zu eigen, die ein indischer Guru zur Überwindung jener inneren Verwirrung lehrte, die uns hindert, hinter allem Leben klar und deutlich die geistige Wirklichkeit zu erkennen.

Geben Sie eine Prise Staub in ein Glas Wasser und rühren Sie um, bis der Inhalt trübe aussieht. So ähnlich ist es um den menschlichen Geist bestellt, wenn er ruhelos und ängstlich ist und die Gedanken wild umherspringen und sich nicht bändigen lassen.

Warten Sie dann einige Augenblicke, bis der Staub sich gesetzt hat. Nun ist das Wasser wieder rein und klar, und Sie können durch das Glas hindurchsehen.

Wenn Wirrsal, Zweifel, Angst, Sorge, Haß oder andere negative Gefühle Ihren Geist trüben, vermögen Sie die Schönheit des Lebens um Sie her nicht zu sehen; Sie können die Reinheit des Gefühls der Liebe, Freude und Erwartung nicht erkennen. Diese Reinheit wird nur dann sichtbar, wenn Sie Animalismus, Habsucht und Egoismus überwunden haben, denn diese Eigenschaften trüben den Spiegel der Seele und hindern uns, den Widerschein des inneren göttlichen Bildes wahrzunehmen.

C. Wenn Sie zu Fuß unterwegs sind, betrachten Sie mit wachem Bewußtsein die Schönheit und Fülle Ihrer Umgebung. Sie können die meisten geistigen Lektionen des Lebens durch Beobachtung der Wunder in der Natur lernen. Öffnen sie Ihr inneres Auge und erkennen Sie die Gesetzmäßigkeit und Bedeutung in allem Wachsen und Werden.

2. Das Ich-bin-Bewußtsein

Ihre Seele trägt den Stempel einer Individualität, die Sie von den schätzungsweise fast drei Millionen Menschen dieser Erde völlig unterscheidet. Dadurch sind Sie einmalig. Sie besitzen Talente und Gaben, die nur Ihnen eigen sind und niemandem sonst. Das Ich-Bin-Bewußtsein ist Ihre wahre geistige Identität. Es akzeptiert keine Begrenzung und keine Beschränkung Ihrer Wunderkräfte und Ihrer Leistungen.

Die geistige Identität muß mittels eines Denkschemas bewußt aufgebaut und erweitert werden. Sie können durch das Ich-Bin-Bewußtsein größere wunderwirkende Kraft gewinnen, und zwar folgendermaßen:

A. Denken Sie an die Identität, die Sie in Ihrem Leben annehmen möchten, und prägen Sie dieses Bild Ihren Hirnzellen ein. Der französische Philosoph René Descartes erklärte: „Ich denke, also bin ich." Ihr Leben wird von Ihren Gedanken geformt. Formen Sie Ihr Bewußtsein durch Gedanken, die erhaben, edel, erweiterungsfähig, großherzig, liebevoll und schön sind. Üben Sie dieses Schema des Ich-Bin-Denkens Tag für Tag, solange Sie leben.

B. Geben sie Ihrer Göttlichkeit Ausdruck in Worten, denen ein kreativer Lebensfunke innewohnt. Gewöhnen Sie sich an, positiv zu sprechen, wie „ich bin vollkommen, ich bin gesund, ich bin reich." (Vielleicht sind Sie in pekuniärer Hinsicht noch nicht wirklich reich, aber Sie geben so der geistigen Einstellung Ausdruck, in der Sie reich sind durch die Segnungen und verborgenen Schätze, die wir erforschen.) „Ich bin fröhlich., Ich bin im Bild und Gleichnis Gottes geschaffen. Ich bin friedlich. Ich bin liebevoll." Diese Ich-bin-Bejahungen werden Sie zu der Persönlichkeit machen, die Sie im Ich-bin-Bewußtsein Ihres höheren Geistes geschaffen haben.

C. Das Ich-Bin-Bewußtsein repräsentiert den Geist Gottes in Ihrer unsterblichen Seele. Nehmen Sie diesen Mantel Ihrer Göttlickeit an, und Sie werden die wunderwirkenden Kräfte Ihres höheren Geistes in Bewegung setzen. Nie mehr werden Sie sich minderwertig, unzulänglich oder gehemmt fühlen. Sie werden von einem neuen Gefühl der

Würde, Majestät und Macht getragen werden.

Die Berechtigung zu diesem Ich-Bin-Bewußtsein kommt aus der Bibel. Als Mose an den Berg Horeb kam, hörte er eine Stimme aus einem brennenden Busch. Das ist ein Symbol für den Aufstieg des menschlichen Geistes in das höhere Bewußtsein des inneren Gott-Geistes.

„Mose sprach zu Gott: Siehe, wenn ich zu den Kindern Israel komme und spreche zu ihnen: Der Gott eurer Väter hat mich zu euch gesandt, und sie mir sagen werden: Wie heißt sein Name? was soll ich ihnen sagen? Gott sprach zu Mose: *Ich werde sein, der ich sein werde.* Und sprach: Also sollst du den Kindern Israel sagen: *Ich werde sein* hat mich zu euch gesandt." (2. Mose 3:13,14)

D. Vermitteln Sie jeden Morgen, wenn Sie erwachen, Ihrem höheren Geist die geistigen Gesetze, die an diesem Tag Ihr Tun und Denken bestimmen sollen. Hier einige, die ich meinen Schülern in Carnegie Hall mit bestem Erfolg gegeben habe:

„Ich bin im Bild und Gleichnis Gottes geschaffen. Darum bin ich vollkommen, wie Gott vollkommen ist."

„Ich bin ein Werkzeug der unendlichen Intelligenz. Ich habe Teil an dem allwissenden, allsehenden, allweisen, allmächtigen, grenzenlosen Geist Gottes."

„Ich bin reich gesegnet durch die stets gegenwärtige Gnade von Gott, der alle Dinge zu meinem Besten geschaffen hat."

„Ich bin heiter und gelassen, während ich nun den geistigen Gipfel meines Bewußtseins erklimme. Aller Frieden, alle Freude und alle Kraft sind jetzt mein."

3. Die schöpferische Vorstellungskraft

Die schöpferische Vorstellungskraft ist eines jener Alltagswunder, die Ihr Leben außerordentlich bereichern können. An anderer Stelle unseres Studiums haben wir gezeigt, wie diese Kraft anzuwenden ist, laßt uns nun sehen, wie sie innere Kräfte in Bewegung setzen kann, die

Ihr Bewußtsein bereichern und in Ihre äußere Welt ausstrahlen.

Die Vorstellungskraft ist die kostbarste Gabe des Menschen. Durch sie ist er imstande, in der Welt der Natur herrliche Schönheit zu erschaffen. Erfahren Sie nun, wie Sie dieses Geschenk gebrauchen können, um Ihren Geist zu dynamischer Tätigkeit anzuregen.

Betrachten Sie rückblickend in Gedanken einige der größten Werke der Menschheit und machen Sie sich klar, daß diese Leistungen aus der menschlichen Vorstellungskraft entstanden sind.

Die ägyptischen Pyramiden wurden vor fast 5000 Jahren als würdige Grabstätten der Pharaonen errichtet. Ohne maschinelle Hilfe, einzig durch Sklavenarbeit wurden die riesigen Steine zugeschnitten, über unvorstellbare Entfernungen transportiert und an Ort und Stelle mühsam hochgeseilt. Lassen Sie Ihre Phantasie bei dieser Leistung verweilen und sich mit dem betreffenden schöpferischen Prinzip befassen.

Der griechische Parthenon, vor 25 Jahrhunderten geschaffen, ist eins der schönsten und vollkommensten Bauwerke der Welt. Aus massivem Marmor gestaltet, steht er auf einer Anhöhe von 500 Fuß und gewährt einen Überblick über die gesamte Stadt Athen und die Ägeis. Schlagen Sie nach und informieren Sie sich über die Geschichte dieses wunderbaren Triumphs des Menschen über die Materie. Das wird Sie inspirieren und Ihre Vorstellungskraft zu großen Taten anregen.

Die Chinesische Mauer ist etwa 2450 km lang, das entspricht ungefähr der Entfernung zwischen New York und Kansas City. Sie besteht aus massiven Steinbrocken, ist 20 Fuß hoch, 6 Fuß breit und hat sich als kostspielige Unsinnigkeit erwiesen. Aber als phantasievolles Projekt ist sie höchst eindrucksvoll, und wir können aus den Fehlern der chinesischen Herrscher lernen, die glaubten, dieser ungeheure Wall würde den mongolischen Horden einen Einfall in China unmöglich machen. Doch als diese dann erschienen, hielten sie noch nicht mal einen Augenblick inne — sie marschierten einfach um die beiden offenen Enden der Mauer herum.

Ein weiteres von Menschen geschaffenes Wunder ist der Panamakanal. Schlagen Sie die Zahlen und Fakten dieser erstaunlichen Leistung nach, durch die sich die Seefahrt zwischen dem Atlantik und dem Stillen Ozean um Wochen verkürzt. Der Mann, der dieses Projekt ersonnen hat, besaß eine gewaltige Vorstellungskraft. Sie können Ihre eigene Vorstellungskraft anregen, indem Sie über diesen großartigen Plan alles lernen, was Sie erfahren können.

4. Die Schönheit und Größe der Natur

Machen Sie sich die schöpferische Wunderkraft Gottes im Reich der Natur bewußt.

A. Halten Sie mindestens einmal am Tag inne, um die Schönheit der Natur bewußt in sich aufzunehmen: die Bäume, die Blumen, die Sonne, den Mond und die Sterne. Erkennen Sie, daß die Natur ein schöpferischer Ausdruck des kosmischen göttlichen Geistes ist und zu Ihrem Nutzen und Ihrer Freude erschaffen wurde.

Ihr eigenes Leben wird mehr Schönheit, mehr Liebe, mehr Güte widerspiegeln, wenn Sie sich die Wunder und die Freude der Natur vor Augen halten. Machen Sie sich im täglichen Leben den herrlichen Gesang der Vögel, die sich im Wind wiegenden Bäume, den Sonnenaufgang und Sonnenuntergang und die Majestät des Ozeans bewußt, der sich von Horizont zu Horizont erstreckt. Betrachten Sie den nächtlichen Himmel und das Wunder der Sterne und die Majestät des vollen Mondes, der die nächtliche Welt mit einem zarten Hauch von Silber überzieht. Sehen Sie die Berge, Ströme und blumenübersäten Täler, die in jedem Frühling mit einem Farbenteppich aufwarten. Schauen Sie die Welt jeden Tag mit den Augen eines Kindes an, das alle diese Wunder zum erstenmal erblickt.

5. Die Gabe Ihrer Sinneswahrnehmungen

Eines der Alltagswunder des Lebens, die wir meist leider so selbstverständlich hinnehmen, ist die Fähigkeit Ihrer Sinneswahrnehmungen. An anderer Stelle unseres Studiums haben wir uns mit der

Entwicklung und Beherrschung unserer fünf Sinne befaßt. Laßt uns nun erfahren, wie wir unser Leben durch dieses Wissen bereichern können.

A. Sind Sie Gott für Ihr Augenlicht dankbar? Es ist eine der kostbarsten Gaben, die dem Menschen verliehen wurden. Erst wenn wir diesen kostbaren Schatz verlieren, erkennen wir seinen ganzen Wert. Danken Sie Gott täglich für Ihre Sehkraft.

B. Wenn Sie schöne Musik hören oder Kinderlachen oder die liebevollen Stimmen Ihrer Freunde, halten Sie dann inne, um Gott für Ihr Gehör zu danken? Genießen Sie einen ganzen Tag lang bewußt Ihre Hörfähigkeit.

C. Tun Sie dasselbe mit Ihren Sinnen Geruch, Gefühl und Geschmack. Seien Sie sich in jedem Augenblick Ihres Lebens der reichen Segnungen, die Ihnen mit Ihren Sinnen verliehen wurden, bewußt. Dann werden Ihre Sinne fortfahren, Sie zu beglücken, solange Sie leben.

6. Die kostbare Gabe Ihrer Empfindungsfähigkeit

Ihre gesamte Reaktion auf die Außenwelt und auf andere Menschen erfolgt durch das Medium Ihrer Gefühle. Wir haben von der Macht positiver Gefühle gehört, das Leben zu verschönern; laßt uns nun lernen, das Alltagswunder der Empfindungen zu genießen und zu sehen, wie diese unser Leben bereichern können.

A. Ihre Gefühle sind wie die Tastatur eines Klaviers. Wenn Sie es nur innerhalb einer Oktave spielen, ist Ihre Musik begrenzt. Erweitern Sie Ihr Spiel auf zwei oder drei Oktaven, wird Ihre Musik reicher und erfüllender. Genauso ist es mit Ihren Gefühlen. Üben Sie jeden Tag den vollen Umfang Ihrer positiven, belebenden Gefühle, und Sie werden in einer geistigen und seelischen Atmosphäre von Glück und Frieden leben. Die positiven Gefühle, die uns am meisten bereichern, sind: Teilen Ihres Guten, Liebe, Frieden, Mitgefühl, Freude, Vergebung, Begeisterung und Wahrheit.

B. Das Glücksgefühl muß jeden Tag gepflegt werden. Für Glück gibt es keine Garantie, nicht einmal in unserer Verfassung. Garantiert sind uns nur Leben, Freiheit und das Streben nach Glück. Glück ist ein schwer zu erfassendes Gefühl; wenn Sie am meisten danach suchen, entzieht es sich. Vertiefen Sie sich in Ihr gewohntes Tagewerk und andere nützliche Beschäftigungen, und schon wird das Glück Sie aufsuchen!

Jemand hat einmal gesagt: Pflanze die Rosen dicht am Zaun deines Nachbarn, dann werden sie ihre Schönheit und ihren Duft auch in seinen Garten verströmen.

So ist das mit dem Glück. Wenn Sie Freude schenken, werden Sie unermeßliche Befriedigung und Beglückung erfahren.

7. Die Freude der richtigen Arbeit

Viele Menschen betrachten ihre Arbeit als zwangsläufige Schinderei und versäumen dadurch eins der Alltagswunder, die ihr Leben bereichern können. Wenn Sie eine Tätigkeit ausüben, die Ihnen verhaßt ist und Sie langweilt, sollten Sie eine Veränderung anstreben, indem Sie sich auf etwas anderes vorbereiten. Da Ihre Arbeitszeit ein Drittel Ihres Tages beansprucht, ist es wesentlich und notwendig, daß Ihre Tätigkeit Sie befriedigt und Ihnen Freude macht.

A. Jede Arbeit wird sofort interessanter, wenn Sie das Gefühl haben, daß sie sinnvoll ist und anderen nützt.

B. Sind Sie Hausfrau und leiden unter dem immer gleichen Trott von Einkaufen, Kochen, Aufräumen und Saubermachen, dann denken Sie einmal darüber nach, wie wichtig Ihre Tätigkeit für Ihren Mann und Ihre Kinder ist, die dadurch entlastet und bereichert werden, was umgekehrt dann wieder Sie bereichert.

C. Wenn Sie an eine Arbeit gebunden sind, die Sie weder aufgeben noch wechseln können, suchen Sie nach anderen Wegen, sich schöpferisch zum Wohl der Menschheit zu betätigen. Eine indische Prinzessin erbot sich, Gandhi als Sekretärin zu dienen. Sie glaubte an seine Sendung und sein großes Werk und hielt ihm fünfzehn Jahre lang die Treue. In dieser Zeit wurde sie eine der einflußreichsten Frauen

Indiens und gewann aus ihrem selbstlosen Dienen ein Gefühl tiefer Befriedigung, wie es ihr Reichtum und ihre Macht als Prinzessin ihr niemals hätten geben können.

8. Der Segen der Mutterschaft

Eine der herrlichsten Segnungen, die Gott dem Menschen gegeben hat, ist die Mutterschaft. Wenn Sie Kinder haben, danken Sie Gott auch täglich für die Freude und die schöpferischen Aufgaben, die dieser Segen mit sich bringt.

A. Sollten Sie sich durch die scheinbare Undankbarkeit Ihrer Familie geprüft oder herausgefordert fühlen, dann halten Sie inne und meditieren Sie über die wahre Aufgabe und den wahren Sinn des Lebens. Erschaffen und Zeugen ist ein Gottesgeschenk. Genießen sie das Vorrecht, eine Familie zu haben, und übersehen Sie die Arbeit, die scheinbare Undankbarkeit, den Kummer und die Entbehrung, die das Vorhandensein von Kindern oft mit sich bringt. Ein Ehepaar kam eines Tages zu mir um Rat. Die Beiden hatten fünf Kinder und zahllose Probleme, finanzielle und auch andere. Vor allem empfanden sie ihre Armut unerträglich und fragten sich verzweifelt, wie sie diesen Zustand permanenten Mangels je überwinden könnten.

Spontan entgegnete ich: „Würden Sie mir für eine Million Dollar eins Ihrer Kinder überlassen?" Verblüfft entgegneten beide: „Natürlich nicht. Nicht um alles in der Welt würden wir eins hergeben. Warum fragen Sie?"

„Sehen Sie," erklärte ich draufhin, Sie besitzen bereits Schätze, die nicht mit Geld zu bezahlen sind. Die Lösung für Ihre finanziellen Probleme wird sich zeigen. Das Geld, mit dem Sie allen Ihren Nöten begegnen können, wird sich einfinden."

Ein paar Tage später rief mich der Mann an und berichtete, er habe einen einträglichen Job als Maler bekommen und zöge demnächst mit seiner Familie ins San Fernando-Tal.

B. Falls Sie nicht mit Nachwuchs gesegnet sind, warum adoptieren sie nicht ein oder mehrere Kinder? Ich war eine Waise und wurde von einer Farmersfamilie im oberen New York adoptiert. Ich kann mir nicht vorstellen, daß ich meine leiblichen Eltern mehr hätte lieben können als ich meine Adoptiveltern liebte, und sie haben meine Liebe innigst erwidert.

9. Das Kleinod der Liebe in unserem Leben

Liebe ist eine der edelsten Empfindungen, deren der Mensch fähig ist. Sind Sie sich der Macht dieses göttlichen Gefühls in Ihrem Leben bewußt? Wenn nicht, dann müssen Sie wach werden, um die Segnungen zu erkennen, die dieses Alltagswunder für Sie bereithält.

A. Bereichern Sie Ihr Leben durch Liebe, indem Sie bewußt Ihren Mitmenschen Liebe entgegenbringen. Die Liebe hat zahlreiche verschiedene Gesichter; sie kann sich körperlich, seelisch, geistig und emotional zum Ausdruck bringen. Wir können unsere Welt auf unpersönliche Weise lieben, und jeder Mensch wird für uns ein Bruder sein. Das ist die wahre Form göttlicher Liebe, der Sie bewußt Ausdruck geben sollten.

B. Zeigen Sie allen, die Ihnen nahestehen, täglich persönliche und gefühlsmäßige Liebe; Ihren Freunden, Ihren Angehörigen, Ihren Gefährten und Arbeitskollegen. Wenn Sie jemanden mögen, sagen Sie es ihm. Nichts fördert liebevolle Gefühle so rasch wie ein aufrichtiges Wort, das Anerkennung und Wertschätzung verrät.

C. Beweisen Sie Ihre Liebe durch kleine freundliche Gesten. Wenn jemand krank ist, sagt eine Karte oder ein kleines Geschenk, daß Sie an ihn denken. Haben Freunde Geburtstag oder ein Jubiläum, wird ein schlichtes Gedenken immer willkommen sein.

D. Seien Sie stets bestrebt, die guten Seiten an Ihren Lieben anzuerkennen, und übersehen Sie ihre kleinen Fehler und Schwächen. In bezug auf den Ehepartner ist der Rat des Quäkers an seine junge Tochter höchst empfehlenswert: „Kind, halte vor der Heirat immer beide Augen offen. Nach der Heirat drücke immer ein Auge zu."

10. Der Segen einer strahlenden Gesundheit

Sind Sie je auf den Gedanken gekommen, für die vielen Monate und Jahre, in denen Sie sich bester Gesundheit erfreut haben, dankbar zu sein? Vielleicht haben Sie hier und da manchmal Schmerzen gehabt oder auch eine Erkältung, aber im großen ganzen waren Sie immer voll bei Kräften. Lernen Sie, dieses tägliche Wunder, das Ihr Leben bereichern kann, bewußt zu würdigen.

A. Danken Sie Gott jeden Tag dafür, daß Sie keine Schmerzen haben und sich herrlich gesund fühlen.

B. Versuchen Sie, nach den natürlichen Gesetzen des Universums zu leben, und vermeiden Sie in jedem Lebensbereich Übermaß und Torheit, wenn Sie Ihren Körper gesunderhalten wollen. Bleiben Sie möglichst bei natürlicher Nahrung, die nicht chemisch aufbereitet ist. Meiden Sie in Ihrer Kost zuviel Stärke und Kohlehydrate. Obst, Gemüse und Honig geben uns in dieser modernen Diät den nötigen Ausgleich. Wenn Sie älter werden, können Sie Ihre Nahrungszufuhr reduzieren, denn Ihr Körper braucht dann nicht mehr soviel Energien wie in der Jugend.

D. Jeder Ihrer Atemzüge sollte ein symbolisches Dankgebet für den lebenspendenden Sauerstoff sein, mit dem Sie Ihre Lunge füllen.

11. Frieden und Zufriedenheit

Eins der schönsten Alltagswunder ist Frieden und Zufriedenheit. Die meisten Menschen untergraben ihren Frieden und ihr Glück, indem sie sich beständig über alle möglichen Dinge Sorgen machen, die meistens nie geschehen. So leben sie unter einem immerwährenden Streß, der allmählich ihren Geist zerfrißt und zerstört. Versuchen Sie, solche schädlichen Gedanken aus Ihrer Vorstellung zu vertreiben.

A. Haben Sie eine Arbeit, die Ihnen nicht liegt, dann suchen Sie sich entweder eine andere, oder passen Sie sich solange negativ an, bis Sie etwas Besseres gefunden haben.

B. Wenn Ihr Chef Sie schlecht behandelt und nicht angemessen bezahlt, versuchen Sie metaphysisch auf ihn einzuwirken, wie wir es an anderer Stelle unserer Studien gelernt haben. Erledigen Sie Ihre Arbeit gut und bewahren Sie eine positive Einstellung, und Ihre Befähigung wird allmählich seinen Widerstand untergraben.

C. Sollte eine verwandte Person Ihren Haushalt teilen und Ihnen auf die Nerven fallen, versuchen Sie Ihre persönliche Einstellung zu ändern. Senden Sie dem oder der Betreffenden liebevolle Gedanken zu, seien Sie hilfsbereit und freundlich, und wenn sich der andere dann noch immer nicht einfügt, suchen Sie einen guten Weg, ihn aus Ihrer Häuslichkeit zu entfernen.

D. Wird Ihr Frieden durch finanzielle Probleme und Begrenzungen erschüttert, bitten sie Ihren höheren Geist um Ideen, die Ihnen ermöglichen, außerhalb Ihrer Arbeitszeit Geld zu verdienen.

E. Wenn es zwischen Ihnen und Ihren Arbeitskollegen zu Reibungen kommt, dann wenden Sie die metaphysische Methode an, die wir zur Behandlung negativ eingestellter Personen gelernt haben: Lächeln, Teilen, Lieben und Vergeben. Diese Formel wirkt gewöhnlich Wunder.

12. Der metaphysische Schatz: Gott in Ihrer unsterblichen Seele

Die deutliche Gewißheit dieses unbezahlbaren Schatzes wird Ihr Leben mit neuen Dimensionen der Freude bereichern. Sie sind sich nun Ihrer selbst bewußt, des Ich-bin-Bewußtseins der Sinne und der Welt, in der Sie leben, der Freude, andere zu lieben, der gesamten physischen, geistigen und materiellen Werte des Daseins, die Sie entdeckt und als Alltagswunder Ihres Lebens akzeptiert haben.

Welche Zeit und welche Gedanken wenden Sie an die Liebe und Verehrung Gottes?

A. Erwachen Sie jeden Morgen mit einem Gebet auf Ihren Lippen: „Ich danke dir, Vater, für einen neuen fröhlichen Tag." Den ganzen Tag über, während Sie jedes Geschehen genießen, denken Sie in stillem Gebet an Gott, der das Universum geschaffen und Ihnen das Leben gegeben hat.

B. Falls Sie die Reichen beneiden und glauben, diese seien glücklicher als Sie, machen Sie sich klar, daß ihre Bürden und ihre Anbetung materieller Dinge sie blind macht für den größten Schatz in der Welt – die Liebe Gottes. Achten Sie dieses geistige Ziel höher als jedes andere und erfahren Sie, wie Ihr Leben plötzlich aufblühen und mit allen guten und schönen Dingen gesegnet werden kann.

C. Wenn Sie der Menschheit dienen, dienen Sie Gott. Machen Sie Ihr Leben zu einer Aufgabe des Dienens. Sie brauchen dazu kein Millionär zu sein und riesige Summen für Wohltätige Zwecke zu spenden. Sie können sich nützlich machen, indem Sie Ihre Dienste unentgeltlich einer Blindenanstalt, einem Findlingsheim, einer Veteranenverbindung oder einem anderen nützlichen Zweck anbieten.

D. Suchen und finden Sie göttliche Liebe, die Ihnen uneingeschränkte Freude und ein Bewußtsein Ihrer zukünftigen Unsterblichkeit gibt. Der Mensch im genetischen Sinn sucht seine verlorene geistige Ergänzung, durch die er mit der Ewigkeit verschmelzen kann. Verlieren Sie Ihr wahres irdisches Ziel nie aus den Augen; bisweilen werden wir durch das Bewußtsein unserer körperlichen und materiellen Bedürfnisse geblendet. Denken Sie immer an das Bibelwort: „Der Mensch lebt nicht vom Brot allein, sondern von einem jeglichen Wort, das durch den Mund Gottes geht."

Zusammenfassung

1. Die zwölf metaphysischen Alltagswunder, die Ihr Leben bereichern und das Bewußtsein Ihres Geistes und seiner verborgenen Schätze erweitern.
2. Das „Ich-bin-Bewußtsein, und wie es das Leben bereichert.
3. Der Ausdruck der Göttlichkeit in unserem Denken.
4. Die Bejahungen zur Ausbildung des „Ich-bin-Bewußtseins.
5. Gottes schöpferische Wunder der Natur sind für Sie verfügbar.
6. Die Macht der Sinneswahrnehmungen zur Bereicherung Ihres Lebens.
7. Wie Gefühle Alltagswunder wirken.

8. Ihr Reichtum an Liebe kann Ihr Leben verwandeln.
9. Innerer Frieden und Frohsinn, das metaphysische Alltagswunder.
10. Gott in Ihrer unsterblichen Seele, der metaphysische Schatz, der immer erreichbar ist.

14. Kapitel

Ihr metaphysisches Shangri-La
des Friedens

Kann der Mensch auf diesem geplagten Erdenball jemals wahrhaft
Frieden, Ruhe und Zufriedenheit finden?

Eine Welt, die in 5000 Jahren Zivilisation 4900 Jahre Krieg erfahren
hat, läßt mit Sicherheit erkennen, daß es in der äußeren Welt der
Verwirrung, Zwietracht und körperlichen Existenz keinen Frieden
gibt.

Im inneren, metaphysischen Reich indes gibt es einen Weg,
seelischen Frieden und Zufriedenheit zu erfahren. Laßt uns dieses
Reich erforschen und das geheimnisvolle Land Shangri-La entdecken,
in dem alle Wunder möglich und erreichbar sind.

In dem Buch und Film von James Hilton „Der verlorene Horizont"
wird von einem mystischen Land Shangri-La berichtet. In diesem
Land gibt es keine Zeit, keine Krankheit, keine Sorge und keinen Tod.
Hier, in Frieden, Schönheit und immerwährender Gesundheit kennen
die Bewohner dieses Himmels auf Erden nur Vollkommenheit und
Güte. In diesem friedvollen, Tal jenseits der sturmumtosten Berge der
Außenwelt haben sie ihre Unsterblichkeit gefunden.

Als jedoch andersdenkende Kräfte in das friedliche Tal von Shangri-
La eindrangen und ihre Wirrnis, Habgier, Selbstsucht und Haßgefühle
aus der Außenwelt mitbrachten, ward der Zauber gebrochen, und
Shangri-La wurde ebenso von Streit befallen und von Furcht gequält,
wie die übrige Welt.

Es gibt ein metaphysisches Shangri-La

In dieser Geschichte ist eine metaphysische Symbolik enthalten, die wir sorgfältig studieren wollen, und der wir nacheifern können.

Shangri-La repräsentiert das Suchen der menschlichen Seele nach dem Land des ewigen Friedens, dem Land der Schönheit und Unbeschwertheit. Diesen erstrebenswerten Bewußtseinszustand gibt es in der äußeren Welt von Verwirrung, Streit und Selbstsucht nicht.

Das Land Shangri-La war durch hohe Gebirgsketten von der Außenwelt abgeschnitten. So blieb auch der friedvolle Gemütszustand seiner Bewohner dem höheren Blick des Menschen verborgen durch die schroffen Felsspitzen menschlicher Ängste und geistiger Mauern von Besorgnis, Zweifel und Haß.

Wenn der Mensch die hochragenden Gipfel des sterblichen Selbst zu überwinden gelernt hat, erweitert sich wunderbar sein Blick, und er vermag jenseits des irdischen Horizonts die Unendlichkeit von Gottes grenzenlosem Universum zu sehen.

Das ewige Suchen der menschlichen Seele

Das ganze Leben hindurch sucht die Seele des Menschen nach Erfüllung. Der Mensch findet Liebe, heiratet, gründet eine Familie und hat das Gefühl, etwas erreicht zu haben; aber ist es vollständige Erfüllung? Nein, denn tief in ihm ist noch immer eine vage Empfindung von Rastlosigkeit, sehnt er sich mehr oder weniger bewußt nach geistiger Vervollkommnung, nach kosmischer Erfüllung. Er sucht in der äußeren Welt nach Ruhm und Reichtum, Jugend und Schönheit, Geld und Ansehen, Freundschaft und Geselligkeit; alles dies ist vergänglich und untersteht dem Gesetz der Wandlung. Der Präsident zahlt einen hohen Preis für seinen kurzen Augenblick der Herrlichkeit im Weißen Haus. Als Präsident Coolidge seinerzeit das Weiße Haus verließ, sagte er, es habe seinen Sohn das Leben gekostet. Der Junge hatte eine leichte Infektion am Fuß, doch der Präsident und seine Gattin waren so intensiv damit beschäftigt, die erste Familie des

252

Landes zu sein, daß sie darüber ihr Kind vernachlässigten. Ein paar Tage später war der Junge tot.

Fragen Sie Jacqueline Kennedy, was ihr lieber wäre: ihren geliebten Mann und Vater ihrer Kinder um sich zu haben, oder die kalte Pracht eines glanzvollen Hauses. Wofür sie sich entscheiden würde, ist keine Frage.

Als der Buddha im Sterben lag, war sein letztes Wort an seine Jünger: „Denket immer daran, das Wesen aller Dinge ist Vergänglichkeit. Strebet also mit Eifer, euch zu befreien."

Wie Sie Ihr Shangri-La finden

1. Seien Sie sich darüber klar, daß Ihre größten Freuden und Beglückungen nicht immer in der äußeren Welt mit ihren körperlichen und materiellen Objekten und Sensationen liegen.

Die wahren und beständigen Werte des Lebens wohnen in Ihrem Geist und Ihrer Seele. Die Erinnerung an ein Geschehen ist beständiger als das Geschehen selbst. Sie sind kein Kind mehr, aber Sie können sich Erinnerungen aus Ihrer Kindheit bewußt ins Gedächtnis rufen und somit erneut erleben. Das Gleiche gilt für die Zukunft. Sie können sich in Gedanken einen riesigen Speicher für erwünschte schöne Erlebnisse bauen und diese willentlich in Ihrer Vorstellung erfahren und durchleben. Bilden Sie geistige Gewohnheiten von Freude, Frieden, Liebesglück und Schönheit und versuchen Sie, die unerfreulichen zerstörerischen und beängstigenden Erfahrungen, die keinem von uns erspart bleiben, gering zu achten.

2. Um Ihr Shangri-La der inneren Glückseligkeit zu finden, stellen Sie sich vor, daß die Tastatur Ihres Lebens vier Oktaven umfaßt. Nur wenn Sie alle vier Oktaven gebrauchen, erreichen Sie eine wohlklingende Musik.

Die erste Oktave umfaßt die physischen und materiellen Erfahrungen der äußeren Welt. Ihre Arbeit, Ihr Verdienst, Ihre beruflichen Erfolge, Ihre Unterhaltung und Entspannung; alles das ist höchst wichtig und sollte nicht geringgeschätzt werden, aber es ist nicht das ganze Leben. Es gibt noch weitere Oktaven zu entdecken.

Die zweite Oktave umfaßt die geistigen und intellektuellen Freu-den: Kunst, Musik Schrifttum, Schönheit der Natur – diese alle sollten einen Platz in Ihrem Leben haben, denn sie erweitern das Wissen und bringen Freude.

Die dritte Oktave umfaßt die seelischen Beglückungen: Freunde, Angehörige, gemeinsames Erleben mit dem Ehepartner und den Kindern. Diese Gefühlsoktave auf der Tastatur des Lebens trägt zur seelischen, geistigen und körperlichen Bereicherung bei.

Die vierte Oktave umfaßt die Liebe zu Gott und die Liebe zur Menschheit, sie betrifft die Verehrung und Anbetung der Gottheit. Diese letzte Oktave der Klaviatur des Lebens liegt dort, wo der Mensch seine edelsten und erhabensten Erfahrungen gewinnt. Die Prinzipien der Wahrheit, Aufrichtigkeit, Güte, Barmherzigkeit, Ver-gebung, Liebe zur Menschheit und Liebe zu Gott – sie alle sind Erlebnisse, durch die wir uns zu der höheren geistigen Oktave des kosmischen Bewußtseins von Gott selbst aufschwingen. Um Ihr inneres Shangri-La zu finden, müssen Sie im Bewußtsein dieser geistigen Werte leben, die in dem verborgenen Mysterium des Lebens so wesentlich sind.

3. Versuchen Sie nicht, so etwas wie Ihr privates Shangri-La zu finden, indem Sie vor dem Leben und seinen Schwierigkeiten davon-laufen und nach dem Berggipfel einer einsamen Insel im Pazifik trachten. Sogar dort müßten Sie mit sich selbst leben. Sie können die anderen Menschen ausschließen, aber Ihre eigenen Begierden, Wün-sche, Ängste und Verwirrungen können Sie nicht ausschließen. Sie müssen Ihr geheimnisvolles Land Shangri-La dort aufbauen, wo Sie sind, indem Sie sich in das innere Heiligtum Ihrer Seele zurückziehen; an diesem Ort können Sie in Meditation und mystischer Betrachtung die Geheimnisse des Lebens erforschen und ihre wahre Bedeutung finden, die hinter der physischen und materiellen Fassade des Lebens verborgen ist.

4. Entdecken Sie Ihr Shangri-La in den Gedanken und Herzen und Seelen der Menschen. Wenn Sie erst gelernt haben, Ihre Erfahrungen mit anderen zu teilen, werden Sie merken, daß Ihr Leben harmoni-

scher wird, und Sie werden nie mehr einsam oder ohne Freunde sein. Lernen Sie die Menschen zu lieben, ihre Schwächen zu tolerieren und ihnen ihre Irrtümer zu vergeben. Wenn Sie Ihre Hoffnungen und Träume mit anderen teilen, wird Ihnen plötzlich der Sinn und die wahre Schönheit des Lebens aufgehen.

Jetzt ist die angenehme Zeit

Warten Sie nicht auf irgendeine „angenehme Zeit", um mit dem Leben und Glücklichsein anzufangen. In dieser äußeren Welt der sich beständig wandelnden Realitäten gibt es nicht so etwas wie eine angenehme Zeit. Manche Leute sagen sich: „Ich warte nur, bis die Kinder groß sind, dann werde ich all das tun, was ich schon lange vorhabe." Andere erklären: „Mit dem Heiraten warte ich noch, bis der Krieg vorbei ist und wir Frieden haben". Solche Menschen würden in fünfhundert Jahren nicht heiraten, denn die meiste Zeit hat es immer irgendwo in der Welt einen Kriegszustand gegeben. Andere wieder sagen: „Ich will nur erst ein großes Vermögen zusammen haben, und dann fange ich richtig an, zu leben". Die meisten dieser Leute, die ihr Leben auf eine bessere Zeit verschieben, kommen nicht wirklich zu sich selbst, und schließlich sterben sie, ohne je ihre Erfüllung erreicht zu haben. Jetzt ist die angenehme Zeit, zu leben.

Ergreifen Sie die Werkzeuge und Materialien, über die Sie im Augenblick verfügen und bilden Sie aus der Inspiration der Schönheit in Ihrem Geist und Ihrer Seele Ihr persönliches wundervolles Schicksal.

Ein Künstler hatte eines Nachts einen Traum, in dem eine geheimnisvolle Stimme ihm gebot, eine wunderschöne Madonna zu schnitzen. Er suchte überall nach einem vollkommenen Holz, das eines Meisterwerks würdig wäre, aber er konnte kein entsprechendes Material finden. Da erblickte er eines Tages ein verkrümmtes Stück Treibholz, und seine innere Stimme sagte ihm: „Das ist genau das Holz für deine Madonna".

Er nahm das Holz mit nach Hause, trocknete es und begann zu schnitzen. Aus seiner geistigen Vorstellung erwuchs eine edle und anmutige Gestalt, die sich wie von selbst in die harmonischen Rundungen und Umrisse des Treibholzes einfügte.

So müssen auch Sie aus der Substanz, die Sie in Ihrem Leben finden, ein schönes und bleibendes Andenken an Ihr Dasein gestalten. Das vorhandene Material mag nicht ganz nach Ihrem Geschmack sein, aber Sie können Ihre Lebenserfahrung so gut wie möglich nützen und ein sauberes, lohnendes und herrliches Schicksal gestalten.

Shangri-La ist ein Bewußtseinszustand

Aus dem Wort „Shangri-La" habe ich ein Anagramm gebildet, das den negativen Bewußtseinszustand zeigt, der den Menschen hindert, sein vollkommenes Shangri-La zu erreichen, und den positiven Bewußtseinszustand, der ihm den Eintritt in dieses mystische Reich des Friedens, der Schönheit und der Erfüllung gewährt.

Die negativen Kräfte, die Ihnen Shangri-La verschließen	Die positiven Kräfte, die Ihnen Shangri-La öffnen
S Selbstsucht	S Selbstlosigkeit
H Haß	H Hoffnung
A Agressivität	A Anerkennung
N Neid	N Noblesse
G Gier	G Güte
R Rachsucht	R Rechtschaffenheit
I Ignoranz	I Inspiration
L Leidenschaft	L Liebe
A Animalismus	A Altruismus

Entfernen Sie die negativen Kräfte aus Ihrem Bewußtsein und ersetzen Sie sie durch die positiven Kräfte, dann werden Sie in das mystische Land des Geistes gelangen, das wir unser Shangri-La nennen.

Wenn Sie die Behinderungen unseres sterblichen Reagierens beseitigen und sich auf seelischen Schwingen erheben, um die hochragenden Gipfel irdischer Grenzen zu überwinden, werden Sie sich plötzlich in dem friedvollen, sonnigen Tal der Seele finden, in dem Freude und Liebe wohnen.

Haben Sie Ihren seelischen und geistigen Horizont erweitert und sich von den Fesseln des Materialismus vollkommen befreit, werden Sie jenes geheimnisvolle innere Land Shangri-La entdecken. Doch dieses geistige Erwachen geschieht nur dann, wenn Sie sich die Grundprinzipien der Widerstandslosigkeit und Bindungslosigkeit zu eigen gemacht haben. Die sanfte Strömung des Geistes kann Sie auf den Flügeln des Glaubens und der Hoffnung in die himmlischen Höhen des Friedens und der Schönheit tragen.

Der Horizont, den die Seele in alle Ewigkeit sucht, kann in der Majestät und Erhabenheit der Natur gefunden werden: in dem friedvollen Schweigen inmitten eines tiefen Waldes, in den Sonnenstrahlen, die durch hohe Baumwipfel filtern wie Licht, das durch die bunten Glasfenster einer prächtigen Kathedrale scheint.

Das wahre Wunder des Lebens findet in der Sinfonie des menschlichen Herzens statt, wenn wir die Barrieren der Selbstsucht öffnen, um andere in das Paradies unseres neu entdeckten Shangri-La einzulassen. Diese Art Liebe ist opferfreudig und immer bemüht, zu geben, zu teilen, zu schaffen und alles zu verschönern, was immer sie berührt.

Das verborgene Tal Ihrer Seele

Shangri-La liegt mitten in dem verborgenen Tal Ihrer Seele, wenn Sie zu der herrlichen geistigen Wahrheit erwacht sind, daß Ihre Seele unsterblich und ewig ist. Der Frühling ist ein Symbol, das Gott in die Erde gegeben hat, um den Menschen daran zu erinnern, daß nach der Kälte und Leere des Winters die Welt mit einer Fülle von Blumen erneut zum Leben erwachen wird.

So ist Shangri-La auch der ewige Frühling in den Herzen und Seelen jener Menschen, die das Leben lieben und ihre Mitmenschen lieben, mehr noch aber Gott lieben. Dann treten wir ein in jenen Zauber, der uns bleiben und uns begleiten wird, nicht nur ein Leben lang, sondern bis in alle Ewigkeit. Wir werden heiter und friedvoll, gesichert und glücklich sein in Gottes strahlendem Zirkel der Liebe, der den mystischen Abgrund zwischen Himmel und Erde überbrückt.

Zusammenfassung

1. Das geheimnisvolle innere Reich des Friedens und der Zufriedenheit ist die metaphysische Bedeutung von Shangri-La.
2. Wie Haß, Selbstsucht und Verwirrung Shangri-La zerstören.
3. Schema zur Entdeckung Ihres mystischen Landes Shangri-La.
4. Shangri-La ist ein Bewußtseinszustand; die negativen Kräfte, die Sie von Shangri-La ausschließen: die positiven Kräfte, die Ihnen Einlaß gewähren.
5. Wie Sie Ihren geistigen Horizont erweitern.
6. Ewiger Frühling in Herz und Seele ist immer erreichbar.
7. Gottes goldener Zauberkreis der Liebe ist praktische Metaphysik.

15. Kapitel

Das metaphysische Reich unendlicher Kräfte

Jahrhundertelang hat der Mensch nach einem Beweis für die Existenz Gottes gesucht. Sein tiefes Befürfnis nach Hilfe und Beistand verlangt nach dem Glauben an eine höhere Macht, deren alldurchdringende Intelligenz das Leben hervorzurufen und zu lenken vermag.

Das Reich des Unendlichen ist Gottes Domäne. Wissenschaftler, die sich der Erforschung der geistigen Dinge gewidmet haben, erklären übereinstimmend, daß im Universum eine höhere und unbegrenzte Intelligenz existiert. In Ermanglung einer besseren Bezeichnung nennen wir diese unbegrenzte Intelligenz Gott.

Voltaire sagte: „Wenn es Gott nicht gäbe, müßte der Mensch ihn erfinden."

Wir können uns keine Uhr ohne einen Uhrmacher vorstellen. Kein Gemälde wäre möglich ohne einen Maler, der es geschaffen hat. So kann es auch keine Schöpfung geben ohne einen Schöpfer. Jeder Wirkung muß immer eine Ursache vorausgehen. Das ist das Gesetz jeder metaphysischen Schöpfung.

Gott ist die unverursachte Ursache; die Ursprungstriebkraft und Intelligenz, die immer war, und ohne die es keine Schöpfung gibt. Gott wegzudiskutieren ist unmöglich, denn der begrenzte Geist des Menschen vermag den unbegrenzten Geist Gottes nicht zu erfassen.

Shakespeare sagte: „Eine Gottheit ist's, die unsere Ziele formt, und wenn wir sie auch noch so grob gestalten."

Die hinter dem Leben verborgene Kraft

Jene Gottheit, die verborgene Kraft hinter allem Leben, ist eine hohe Ordnung unendlicher Intelligenz. Wir dürfen uns Gott nicht als physisches, körperliches Wesen vorstellen wie etwa einen Menschen, denn das würde ihn auf das Endliche beschränken. Da Gott aber unendlich, allmächtig und allweise ist, ist es höchst unwahrscheinlich, daß wir ihn in der Natur oder im Menschen finden können. Nichtsdestoweniger spiegelt sich Gott, da er unendlicher Geist und unendliche Intelligenz ist, in seiner gesamten Schöpfung, und der Mensch kann diese Kraft des Unendlichen erschließen und wie Gott schöpferische Wunder vollbringen. Jene Rückstrahlung von Gottes Geist in der menschlichen Seele ist es, die den Menschen schöpferisch macht, so daß er wundervolle Werke schaffen kann.

Der wesentlichste Beweis für die Existenz Gottes liegt in der Schöpfung seines Universums. Wenn wir beobachten, wie vollkommen das Universum nach dem Impuls von Gottes Intelligenz arbeitet, erkennen wir, daß der Kosmos der gewaltigste Beweis eines höheren Geistes ist, der alle Dinge regelt und regiert.

Unser kompliziertes Sonnensystem als metaphysische Demonstration

Stellen Sie sich die unergründliche Intelligenz vor, die etwas so Erstaunliches schaffen konnte, wie unser kompliziertes Sonnensystem. In der Unendlichkeit des Weltraums erkennen wir Billionen von Sternen, die alle in ihren Bahnen rotieren, ohne daß es zu Kollisionen kommt. Im gesamten Sonnensystem sehen wir vollkommene Eintracht und Harmonie.

Die Milchstraße, dieser Weg am Himmel, der völlig frei von anderen Planeten scheint, besteht in Wirklichkeit aus Billionen Sternen, die so weit entfernt sind, daß wir sie selbst mit unseren modernsten Elektronenteleskopen weder sehen noch gar zählen können. Es sind Welten, größer als die unsere und mit eigenen Sonnen und Monden, die sie umkreisen. Die Schöpfung ist unendlich und erstreckt sich endlos in alle Dimensionen. Der grenzenlose schöpferische Geist Gottes entwickelt beständig neue Welten und neue Sonnensysteme.

Die Wissenschaft hat nun den Beweis, daß Gottes Schöpfung beständig wächst und sich erweitert. Neue Welten entstehen, alte sterben ab. Die Sonne gibt täglich Substanz ab und verströmt Millionen Tonnen Energie, die unsere Erde aus 93 Millionen Meilen Entfernung stärkt und erhält, ohne daß die Sonne allmählich abstirbt, wie man vor einigen Jahren glaubte. Mit dem neuen Parabolspiegel von 5 m Durchmesser auf dem Mount Palomar haben Wissenschaftler beobachtet, daß die Sonne sich durch ein kosmisch-metaphysisches Wunder beständig ergänzt, während sie sich verströmt.

Wie unendliche Intelligenz wirkt

Um zu sehen, wie diese unendliche Intelligenz Gottes in seinem Universum wirkt, brauchen wir nur einige der kosmischen Phänomene zu beobachten, die das Leben auf unserem Planeten ermöglichen.

Unsere Erde ist von der Sonne gerade weit genug entfernt, um das Leben vor dem Erfrieren oder Aussterben zu bewahren.

Die Erde dreht sich in 24 Stunden einmal um ihre Achse und gibt so unseren Tagen und Nächten das rechte Maß.

Die Erde kreist mit einer Geschwindigkeit von 1000 Meilen pro Stunde und gibt dadurch unseren Jahreszeiten die richtige Länge für Saat, Wachstum und Ernte, wodurch sich das Leben auf der Erde erhält.

Würde sich die Erde nur mit einer Geschwindigkeit von hundert statt tausend Meilen drehen, wäre auf unserem Planeten kein Leben möglich.

Es gibt im Universum ein erstaunliches Ausgleichssystem, an dem sich erkennen läßt, daß der Schöpfung ein hoher Grad von Intelligenz zugrunde liegt. Wenn zum Beispiel die Insekten sich nur um ein Prozent schneller vermehren würden als ihre Sterblichkeitsrate, würde der Mensch bald von der Erde verdrängt werden.

Das Leben auf der Erde ist nur möglich, weil eine Ozonschicht in der Atmospäre die gefährlichen ultravioletten Strahlen ausfiltert, die aus dem Weltraum kommen. Gäbe es diese Ozonschicht nicht, könnte der Mensch auf dieser Erde nicht existieren.

Die Erschaffung des Menschen, ein Wunder des Unendlichen

Diese unerfaßbare unendliche Intelligenz des göttlichen Geistes erstreckt sich sogar auf die Erschaffung des Menschen. Denken Sie nur an das erstaunliche Wissen in unseren Zellen, das den menschlichen Körper zu bilden und wiederherzustellen versteht. Das Wunder der Geburt eines Kindes ist der Wissenschaft noch immer ein Rätsel. Kaum ist es im Leib der Mutter entstanden, werden alle Elemente zur Bildung von Zähnen, Haaren, Haut, Nerven und Muskeln, Knochen und Gewebe dem mütterlichen Blutkreislauf entzogen. Die komplizierten Funktionen einer Niere, eines Herzens oder des Hirns sind so erstaunlich, daß die Wissenschaft erst jetzt beginnt, das Wunder des Lebens wenigstens halbwegs zu verstehen. Innerhalb von neun Monaten wirken alle diese Komponenten im Embryo ein Wunder, das noch die klügsten und gelehrtesten Leute verblüfft.

Der unbegrenzte Meisterplan in der Natur

Hinter dem erschaffenen materiellen Universum ist deutlich wie eine Art Blaupause ein unbegrenzter Meisterplan erkennbar. Von dem überwältigenden Planetensystem am Himmel bis zum winzigsten mikroskopischen Atom wirkt dieser Grundplan beständig, sichtlich nach kosmischen Gesetzen arbeitend, um die gesamte Schöpfung zu entfalten.

Dieser unbeschränkte Meisterplan schafft nach einem Muster, das sich in der gesamten Natur als kosmische Intelligenz widerspiegelt.

In diesem Plan finden sich die folgenden Elemente, die auch in der Blaupause Ihres Schicksals enthalten sein müssen, wenn Sie die unendliche Intelligenz des Kosmos in Ihrem Leben reflektieren wollen:

ORDNUNG
EINTRACHT
HARMONIE
AUSGEGLICHENHEIT
INTELLIGENZ
ENTFALTUNG
KREATIVITÄT

Laßt uns nun diese sieben Elemente, die in Gottes Meisterplan für sein Universum enthalten sind, analysieren, damit Sie sie auf Ihre persönliche Blaupause anwenden und so Ihre Talente und Begabungen besser zum Ausdruck bringen können.

Kosmische Ordnung

Fragen Sie sich täglich: „Habe ich Ordnung in meinem Leben?". Dann untersuchen Sie sorgfältig Ihre persönlichen Angelegenheiten und sehen Sie, ob in allem wirklich alles in Ordnung ist.

Haben Sie Ordnung in Ihren pekuniären Verhältnissen? Es ist ratsam, nach einem Haushaltsplan zu leben und Ihre Ausgaben exakt zu überprüfen. Wenn Sie mit Ihrem gegenwärtigen Bestand sorgfältig umgehen, können Sie mehr Geld zu sich heranziehen.

Haben Sie Ordnung im Haus? Jedes Ding sollte seinen bestimmten Platz haben, so daß man es leicht findet und alles einen ansprechenden und freundlichen Eindruck macht. Planloses Durcheinander in Ihrer Umgebung stört Ihre Gedankengänge und macht Sie unsicher und verwirrt.

Gehen Sie bei Ihrem Tun methodisch vor? Wenn Sie an einem Schreibtisch arbeiten, landen wahrscheinlich im Lauf des Tages bei Ihnen alle möglichen Papiere, die Sie in Ihrer Konzentration stören. Gewöhnen Sie sich deshalb an, diesen Wirrwarr von Zeit zu Zeit zu ordnen. Legen Sie die Briefe und Zettel in der richtigen Reihenfolge aufeinander, um sie später ohne langes Suchen bearbeiten zu können.

Sie sollten auch einen festen Platz für Ihre Kleidung haben, damit Sie alles Benötigte schnell finden können, ohne Zeit zu verlieren oder ein Chaos zu hinterlassen. Sorgen Sie für Ordnung, indem Sie eine feststehende Routine entwickeln; tun Sie bestimmte Dinge zu bestimmten Zeiten. Das gibt einem ein Gefühl von Tüchtigkeit und hilft Ihnen, mehr geistige Energie freizusetzen, so daß Sie wesentlich mehr leisten können.

Eintracht

Eintracht sollte auch in Ihrem privaten Bereich herrschen. Wenn Sie in einer Atmospäre beständiger Reibereien leben, können Sie nicht Ihr Bestes tun. Seien Sie jederzeit bestrebt, Einigkeit zu erreichen und inneres Gleichgewicht zu bewahren, damit Sie sich der Umgebung, die Sie für Ihre schöpferischen Bemühungen gewählt haben, nahtlos einpassen können.

Harmonie

Harmonie bezieht sich zunächst auf Kunst und Musik, hat jedoch ebenso mit Menschen und Ideen zu tun. Harmonie bedeutet Einklang im Tun und Denken und betrifft alles, was friedvoll, harmonisch und freundlich ist.

Ebenso, wie Dissonanzen in der Musik das Ohr beleidigen, so schockiert uns Disharmonie in unseren Beziehungen zu anderen und bewirkt in uns einen Zustand von Verwirrung und Unstimmigkeit. Dadurch werden unsere schöpferischen Bestrebungen gehemmt, und das Gesetz der unendlichen Harmonie, die in allen Bereichen von Gottes Welt herrscht, wird gestört.

System zur Erlangung von Harmonie

Beherrschen Sie Ihr Temperament und halten Sie Ihre Zunge im Zaum. Zum Streiten gehören immer zwei. Widerspricht Ihnen jemand, nehmen Sie es schweigend hin. Es ist besser, ein wenig nachzugeben, als in einer Atmosphäre von Zank und Hader leben zu müssen. Die Bibel rät uns in solchen Fällen: „Sei willfährig deinem Widersacher bald."

Versuchen Sie, schwierige Situationen, die sich möglicherweise ergeben könnten, rechtzeitig vorauszusehen und zu vermeiden. Manche Gesprächsthemen sind bei Freunden oder Bekannten umstritten und führen automatisch zu Auseinandersetzungen. Diskutieren Sie auch niemals über Politik oder Religion. Die anderen von Ihrer Einstellung überzeugen zu wollen, ist völlig sinnlos; weshalb also sollten Sie sich Ihre Gesprächspartner zu Feinden machen?

Bejahen Sie jeden Morgen, wenn Sie an Ihre Arbeit gehen: „Ich bin ein Ruhepol der Harmonie und des Friedens. Jedem Menschen, der mir heute begegnet, bringe ich Liebe entgegen. Für Haß, Intoleranz oder Entrüstung ist kein Raum in mir." Wann immer Sie in Ihrer Umgebung einen Mißklang fühlen, sprechen Sie in Gedanken fünf- bis zehnmal diese Bejahung, bis Sie innerlich wieder Frieden und Harmonie empfinden.

Ausgeglichenheit

Ausgeglichenheit oder das Gesetz des Gleichgewichts ist in Ihrem Leben unerläßlich, wenn Sie die unendliche Kraft des schöpferischen Geistes in Ihr Bewußtsein lenken wollen. Ein Denken, das von dem gewaltigen physikalischen und materiellen Universum voll in Anspruch genommen ist, den Geist jedoch ignoriert, kann nicht als ausgeglichen bezeichnet werden.

Die Psychologie hat herausgefunden, daß es ein Kreuz des Ausgleichs gibt, das im täglichen Leben beachtet werden muß, wenn wir die Gefahr eines seelischen oder körperlichen Zusammenbruchs vermeiden wollen.

Dieses Kreuz des Ausgleichs besteht aus: Arbeit, ausgeglichen durch Entspannung und Spiel; Liebe, ausgeglichen durch Andacht und Verehrung. Das ist eine vereinfachte Version dieses Ausgleichskreuzes, aber Sie können an ihr erkennen, daß diese vier Elemente täglich in Ihrem Leben Ausdruck finden müssen; wird eins davon übertrieben oder mißachtet, gerät dieses Kreuz aus dem Gleichgewicht, was in Ihrem Lebensbereich zu ernsten Konsequenzen führt.

Um das Gleichgewicht in Ihrem Leben zu bewahren, sollten Sie in all Ihrem Tun und Lassen nach Mäßigkeit streben. Der Tag hat 24 Stunden; acht für die Arbeit, acht für Ruhe und Schlaf, und acht Stunden, die für Entspannung, Selbstvervollkommung, Unterhaltung, Meditation und geistige Studien genützt werden sollten.

Lernen Sie, sich mindestens eine Stunde am Tag von der äußeren Welt der Verwirrung und Betriebsamkeit zurückzuziehen, um in stiller Betrachtung in Ihrer Seele zu forschen. Die unendliche Macht der göttlichen Sphäre kann in diesen Zwischenzeiten geistiger Kontemplation Ihren Geist und Ihre Seele durchfluten. Rufen Sie sich dann und wann die Worte ins Gedächtnis: „Was hülfe es dem Menschen, so er die ganze Welt gewönne und nähme doch Schaden an seiner Seele?"

Um Gleichgewicht von Geist, Körper und Seele zu erlangen, widmen Sie sich täglich aktiv diesen drei Ausdrucksebenen. Trainieren Sie Ihren Geist und Ihren Intellekt durch aufbauende Lektüre, die Ihr Bewußtsein bereichert. Hören Sie gute und erhebende Musik. Beten Sie morgens und abends, damit Sie mit dem göttlichen Geist im Einklang sind.

Intelligenz

Intelligenz betrifft den gesamten Bewußtseinszustand, den Sie aufbauen.

Hören Sie niemals auf, zu lernen und Ihr Wissen zu vervollkommnen. Ganz egal, wie alt Sie sind, lernen Sie eine neue Sprache, belegen Sie einen Kursus in Kunst, Musik oder Tanz. Schreiben Sie eine Kurzgeschichte oder ein Gedicht. Versuchen Sie sich in irgendeinem

Hobby, um Ihren Geist jung zu halten; spielen Sie Golf, gärtnern Sie, schnitzen Sie Holz oder modellieren Sie in Ton. Tun Sie irgendetwas, das Ihre Hirnzellen gesund und aktiv erhält.

Lesen Sie gute Bücher und bleiben Sie über das Geschehen in der Welt auf dem Laufenden, indem Sie sich gute Magazine halten. *Reader's Digest* beispielsweise ist ausgezeichnet für knappe und interessante Information.

Intelligenz ist mehr als Bücherweisheit. Sie wird durch Lebenserfahrung erworben. Absorbieren Sie soviele verschiedene und aufbauende Erfahrungen wie möglich. Sie können von anderen lernen, sogar aus ihren Fehlern. Studieren Sie das Leben bedeutender historischer Persönlichkeiten und eifern Sie ihren Gedanken und Taten nach.

Meditieren Sie täglich mindestens eine halbe Stunde, entwickeln Sie Ihren inneren höheren Geist und bitten Sie um intuitive Führung. Die höchste Form von Intelligenz ist jene, die Ihr Unterbewußtsein und Ihr Überbewußtsein Ihnen vermitteln können. Diese höhere geistige Kraft, die den unendlichen Geist Gottes widerspiegelt, kennt die Geheimnisse des Universums. Wenn Sie es wünschen, können Sie sich diese höhere Intelligenz erschließen.

Entfaltung

Das erhabene Gesetz der Evolution in der Natur wirkt im gesamten Universum. Die unendliche Intelligenz Gottes entwickelt beständig neue Formen und neue Schöpfungen. Unsere Welt ist nicht statisch, wir leben vielmehr in einer Welt beständigen Wandels, beständiger Veränderungen.

Wenden Sie das Gesetz der Evolution auf Ihr persönliches Leben an. Sie müssen immer weiter streben, um sich in Ihrem persönlichen Leben von Stufe zu Stufe emporzuarbeiten.

Dieses Gesetz höherstrebender Entfaltung sollten Sie auf Ihre Persönlichkeit, Ihre Arbeit, Ihre gesellschaftlichen Beziehungen und Ihre Einkünfte anwenden. Wenn Sie nicht wachsen und sich entfalten, werden Sie unweigerlich zurückbleiben. Wenn Sie die Muskeln Ihrer

Arme und Beine nicht betätigen, verkümmern sie, und Sie können sich ihrer nicht mehr bedienen. Wenn Sie versäumen, sich unter dem unbegrenzten Gesetz der Evolution zu steigern und zu vervollkommnen, werden Sie unbeweglich und bald nicht mehr imstande sein, in entschiedener und aufbauender Weise zu handeln.

Ihre Talente und Begabungen sollten sich ebenfalls entwickeln und wachsen. Bemühen Sie sich, im Ausdruck Ihrer Persönlichkeit aufgeschlossen zu sein. Wenn Sie an Befangenheit und Minderwertigkeitsgefühlen leiden, versuchen Sie, diese Schwäche zu überwinden. Suchen Sie nach der Ursache Ihres Handicaps. Lernen Sie, vor Publikum zu sprechen, um Ihre Stimme zu kräftigen. Lernen Sie Tanzen, um Grazie und eine gute Haltung zu gewinnen. Lernen Sie, wie man eine intelligente Konversation führt, damit Sie sich in der Gesellschaft behaupten können. Entwickeln Sie Ihre natürlichen Begabungen und Fähigkeiten, und Sie werden sich bald nicht mehr minderwertig und unzulänglich fühlen.

In gleicher Weise sollten Sie sich auch in Ihrem Beruf und in Ihren Geldangelegenheiten entfalten. Setzen Sie sich beruflich ein bestimmtes Ziel. Wenn Sie es erreicht haben, steuern Sie ein weiteres an, und immer so fort, bis Sie in Ihrem Leben so hoch gestiegen sind, wie sie können.

Kreativität

Das uneingeschränkte Gesetz der metaphysischen Kreativität ist das beste Mittel zur Gestaltung und Formung der Naturprodukte. Überall in Ihrer Umgebung können Sie diese wunderbare Kraft des Unendlichen erkennen, die in einer Unzahl von Schöpfungen eine unvorstellbare Vielfalt der Formen und Größen hervorbringt. Diese Kraft des Unendlichen können Sie in Ihren eigenen schöpferischen Betätigungen kopieren. Schauen Sie sich um und fragen Sie sich: „Was hast du in deinem Haus?" Sie haben eine spezielle Begabung, oder ein Talent, das entwickelt werden kann. Sie können sich die unendliche Intelligenz des Universums erschließen, um Ihr Schicksal zu formen. Sie brauchen nur Ihre persönliche metaphysische Schöpferkraft zu entdecken und sie dann Tag um Tag in Ihrem Leben anzuwenden.

Sie können diese Schöpferkraft in Ihrer Umgebung einsetzen. Blicken Sie um sich und sehen Sie, wie Sie Ihre Lebensbedingungen verbessern können. Vieleicht wohnen Sie in einem Haus, das Ihnen nicht zusagt. Gebrauchen Sie Ihre metaphysischen Fähigkeiten, um zu erkennen, wie Sie es verschönern könnten. Ein Eimer Farbe kann in einer düsteren Umgebung Wunder wirken. Neue Gardinen strahlen Heiterkeit und Behaglichkeit aus. Wenn Sie dem Impuls, Ihre Umgebung freundlicher zu gestalten, nachgeben, werden Ihnen neue Ideen für weitere Veränderungen kommen, die eine wesentliche Verbesserung Ihrer Lebensumstände mit sich bringen werden.

Sie sind durch Geburtsrecht ein unentdecktes Genie. Die größten Geister der Vergangenheit haben nicht mehr Denkkraft besessen als Sie. Der einzige Unterschied bestand darin, daß sie intensiver und härter gearbeitet haben, um ihre herrlichen Werke zu schaffen. Gebrauchen Sie die zusätzlichen zehn Prozent Ihrer gegenwärtigen Denkkraft schöpferisch, und Sie werden in Ihrem Leben erstaunliche Wunder geschehen sehen.

Die fünf göttlichen Eigenschaften

Der grenzenlose göttliche Geist schenkt dem Menschen fünf göttliche Eigenschaften. Dieser fünf Kräfte können Sie sich bedienen und sie für Ihre schöpferischen Ziele in eine bestimmte Richtung lenken.

1. Unendliche Intelligenz

Das ist die Allwissenheit des Gott-Geistes, in dem alle Weisheit und alles Wissen enthalten ist. Wenn Sie im Einklang mit dem Unendlichen sind, können Sie jeden Bereich dieser unbeschränkten Intelligenz in Anspruch nehmen.

2. Unendliche Kraft

Das ist die Allmacht des Gott-Geistes, in dessen Sphäre alle schöpferische Kraft für jeden kreativen Schöpfungsplan enthalten ist. Durch Ihr höheres Bewußtsein können Sie diese allmächtige Kraft in jedem Ausmaß hervorrufen. Wenn Sie mehr Schöpferkraft benötigen und um ihre Freigabe bitten, wird der höhere Geist in Ihnen seinen stärkenden Kraftstrom zu Ihnen lenken. Das ist jene unbegrenzte Schöpferkraft, die Wunder der Heilung und Wandlung vollbringt.

3. Unendliches Gutes

Die Allgegenwart des Gott-Geistes ist unendliches Gutes. Wo immer Sie hinschauen, erkennen Sie dieses unendliche Gute in Gottes herrlicher Schöpfung. Gott verströmt seine Güte, um die gesamte Schöpfung zu segnen, und da Sie ein Teil dieser Schöpfung sind, können Sie diesen Strom unendlicher Güte jederzeit in Anspruch nehmen und alles bekommen, was Sie sich wünschen, solange es guten und positiven Zwecken dient.

4. Unendliche Liebe

Liebe ist das Medium, durch das sich der göttliche Geist unbeschränkt in seine herrliche Welt verströmt. Überall in der Natur erkennen wir diese göttliche Umwandlung, in der die Anziehungskraft der Liebe wirkt, erzeugend, veredelnd, reinigend und das gesamte Universum mit einer Unzahl von Geschöpfen und Produkten bereichernd.

Sie können in Ihrem höheren Geist diesen Strom unendlicher Liebe beanspruchen und gebrauchen, um Ihre eigenen schöpferischen Bemühungen in jeden Bereich Ihres Daseins zu lenken.

5. Unendlicher Reichtum

Der göttliche Geist hat im Universum einen riesigen Speicher der Fülle geschaffen; in der Erde, im Meer, in der Luft, die uns umgibt, überall sind chemische und elektrische Elemente, die den Strom von Gottes unendlichem Reichtum in Millionen der verschiedensten Formen umwandeln können. Der Mensch kann sich eines jeden Abschnitts dieses Stroms bedienen. Sobald er den wunderwirkenden höheren Geist in sich erweckt, kann er diesen nie versiegenden Strom grenzenlosen Reichtums nützen, um sein Leben zu verbessern und zu verschönen. Er kann neue Produkte schaffen, er kann neue Dimensionen des Lebens entdecken. Unendliche Fülle ist sein, wenn er das geistige Vorratshaus zu erschließen versteht, das in der Sphäre Gottes, in der Unendlichkeit ist.

Zusammenfassung

1. Das metaphysische Gesetz der Schöpfung beweist die Existenz der göttlichen Macht.
2. Unser Sonnensystem und seine Ordnung beweist, daß Gottes Schöpfung zu Entwicklung und Erweiterung bestimmt ist.
3. Wie die unendliche Intelligenz arbeitet.
4. Die Schöpfung des Menschen, ein Wunder des Unendlichen.
5. Die sieben schöpferischen Elemente in Ihrem Bestimmungsplan verlangen kosmische Ordnung in Ihrem Leben.
6. Das Schema für ein harmonisches Leben.
7. Das Gesetz des Ausgleichs und wie es wirkt; unendliche Intelligenz, das Gesetz des Kosmos.
8. Kreativität, der Weg zu dem unendlichen Geist in der Natur.
9. Sie sind ein unentdecktes metaphysisches Genie.
10. Die fünf metaphysischen Eigenschaften der Göttlichkeit.
11. Unendliche Intelligenz, und wie man sie erschließt.
12. Unendliches metaphysisches Gutes, und wie man es beansprucht.

16. Kapitel

Allgemeine metaphysische Gesetze, die Wunder wirken

Das gesamte Universum arbeitet nach unwandelbaren Gesetzen, die zwar nicht erkennbar sind, aber einen starken Einfluß ausüben. Da diese Gesetze im Unsichtbaren wirken, nennen wir sie metaphysische Gesetze. Das Gesetz der Schwerkraft hält unseren Planeten auf seiner Himmelsbahn und bewahrt unsere Meere und die irdischen Objekte davor, in den Weltraum hinauszutreiben. Das Gesetz des Wachstums arbeitet in der Erde und produziert Fülle und Überfluß für ihre Bewohner.

Wir haben bereits an anderer Stelle unseres Studiums einige dieser metaphysischen Gesetze erwähnt. Laßt sie uns nun im einzelnen in Bezug auf die wunderwirkende Kraft des höheren Geistes untersuchen.

Wir erkennen diese sechs metaphysischen Gesetze überall in der Natur. Sie wirken gleichermaßen auch im Geist und Körper des Menschen. Wenn wir sie klug anzuwenden lernen, können wir ungeheure Reserven mentaler, seelischer, emotionaler und gefühlsmäßiger wie auch körperlicher Kraft erschließen.

Laßt uns also diese Gesetze sorgfältig studieren und sehen, wie wir ihre mächtige unsichtbare Kraft nützen können, um in unserem Leben Wunder von Gesundheit, Reichtum, Frieden und Zufriedenheit zu bewirken.

Wenn Sie in der äußeren, materiellen Welt eine Wirkung beobachten, können Sie sicher sein, daß ihr irgendwo in der inneren Welt des GEISTES eine Ursache vorausgegangen ist.

Wenn Sie ein Huhn sehen, dann erblicken Sie eine Wirkung, die durch eine Ursache entstanden ist. In diesem Fall war die Ursache das Ei. Doch bevor das Ei gelegt wurde, mußte es ebenfalls eine Ursache gegeben haben , und diese Ursache war ein anderes Huhn. Die Kette von Ursache und Wirkung setzt sich unaufhörlich fort, und so können Sie jedes Geschehnis im Universum auf irgendeine auslösende Ursache zurückverfolgen.

So auch in Ihrem eigenen Leben. Die Dinge, die Sie jetzt tun , die Arbeit, mit der Sie befaßt sind, das Haus in dem Sie wohnen, der Partner, den Sie geheiratet haben, das Geld, das Sie haben oder nicht haben–alle diese Dinge sind Wirkungen, die irgendwo im Hintergrund Ihres Lebens in Bewegung gesetzt wurden, und zwar durch *Ursachen*. Die meisten Ursachen können Sie kontrollieren, und aus diesem Grunde vermögen Sie die Wirkungen, die Sie zu erfahren wünschen, fast willentlich auszusuchen; durch bewußtes Formen geistiger Ursachen können Sie exakt jene Wirkungen hervorbringen, an denen Ihnen ernstlich gelegen ist.

Laßt uns nun untersuchen, wie dieses Gesetz in Bezug auf die verschiedenen Bereiche Ihres Lebens arbeitet.

Reichtum und Fülle

Angenommen, die von Ihnen erwünschte Wirkung ist bessere Gesundheit und materieller Reichtum. Wie können Sie nun das Gesetz von Ursache und Wirkung anwenden, um dieses Ergebnis zu materialisieren?

Indem Sie in Ihrer Vorstellung jene *Ursache* in Bewegung setzen, die Reichtum–die Wirkung–erzeugen kann.

Welche Ursachen bewirken Reichtum?

Der Wunsch nach den guten Dingen, die man kaufen kann.

Der Wunsch, Ihren Kindern eine gute Ausbildung zu ermöglichen.

Der Wunsch nach einem eigenen Heim.

Der Wunsch nach Freunden und Geselligkeit.

Der Wunsch, zu reisen und fremde Länder zu sehen.

Der Wunsch nach einem eigenen Wagen, einem Fernsehgerät, schöneren Möbeln und mehr Komfort, wie Kühlschrank, Staubsauger, Klimaanlage, moderne Installation.

Welche *Wirkungen* werden durch die obenstehenden Ursachen animiert? Sie würden Ihren Job wechseln und eine Arbeit bekommen, die Ihnen mehr einbringt.

Sie würden einen Kursus belegen und sich durch Kenntnisse und Fertigkeiten auf eine andere Arbeit vorbereiten.

Sie würden Schritte unternehmen, Ihre Persönlichkeit zu entwikkeln, Ihre Stimme, die Fähigkeit, öffentlich zu sprechen sowie Ihr Verkaufsgeschick auszubilden.

Sie würden fleißiger arbeiten, würden sparen, Ihr Geld zielbewußt anlegen und bei all dem geduldig und beharrlich bleiben.

Wenn durch Ihre geistige Verursachung diese Wirkungen in Bewegung gesetzt werden, wird der Wunsch nach Reichtum und Fülle eine Kettenreaktion von Ursache-Wirkung-Ursache-Wirkung auslösen, die schließlich für Sie zu mehr Reichtum und Fülle führt, als Sie jetzt besitzen.

Der Wunsch nach besserer Gesundheit

Laßt uns nun das Gesetz von Ursache und Wirkung auf den Wunsch nach besserer Gesundheit anwenden und sehen, wie dieses metaphysische Prinzip hier wirkt.

Gesundheit. Die Ursache, die in Bewegung gesetzt werden muß, ist der Wunsch nach besserer Gesundheit. Die Wirkung, die Sie zu erreichen suchen, ist mehr Gesundheit, mehr Vitalität und Energie, ein langes Leben, größere Leistungsfähigkeit und ein jugendliches Bewußtsein.

Welche Wirkungen sind nun in Bewegung zu setzen, um die Ursache für die gewünschte bessere Gesundheit aufzubauen?

Sie würden in Ihrem täglichen Leben nach Ausgleich streben: Arbeit, Ruhe und Entspannung, verschiedene Interessen, frische Luft, Sonne und leichte sportliche Übungen.

Sie würden Ihren Lebenswillen intensivieren, indem Sie sich einer Aufgabe widmen, die mehr ist als nur ein Wunsch nach persönlicher Befriedigung.

Der Wunsch nach Liebesglück

Laßt uns nun diese metaphysische Formel für den Wunsch nach Liebesglück anwenden und sehen, wie Ursache und Wirkung in diesem Bereich unseres Daseins arbeiten.

Die Ursache, die Sie in Bewegung setzen möchten, ist der Wunsch, in Liebe und Ehe glücklich zu sein. Die Wirkung, die Sie zu erreichen versuchen, ist Erfüllung in der Liebe, Befriedigung des Verlangens, eine Familie zu gründen, der Wunsch nach einem eigenen Heim, der Wunsch, Liebe zu geben und zu empfangen.

Welche Wirkung sollten Sie anstreben, um dieses Ziel zu erreichen?

Sie sollten nach dem Ideal suchen, das Sie sich schon lange in Gedanken vorgestellt haben.

Sie sollten gegenüber dem Objekt Ihrer Liebe und Zuneigung selbstlos ein. Sie sollten Ihre Liebe in Worten und Taten beweisen, so daß über das Gefühl, das Sie bewegt, kein Zweifel aufkommen kann. Sie sollten Güte, Rücksicht, Anteilnahme, Vergebung, Toleranz und Verständnis zeigen.

Dieses Schema, um die gewünschten Ursachen und Wirkungen herbeizuführen, läßt sich auf jeden Lebensbereich anwenden und kann Wunder für Sie bewirken.

Das Gesetz des Verlangens

Wir haben bereits an anderer Stelle unserer metaphysischen Studien das Verlangen erwähnt, laßt uns nun jedoch das Arbeiten dieses allgemeingültigen Gesetzes in Bezug auf die Wunder untersuchen, die Sie in Ihrem Leben herbeiführen möchten.

Verlangen ist in jeder Zelle und in jedem Atom des gesamten Universums.

Es ist jenes Gesetz, das als anziehende und verbindende Kraft in den Atomen wirkt und die Elemente dieser unsichtbaren Partikel zusammenhält.

Es war Gottes Verlangen nach Schöpfung, das ihn bewegte, das Universum und die Menschheit zu schaffen.

Es ist das Verlangen des Mannes nach der Frau, das die Geschlechter zueinander drängt und das Wunder der Zeugung ermöglicht.

Es ist das Verlangen, reich zu werden, das jene antreibt, die zu Reichtum gelangen.

An anderer Stelle haben wir gezeigt, wie das Verlangen nach einer bestimmten Bedingung oder Sache das dynamische Gesetz von Ursache und Wirkung motiviert. Lernen Sie nun, die Macht des Verlangens in Ihrem Leben zu nützen und sehen Sie, wie diese Kraft Wunder für Sie vollbringt.

System zur Nutzbarmachung des Verlangens

A. Ihre Wünsche sollten keine halbherzigen Traumbilder, sondern klar umrissene Vorstellungen sein.

B. Schreiben Sie Ihre Wünsche auf, bezeichnen Sie sie eindeutig und bestimmt. Nummerieren Sie sie. Sie können auf Ihrer Liste soviele Wünsche eintragen, wie Sie mögen.

C. Lesen Sie diese Liste jeden Morgen, wenn Sie aufstehen, und jeden Abend vor dem Einschlafen. Ich gebrauche beständig eine derartige Liste. Sie hängt neben meinem Rasierspiegel, und ich veräume nie, sie morgens und abends zu betrachten, und wenn es möglich ist, auch oft im Laufe des Tages. Von 15 Punkten, die letztes Jahr auf meiner Liste standen, haben sich 13 bereits realisiert. Ich setze keine Zeiten fest, denn der Geist des Universums weiß, wann die Zeit für das Reifen unserer Träume und Wünsche gekommen ist.

D. Fürchten Sie sich nicht, scheinbar unmögliche Wünsche aufzuschreiben. In den Jahren der Depression notierte ich auf der Wunschliste fünftausend Dollar, einen neuen Wagen und ein eigenes Haus. Alle drei Dinge erschienen innerhalb von sechs Monaten! Das war der

Auslöser meines Bewußtseins der metaphysischen Wunderkraft in meinem höheren Geist. In den frühen dreißiger Jahren war eine Bitte um fünftausend Dollar etwa dasselbe wie heute eine Bitte um fünfzigtausend.

E. Wenn Sie Ihre Liste schreiben, seien Sie sicher, daß Sie den aufrichtigen Wunsch haben, Ihr Gutes mit anderen zu teilen.

F. Wenn einige der Dinge, die Sie notiert haben, reif werden, streichen Sie sie aus und schreiben Sie dafür andere auf.

Das Gesetz des Glaubens

Der Meister Jesus war einer der ersten großen Lehrer, die dieses dynamische metaphysische Gesetz angewandt und gelehrt haben.

Wenn Sie Ihre Wünsche und Träume mittels Ihrer Schicksalsblaupause konkret zum Ausdruck gebracht haben, setzen Sie sich jeden Tag einige Augenblicke lang still hin und erneuern Sie Ihren Glauben durch eine positive Bejahung.

„Ich rufe jetzt den inneren Vater an, der die Werke tut. Ich bestätige meinen Glauben an den höheren Geist in mir. Ich erwarte freudig die Erfüllung meiner Wünsche. Ich vertraue der inneren wunderwirkenden Kraft. Ich bin geduldig und sehe meinem Guten mit froher Erwartung entgegen.

Schema zur praktischen Anwendung des Glaubens

A. Wenn Sie Ihre Wünsche auf den Weg gebracht haben, beginnen Sie, so zu handeln, als seien diese Wünsche bereits erfüllt.

B. Gebrauchen Sie keine negativen Worte, die Ihren Glauben und Ihre Inspiration schwächen, wie etwa: „Ich fürchte, das kann ich nicht; mir ist angst vor der Zukunft; das gelingt mir nie oder andere negative Redensarten, die Sie vielleicht gedankenlos äußern, die aber die metaphysische Kraft, die in Ihrem höheren Geist ausgelöst wurde, zerstören können.

C. Lesen Sie in der Bibel die Wunder nach, die Jesus vollbracht hat, und studieren Sie die Gesetze, die er dabei anwandte.

D. Tun Sie jeden Tag etwas, womit Sie Ihren Glauben an die Dinge, um die Sie gebetet haben, beweisen.

E. Sprechen Sie in einem positiven, zuversichtlichen Ton und geben Sie jederzeit der Überzeugung Ausdruck, daß Sie den Traum, den Sie im Bewußtsein halten, verwirklichen werden.

F. Wenn etwas, das Sie erbeten haben, erfüllt worden ist, danken Sie dem innewohnenden Vater für das Wunder dieser Erfüllung.

Das Gesetz der kapillaren Anziehung

Dieses metaphysische Gesetz sehen wir überall im Universum wirken. Legen Sie eine Saat in die Erde, und sie vermag die Feuchtigkeit und die Nahrung, die sie zum Reifen braucht, dem Boden zu entziehen.

Dasselbe Gesetz der kapillaren Anziehung wirkt für Sie auf der geistigen Ebene. Sie können von Dingen, die Sie in Ihrem Leben materialisieren möchten, gedankliche Konzepte formen, und durch die kapillare Anziehung werden Sie die Personen und Bedingungen, die Sie wünschen, zu sich ziehen.

Ein Mann kam zu mir um Rat. Er hatte drei Kinder und konnte keinen Job halten. Er war verläßlich, arbeitete als Zimmermann, aber im Stillen wünschte er sich ein eigenes Geschäft. Geschickt, wie er war, bastelte er gern mit Maschinen und elektrischen Geräten. Nachdem ich mich ein wenig mit ihm unterhalten und dabei auch von seinem heimlichen Wunsch nach einem eigenen Betrieb erfahren hatte, kam mir eine Idee. Ich riet ihm, mit seinen Ersparnissen einen Lastwagen aus zweiter Hand zu erstehen und auf die Seitenwände zu malen: „Reparaturen im Haus. Eingetragener Betrieb". Dann solle er von Haus zu Haus fahren und sämtliche notwendigen Reparaturen ausführen. Nach ein paar Wochen hatte er soviel zu tun, daß er zwei Leute zur Hilfe einstellen mußte. Nicht lange, und er besaß vier Lastwagen, die für ihn arbeiteten, und innerhalb von drei Jahren kaufte er ein Haus mit Swimming-Pool im San Fernando-Tal. Seine Kinder sehen inzwischen einer Hochschulausbildung entgegen.

Das Gesetz der kapillaren Anziehung arbeitete für diesen Mann von dem Augenblick an, als er sich darüber klar war, was er tun wollte.

Schema zur Anwendung des Gesetzes der kapillaren Anziehung

A. Legen Sie in Ihrem Denken die Saat für die Dinge, die Sie zu sich ziehen möchten. Das Gesetz der Ernte wirkt für Sie und zieht Ihnen die Elemente zu, die Sie zur Erfüllung Ihres Schicksals benötigen, und zwar von dem Augenblick an, wo Sie wissen, was Sie vom Leben wünschen.

B. Sprechen Sie täglich von Ihren innersten Träumen, entweder zu anderen oder zu sich selbst. Das gibt Ihren Wünschen mehr Auftrieb und Energie.

C. Beseitigen Sie den Schleier von Zweifel und Verwirrung, der vielleicht Ihr Denken trübt und Sie hindern kann, die Dinge, die Sie wünschen, zu sich zu ziehen.

D. Erkennen Sie, daß die Natur ihre Erzeugnisse langsam und allmählich reifen läßt. Erst wird der Boden bereitet, dann gesät, dann gegossen, gejätet, die Saat vor Insekten geschützt; nach und nach wächst sie, wird stark, und schließlich wird sie reif zur Ernte. Dieselbe zyklische Ordnung muß auch in Ihrem Leben eingehalten werden. Arbeiten Sie mit den Gesetzen der Natur und üben Sie sich in Geduld, während Ihre Wünsche und Träume reifen.

E. Setzen Sie die dynamische Energie Ihres höheren schöpferischen Geistes frei, indem Sie für Ihr Leben hohe Pläne und Ziele haben. Ein Wunsch nach einer Million, um sie zu verjubeln und sich gründlich auszutoben, bringt unter dem Gesetz der kapillaren Anziehung weniger motivierende Kraft ein als ein Wunsch nach einem Vermögen, mit dem Sie für andere Gutes tun wollen.

Das Gesetz der Gegenseitigkeit

Das Gesetz der Gegenseitigkeit ist ein metaphysisches Prinzip, das im gesamten Universum wirkt. Die Erde gibt uns die Substanz, die das Leben erhält, aber sie verlangt dafür die Saat, die die Ernte der Fülle hervorbringen kann.

Das Gesetz der Gegenseitigkeit ist mit der Ernte gekoppelt. Wenn Sie dieses Gesetz anwenden, werden Sie immer mehr bekommen, als Sie gegeben haben.

Ein paar Körner Weizen oder Mais bringen den fünf- bis zehnfachen Ertrag.

Vielleicht sehen Sie keinen geldlichen Lohn für die guten Taten, die Sie anderen erwiesen haben, aber dieser Lohn kann sich auch in Form von innerem Frieden, besserer Gesundheit und Glück zeigen. Sie können immer damit rechnen, daß Ihnen das Leben jede Freundlichkeit gegenüber anderen und selbst kleine Dienste im Alltag vergilt.

Schema zur Anwendung des Gesetzes der Gegenseitigkeit

A. Wenn Sie vom Leben etwas erbitten, sollten Sie immer bereit sein, etwas dafür zu geben. Wenn Sie Freundschaft wünschen, müssen Sie Zeit, Interesse, Liebe und Güte geben. Wenn Sie Geld möchten, müssen Sie Ideen, Arbeit, Mühe und schöpferische Vorstellungskraft geben. Wenn Sie Gesundheit möchten, müssen Sie Zeit und Aufmerksamkeit an Diät, Bewegung und angemessene Ruhe wenden.

B. Suchen Sie sich Freunde, die derselben geistigen, intellektuellen und sozialen Schicht angehören, wie Sie selbst. Das Gesetz der Gegenseitigkeit verlangt, daß Geben und Bekommen einander gleich sind. Sie können gewissen Leuten, die entweder ungebildet oder verständnislos sind, alle möglichen Wohltaten erweisen, ohne daß irgendetwas zu Ihnen zurückkommt. Das ist einseitiges Geben, das nicht dem Gesetz der Gegenseitigkeit entspricht. Es ist, als würde man in einer wasserlosen Wüste Samen ausstreuen. Aus einer solchen Dürre kann nichts kommen.

So war es im Fall einer Frau, die mit einem Alkoholiker verheiratet war. Sie tat alles, was sie konnte, um ihrem Mann zu helfen, doch je mehr sie tat, desto mehr kränkte und quälte er sie, bis sie schließlich mit ihren drei Kindern das Haus verlassen mußte. Gewiß, Sie hätte vielleicht versuchen können, ihr tragisches Problem auf metaphysische Weise zu lösen, aber in jenem Moment handelte sie in Verzweiflung, in heller Angst um ihr Leben und das Leben ihrer Kinder. Manchmal müssen wir wissen, wann wir uns aus einer unfruchtbaren Situation zurückziehen müssen, um nicht länger Leben und Gesundheit anderer in Gefahr zu bringen, wenn die betreffende Person nicht gewillt ist, sich zu ändern.

C. Gegenseitigkeit bedeutet einen wechselseitigen Austausch. Vielleicht erhalten Sie nicht immer den genauen Gegenwert dessen, was Sie geben, aber dann werden Sie etwas anderes bekommen, das diesem Wert entspricht.

D. Wenn Sie nicht zurückbekommen, was Sie eingesetzt haben, lassen Sie sich nicht erbittern und hören Sie nicht auf, dem Leben zu geben. Denken Sie an das Bibelwort: „Geben ist seliger denn Nehmen!" Sie werden in Ihrem Leben genau in dem Maß gesegnet werden, in dem Sie wünschen, anderen zu helfen und Gutes für die Welt zu tun.

Das Gesetz dynamischer Tätigkeit

Das oberste Gesetz des Universums ist Tätigkeit. Überall in der Natur sehen wir dieses Gesetz arbeiten und die gesamte Schöpfung beständig verändern, veredeln, verwandeln und entfalten.

Die Wissenschaft hat herausgefunden, daß Menschen, die ihr ganzes Leben hindurch ihre Hirnzellen aktiv und beschäftigt halten, nicht altern und auch nicht so leicht krank werden wie jene, die ihre Hirnzellen nicht gebrauchen.

Geistige Betätigung der verschiedenen Hirnzellen steht in Verbindung mit Ihren Körperorganen. Wenn alle Bereiche des Hirns aktiv sind, werden auch Ihre Körperorgane aktiviert, und der Strom von

Magnetismus, Elektrizität und Leben hält die Körperzellen jung, vital und kräftig.

System zur Anwendung des Gesetzes der Tätigkeit

A. Leben Sie nach einem festen Plan und schreiben Sie jeden Tag auf, was Sie erledigen wollen.

B. Legen Sie ein wöchentliches Programm fest, indem Sie sich notieren, was Sie lesen und lernen wollen, um Ihre Hirnzellen in Übung zu halten.

C. Wenn Sie Ihr Bildungsprogramm absolviert haben, nehmen Sie etwas anderes in Angriff, besuchen Sie beispielsweise eine Abendschule oder beginnen Sie mit einem Korrespondenzkursus.

D. Schreiben Sie sich in einem Buchklub ein und halten Sie Schritt mit der zeitgenössichen Literatur. So bleibt Ihr Geist jung, und Sie sind immer über Neuerscheinungen informiert.

E. Interessieren Sie sich aktiv für einen Sport, der Sie mindestens einen halben Tag in der Woche ins Freie zwingt und Ihren Körper ebenso in Übung hält, wie Ihren Geist.

F. Wenn Sie älter werden, treten Sie einem Tanz- oder Geselligkeitsklub bei; dadurch sind Sie gezwungen, wenigstens an ein oder zwei Abenden in der Woche auszugehen und die Gewohnheit der Glotzofonitis zu durchbrechen, die schon viele Leute in unseren Landen vor der Zeit altern ließ.

G. Erweitern Sie Ihre gesellschaftlichen Kontakte und schließen Sie neue Freundschaften, damit Sie aktiv und beweglich bleiben. Das wird Ihrem Geist neuen Aufschwung geben und eine Vielfalt neuer und anregender Beschäftigungen mit sich bringen.

Wie man diese metaphysischen Gesetze anwendet

Nehmen Sie ein Blatt Papier und schreiben Sie die obenstehenden metaphysischen Gesetze auf. Benutzen Sie dabei für jedes Gesetz ein neues Blatt. Dann studieren Sie jeweils eine Woche lang ein Gesetz. Gehen Sie nicht eher zum nächsten Gesetz über, bis Sie das vorhergehende sorgfältig angewandt und die darin enthaltenen Prinzipien geübt haben.

BEISPIEL: Gesetz 1: Ursache und Wirkung

Montag. Ich habe das Gesetz von Ursache und Wirkung in meinem Betrieb angewandt. Ich begann damit, zehn verschiedene Firmen anzurufen und schlug vor, unsere Dienste in Anspruch zu nehmen. Ich schrieb zehn Briefe an Geschäftsleiter, schlug vor, unsere Produkte zu beziehen.

Dienstag. Gesetz von Ursache und Wirkung in Bewegung gesetzt, um mehr Geld zu mir zu ziehen. Setzte die Ursache in Bewegung, indem ich zur Verbesserung meines Einkommens Schreiben zu studieren begann. Kaufte Buch über Maschineschreiben, belegte Abendkursus über Schreiben von Kurzgeschichten. Kaufte Buch über Schnellschreiben. (Diese Ursache kann irgendeine von einem Dutzend Nebenbeschäftigungen bewirken, die Ihr Einkommen erweitern.)

Mittwoch. Machte heute den ersten Schritt, die Ursachen in Bewegung zu setzen, die mehr Freunde und mehr Geselligkeit bewirken können. Trat einem Ortsklub bei, der jeweils donnerstags zusammenkommt. Es sind Leute meines Alters und meiner sozialen Schicht.

Dieses Verfahren sollte die ganze Woche hindurch beibehalten werden. Jeden Tag sollte ein bestimmtes Vorgehen festgelegt werden, um die Ursachen in Bewegung zu setzen, die die erwünschten Wirkungen hervorbringen.

In der zweiten Woche wenden Sie das Gesetz des Wünschens an. In der dritten Woche das Gesetz des Glaubens, u.s.f. Es gibt noch weitere metaphysische Gesetze, die Sie anwenden können, um Ihre innersten Träume und Wünsche zu erfüllen; wir haben Sie an anderer Stelle studiert.

Es sind dies:
Das Gesetz des allgemeinen Guten.
Das Gesetz des Unterbewußtseins.
Das Gesetz der schöpferischen Vorstellung.

Das Gesetz des bejahenden Willens.
Das Gesetz der Anpassung.
Das Gesetz der Veränderung.
Das Gesetz der Umwandlung.
Das Gesetz der Entfaltung und Rückbildung.

Zusammenfassung

1. Die allgemeinen und kosmischen Gesetze, die in der Natur wirken, sind metaphysische Gesetze von ungeheurer Kraft.
2. Das Gesetz von Ursache und Wirkung, und wie man Ursachen für Reichtum in Bewegung setzt.
3. Der Wunsch nach besserer Gesundheit, und wie man Gesundheitsursachen in Bewegung setzt.
4. Der Wunsch nach Liebesglück, und wie man Ursachen für Liebeserfüllung bewirkt.
5. Das Gesetz des Verlangens, und das System zur Nutzbarmachung Ihrer Wünsche.
6. Das Gesetz des Glaubens, und das System zur Nutzbarmachung der Glaubenskraft.
7. Das Gesetz der kapillaren Anziehung und seine Anwendung.
8. Die Gesetze der Gegenseitigkeit, der dynamischen Aktion, und wie man alle diese metaphysischen Gesetze im Alltag für ein wirksames Leben anwendet.

17. Kapitel

Geld – Macht – Ruhm – durch Metaphysik können Sie alles haben

Nachdem Sie nun von den wunderwirkenden metaphysischen Gesetzen gehört haben, die in unserer Welt arbeiten, können Sie sich dieser Gesetze bedienen, um in Ihrem Alltag die Wunder hervorzubringen, die Sie sich wünschen.

Nicht zwei Menschen in unserer Welt wünschen sich genau dieselben Dinge. Manche wünschen sich riesige Geldsummen, weil sie sich vorstellen, daß sie damit alles kaufen können, was sie haben möchten. An diesem Wunsch ist nichts Unrechtes, denn Geld ist gut, wenn es für gute Absichten verwendet wird.

Manche Menschen wünschen sich, berühmt zu werden; sie möchten um ihrer Persönlichkeit und ihrer schöpferischen Gaben willen anerkannt werden. Es ist durchaus in Ordnung, die Wunderkraft einzusetzen, um Ruhm und Wertschätzung zu gewinnen, solange wir dadurch nicht blind werden für die wahren und beständigen Werte des Lebens.

Andere wünschen Macht; gesellschaftliche Macht, geschäftliche Macht oder persönliche Macht, damit Sie die Achtung und Bewunderung anderer beanspruchen können. Sie möchten die Richtung bestimmen und in gesellschaftlichen, politischen oder industriellen Kreisen als überlegen bestaunt werden.

Gegen keine dieser Ambitionen ließe sich ein ernster Einwand finden. Von dem höheren Geist in Ihnen können sie erbitten, was immer Sie wollen, und wenn die übrigen Gegebenheiten in Ordnung sind und Sie sich geistig entsprechend vorbereitet haben, die dynamische Inspiration zur Erlangung der gewünschten Dinge freizusetzen, können Sie sie alle haben.

Das verborgene Geheimnis im Anziehen von Geld

Mit der Anziehung großer Geldsummen ist ein Geheimnis verbunden. Wenn Sie dieses Geheimnis kennen und es durch Ihren wunderwirkenden höheren Geist in Bewegung setzen, können Sie unbegrenzten Reichtum erlangen.

Das Grundprinzip, das wir nun aus metaphysischer Sicht studieren wollen, ist dem eines Computers sehr ähnlich. Stellen Sie sich vor, einem riesigen Computer werden Informationen eingefüttert – Tausende von Zahlen und Faktoren, wissenschaftlichen Daten und anderen Belegen. Die Maschinerie des Computers vermag dieses Material durch einen sorgfältig ausgearbeiteten mechanischen und elektrischen Prozeß „zur Erinnerung" aufzuzeichnen. Die Maschinerie ist mit Mustern, Faktoren und Kenntnissen, die ihrem elektrischen Mechanismus eingespeist wurden, entsprechend vorbedingt worden. Sobald nun eine bestimmte Information gewünscht wird, werden der Maschine die entsprechenden Impulse eingegeben; diese Impulse lösen augenblicklich Hunderte oder Tausende von Zahlen oder wissenschaftlichen Daten aus; diese werden in Wechselbeziehungen gebracht und schließlich als Endsumme aller erwünschten Daten ausgespuckt.

Ihr höherer Geist verfügt durch seine elektrischen und metaphysischen Kräfte über einen ähnlichen Mechanismus. Er speichert sorgfältig alle erhaltenen Fakten und Informationen eines vorgegebenen Themas in getrennten Fächern. Wenn Sie in einer besonderen Sache ein Ansuchen haben, wie etwa Geld, Berühmtheit, Macht oder was auch immer, setzt er in Ihren Gedanken und allen betreffenden Faktoren Schwingungen in Bewegung, und die Informationen, die zu den Dingen gehören, die Sie wünschen, werden zur sofortigen Verfügung in Ihr Erinnerungsbewußtsein eingegeben.

Versuchen Sie dieses Experiment, und Sie werden sehen, wie Ihr höherer Geist arbeitet. Denken Sie daran, wie Sie zehn Jahre alt waren, und bitten Sie um Information aus dieser Zeit. Plötzlich werden aus dem großen Speicher des Gedächtnisses alle mit diesem Lebensabschnitt verbundenen Faktoren abgerufen und erscheinen vor Ihren inneren Augen: Die erste Schulzeit, der Umzug in das neue Haus, Kinderkrankheiten, Verletzungen beim Spiel, besondere Ereignisse wie Weihnachten oder Geburtstag, Ihr erstes Fahrrad, eine Reise zu Verwandten, das Ferienlager im Sommer, und was sich dabei alles ereignet hat. Wo waren alle diese Faktoren bewahrt? Sie lagern in den wunderwirkenden Zentren Ihres höheren Geistes, in dem Billionen solcher und ähnlicher Faktoren gespeichert sind und Ihre Befehle und Anweisungen erwarten.

Ihr Gehirn ist mächtiger als jede von Menschen geschaffene Apparatur

Es war der menschliche Geist, der das Raumschiff, das Fernsehen, das Radio, das elektrische Licht und den Computer schuf. Tief in dem verborgenen Wesen Ihres Bewußtseins und den Bildern Ihres Gedächtnisses liegen die Formeln zur Erschaffung des menschlichen Körpers, seines Wachsens und seiner Heilung eingeschlossen. Dort liegt das Wissen, das benötigt wird, um ein Haarfollikel oder die Meilen von Schläuchen zu erschaffen, die unsere Nieren benötigen, um vollkommen arbeiten zu können. Das Wunder, durch das ein menschliches Auge imstande ist, Lichtwellen ins Gehirn zu leiten und sie wiederzugeben, ist für den menschlichen Geist zu verwirrend, als daß er es verstehen könnte. Und doch hat die wunderwirkende Kraft Ihres höheren Geistes dieses Geheimnis in die Schatzkammer des Gedächtnisses eingeschlossen. Diese verborgene schöpferische Kraft wurde dem Menschen von Gott gegeben, und durch metaphysische Anwendung wird er dieses unschätzbare kosmische Wissen niemals vergessen.

Sie können die wundervolle Kraft Ihres höheren Geistes um alles bitten, was Sie wollen. In Ihrem Geist liegt das Geheimnis, das Ihnen Geld, Ruhm, Macht, Besitz, Liebesglück oder was immer Sie erstreben, in jeder gewünschten Weise bringen kann.

Sie können Ihren höheren Geist um alles bitten, was Sie haben möchten... Geld, Macht, Besitz, einen neuen Wagen, ein Haus, einen anderen Job, Freunde, Erfüllung in der Liebe... was immer Sie sich ausdenken und diesem höheren Geist einprägen können... und wie ein riesenhafter Computer wird die wunderwirkende Kraft in Ihnen einen Strom von Ideen, Eindrücken, Vorschlägen, Formen, Liedern, Geschichten, Erfindungen und neuen Entdeckungen freisetzen–eine Unzahl von Gaben und Talenten–und Sie können diese geldbringenden Vorschläge empfangen und sie in der sichtbaren, materiellen Welt in die Tat umsetzen.

Diese erstaunliche metaphysische Wunderkraft und ihre unbegrenzten Wege können Ihrer Zukunft zahllose Möglichkeiten bieten. Diese Kraft ist nicht nur das Magazin des Gedächtnisses, sondern hinter ihr steht kosmisches Wissen, das Ihnen zugänglich ist, sobald Sie es anrufen. Überdies vermag der höhere Geist alle Fakten und Daten, die er gespeichert hat, in Millionen von neuen Mustern zu arrangieren und diese in Ihr Bewußtsein zu lenken.

In jedem Fall, in dem irgendein Genie der Vergangenheit eine Erfindung gemacht oder ein wissenschaftliches Prinzip entdeckt und so dem Lauf der Geschichte eine andere Richtung gegeben hat, geschah das durch die innere metaphysische Kraft, deren Erschließung neue Gedankenkompositionen freisetzte, die wiederum zum Ausgangspunkt von Erfindungen oder Entdeckungen wurden.

Dieser höhere Geist gab Columbus ein, daß unsere Erde rund ist und nicht flach, wie man damals glaubte. Er gab ihm ein, wie er vorgehen mußte, um die Königin Isabella für sein waghalsiges Unternehmen zu gewinnen.

Es war dieselbe innewohnende höhere Kraft, die Galileo Galilei auf das Phänomen aufmerksam machte, dem Newton später den Namen Schwerkraft gab; nämlich die Erkenntnis, daß nicht die Erde der Mittelpunkt unseres Sonnensystems ist, wie man damals glaubte, sondern die Sonne, um die die Planeten kreisen.

Es war dieser höhere Geist, der Pasteur die erstaunliche Entdeckung vermittelte, daß die meisten Krankheiten von unsichtbaren Bazillen verursacht wurden, und ihm dann eingab, ein Serum zu bereiten, das vielen Erkrankungen entgegenwirkte. Als damals fünfzehn Russen von einem tollwütigen Wolf angefallen und gebissen wurden, gab der innere Geist Pasteur ein, sein Serum erstmals an Menschen auszuprobieren, um der tödlichen Geißel der Tollwut entgegenzutreten. Auf dem weiten Weg durch den Kontinent wurden die Russen nach Frankreich gebracht, wo Pasteur ihnen eigenhändig seine Injektionen verabreichte. Obwohl seit der Auslösung der Infektion mehrere Tage vergangen waren, haben damals bis auf einen der russischen Patienten alle überlebt, und Louis Pasteur wurde zum Nationalhelden erklärt. Wieviele Menschenleben sind seitdem durch die Entdeckung dieses großen Mannes gerettet worden.

Edison, Alexander Graham Bell, Marconi, Henry Ford, Whitney, Fulton, Lincoln, Fleming und Salk – alle diese bedeutenden Persönlichkeiten haben sich an ihren höheren Geist gewandt und um Dinge gebeten, die sie erstrebt und auch erhalten haben.

Bitten Sie metaphysisch, und Ihnen wird gegeben werden

Der metaphysische Schlüssel, der angewandt werden muß, um den dynamischen Strom der Wunderkraft auszulösen, heißt *Bitten*. Das Tätigkeitswort bitten ist eine Form von Tun... geistigem Tun, das die wunderbaren Zentren Ihres Hirns anzuregen vermag. Vielleicht war dies der Grund dafür, daß der Meistermetaphysiker Jesus uns die Formel zum Vollbringen von Wundern in den Worten hinterließ: „Bittet, so wird euch gegeben."

Bevor Sie den höheren Geist um die Dinge bitten, die Sie sich wünschen, sollte bezüglich dieser Objekte ein fotografischer Prozeß in Ihrem Bewußtsein stattfinden. Um wirksam zu sein, muß dieser Vorgang einem bestimmten Schema folgen. Es genügt nicht, einfach zu sagen: „Ich möchte ein Vermögen haben. Ich möchte berühmt werden. Ich wünsche mir die Macht, andere zu beeinflussen."

Ehe Sie zu bitten beginnen, laßt uns sehen, welche Schritte notwendig sind, um dem höheren Geist Ihre Wünsche einzuprägen.

1. Wenn Sie den höheren Geist in Ihnen um die Summe von, sagen wir, 10 000 Dollar bitten, benötigen Sie eine Methode, um diese Zahl in Ihrem Bewußtsein zu fixieren. Sie müssen das exakte geistige Bild der erwünschten Summe vor Augen haben.

Bei unseren Studien in Carnegie Hall habe ich das Prinzip, den Betrag des erwünschten Geldes metaphysisch zu fixieren, lange Zeit angewandt, und es hat Wunder gewirkt.

Ich besitze die Nachbildung einer Zehntausend-Dollar-Note. Folgendermaßen fixieren unsere Studenten diesen Betrag in ihrem Bewußtsein:

Sie werden zunächst aufgefordert, sich einige Augenblicke auf die Fotografie zu konzentrieren. Auf der Vorderseite des Scheins sind bestimmte Faktoren zu erkennen, die sie sich einprägen müssen. Ferner sieht man viermal die Zahl 10.000, und zwar jeweils in den vier Ecken. Außerdem ist auf dem Schein zu lesen: „Die Vereinigten Staaten von Amerika zahlen dem Besitzer auf Verlangen zehntausend Dollar."

Nun müssen sich die Studenten der Fotografie zuwenden, die auf der Vorderseite der Note zu sehen ist. Sie zeigt Samuel Chase, den man den Vater des modernen Bankwesens genannt hat: in einer Zeit, da jeder einzelne Staat seine eigene Währung hatte, hat er eine einheitliche Geldwährung geschaffen.

Jetzt muß jeder Schüler diesen 10.000 Dollarschein in natürlicher Größe nachzeichnen und die vier Zahlen in die Ecken zu schreiben. Auch der Name Samuel Chase wird daraufgeschrieben.

Nach diesem Prozeß sehen die Studenten im Geist das Equivalent des Geldes in materiellen Gütern oder anderen Werten.

Sie gehen auf einen metaphysischen Einkaufsbummel. In Läden und Schaufenstern sehen sie alle die Güter, die sie mit diesem Betrag kaufen könnten. In ihrer Vorstellung kaufen sie einen Wagen, einen Pelzmantel, eine Perlenkette, eine Reise um die Welt, Möbel oder sonst etwas, das sie sich wünschen. Es kommt nicht darauf an, ob die Dinge, die sie sich aussuchen, *mehr* als 10.000 Dollar kosten, denn dabei lernen sie, wie man durch diese metaphysische Methode soviel wie 10.000 Dollar oder sogar mehr beansprucht, wenn der Herzenswunsch ein riesiges Vermögen ist.

Lassen Sie mich Ihnen schildern, wie dieses metaphysische Prinzip für einige unserer Studenten, die es anwandten, gewirkt hat:

Ein Mann arbeitete in der Fernseh- und Pressewerbung. Er kam zu uns, weil er nicht genug verdiente und lernen wollte, wie er sein Einkommen verbessern könnte. Ebenso wie anderen aus dem Kursus empfahl ich ihm, das große Geldmuseum im Rockefeller Center zu besuchen. Dort kann man einen echten 10.000-Dollarschein sehen, nach dem ich meine Kopien gemacht habe. Ich riet dem jungen Mann, mindestens viermal in der Woche in das Museum zu gehen und diesen Geldschein als sein Eigentum zu betrachten.

Er tat dies gewissenhaft einen Monat lang; danach kam er wieder und berichtete die verblüffenden Ergebnisse. Im Lauf dieser Zeit kam ihm die Idee zu einem Fernseh-Spot, der von einer großen Gesellschaft angekauft wurde. Der Betrag, den er dafür erhielt, belief sich *exakt* auf *10.000 Dollar!* Der junge Mann verfolgte diese Praktik weiter, und innerhalb eines Jahres trugen seine Ideen ihm weitere 50.000 Dollar ein. Wahrlich ein Wunder!

Nun könnten Sie einwenden, das sei eben ein Ausnahmefall, aber hören Sie weiter, welche Demonstrationen anderen Kursusteilnehmern gelungen waren, die unseren 10.000-Dollarschein fotografiert hatten.

Eine Frau multiplizierte diesen Schein mit 15 und bat um die Summe von 150.000 Dollar. Einige Monate danach gewann Sie in einer Art Lotterie, und zwar 140.000 Dollar. Ich habe diese Begebenheit bereits an anderer Stelle dieses Buches ausführlich erzählt.

Ein Grundstücksmakler, der dieses Prinzip anwendete, ging auf eigenes Risiko an die Westküste; innerhalb der nächsten zwei Jahre verkaufte er dort Grundbesitz im Wert von über einer Million Dollar.

Ein junges Mädchen hatte dieses Prinzip studiert, eröffnete einen Schönheitssalon und beschäftigte alsbald fünf Coiffeure.

Ein Zwillingspaar aus Texas, riesige stämmige Burschen, machte sich ebenfalls mit dieser Theorie vertraut und beschloß, ins Friseurgeschäft einzusteigen. Jeder dachte, die beiden seien übergeschnappt. Sie arbeiteten vier Jahre nach diesem Gesetz, und nachdem sie ihre Ausbildung abgeschlossen und sich in verschiedenen Salons den letzten Schliff geholt hatten, bekamen beide eine Position in einer führenden Schönheitsfabrik und veranstalteten Ausstellungen moderner Frisuren und Haartrachten. Ihr Einkommen kletterte alsbald auf 40.000 Dollar im Jahr–für jeden!

Ein anderer Kursteilnehmer, ein Arzt, der gerade seine Praxis eröffnet hatte, hörte von diesem Prinzip. Eines Tages gab sein höherer Geist ihm ein, in einer bestimmten Gegend in der Nachbarschaft eine Klinik zu gründen und sich auf übergewichtige Patienten zu spezialisieren.

In erstaunlich kurzer Zeit betrug sein Einkommen 5.000 Dollar im Monat. Er erwarb ein Haus an der East Side und ist inzwischen einer der gefragtesten Ärzte in New York.

In meinen Akten finden sich Hunderte solcher Beispiele von Männern und Frauen, die dieses metaphysische Prinzip angewandt und Summen von zehntausend Dollar bis zu Erbschaften von einer Viertelmillion angezogen haben. Das ist keineswegs ungewöhnlich, es geschieht in der Welt jeden Tag. Zahlreiche Menschen haben dieses metaphysische Prinzip ihr Leben lang instinktiv angewandt. Es sind jene, die begütert, prominent und gesellschaftlich erfolgreich sind und ein positiv angepaßtes und ausgeglichenes Leben führen.

2. Jetzt ist es für Sie Zeit, Ihre eigene *Schicksals-Blaupause* auszuarbeiten. Wenn Sie den höheren göttlichen Geist in Ihnen um etwas bitten, müssen Sie es so deutlich vor Augen haben, daß Sie es zeichnen könnten. Ein Architekt, der ein Haus bauen will, macht zuerst eine Blaupause, die alle gewünschten Einzelheiten zeigt; die Größe und den Stil des Hauses, die Anzahl der Räume, die Wandschränke, die Lage der Küche, der Badezimmer, der Veranden, der Fenster und all der unzähligen Einzelheiten, die in einem Haus enthalten sind.

Nur so ist der Bauunternehmer imstande, die verschiedenen Werkleute zu bestimmen, die dann das Haus errichten.

Auch Sie müssen eine klar umrissene Blaupause für Ihr Leben

haben. Legen Sie diesen Plan schriftlich fest, so daß Sie sich täglich in ihn vertiefen und ihn, wo es erforderlich ist, ändern können. Sobald ein Objekt sich materialisiert hat, streichen Sie es aus und notieren Sie dafür etwas anderes, das Sie sich wünschen.

Hier das Beispiel einer Schicksals-Blaupause; nach diesem Modell können Sie Ihr eigenes Wunschbild gestalten.

Die Blaupause für meinen Lebensweg

Ich bin ganz sicher, daß mein höherer göttlicher Geist mir alles bringen kann, was ich in meinem Leben wünsche. Ich werde diesen Plan getreulich jeden Morgen und jeden Abend durchlesen, bis sich diese Wünsche verwirklicht haben.

1. Ich wünsche mir eine andere Tätigkeit. (Falls Sie nicht genau wissen, welche Art von Arbeit Sie haben möchten, sollten Sie das so schnell wie möglich herausfinden, denn Ihr höherer Geist kann Ihre Energie nicht in eine bestimmte Richtung lenken, wenn Sie nicht einmal wissen, was Sie vom Leben wollen).

Ich hätte gern Führung, welchen Kursus ich belegen soll, um mich auf meine zukünftige Arbeit vorzubereiten.

2. Ich wünsche mir in meiner gegenwärtigen Tätigkeit eine Beförderung und ein höheres Einkommen. Ich möchte in meinem jetzigen Job mindestens 200 Dollar pro Woche verdienen, und noch mehr in meiner zukünftigen Stellung.

3. Ich wünsche mir bessere Gesundheit. Ich hätte gern mehr Energie und Vitalität, um aktiver und erfüllender leben zu können.

4. Ich möchte ein Haus haben, das mir gehört. Es sollte in einer friedvollen ländlichen Umgebung liegen und einen Garten haben. (Beschreiben Sie das gewünschte Haus genau; stellen Sie es sich deutlich vor und schneiden Sie aus Magazinen entsprechende Bilder aus, die Sie in ein Album einkleben, das Sie das Skizzenbuch Ihrer Zukunft nennen. Sie sollten auch Bilder von Autos, Kleidern, Schmuck und anderen Dingen einkleben, die Sie zu sich ziehen möchten.)

5. Ich hätte gern einen eigenen Wagen. (Schreiben Sie das Fabrikat und den Typ dazu, ebenso die Farbe. Seien Sie präsis und machen Sie sich keine Sorgen, auf welche Weise Sie zu Ihrem Auto kommen sollen.)

6. Ich wünsche mir eine glückliche Heirat und eine eigene Familie. Mein Partner sollte folgende Eigenschaften haben: (notieren Sie den Typ des Mannes, den Sie anziehen möchten, die Charakterzüge, die sie sich wünschen, etc.)

7. Ich wünsche mir eine dynamischere Persönlichkeit.

8. Ich würde gern die folgenden Fähigkeiten entwickeln: (Führen Sie die gewünschten Begabungen an, wie z.B. Schreiben von Kurzgeschichten, Komponieren, Klavier, Violine oder Gitarre spielen, Öffentliches Sprechen, Entwerfen oder Dekorieren.

9. Ich möchte die folgenden schlechten Gewohnheiten ablegen: (z.B. Rauchen, Trinken, Spielen, Unentschlossenheit, Trägheit, negative Tendenzen, etc.).

10. Ich wünsche mir 10.000 Dollar aus unvorhergesehenen Quellen. (Sie können die Summe auch höher ansetzen–das hängt davon ab, wieviel Sie zu manifestieren glauben können). Mit diesem Geld möchte ich folgendes tun: (Schreiben Sie auf, wofür Sie diesen Betrag verwenden wollen, und wenn es sich um eine größere Summe handelt, bitten Sie Ihren höheren Geist, das Geld für Sie zu offenbaren. Dabei sollten Sie keine Zeitgrenze setzen, denn manche Menschen benötigen zur Manifestierung hoher Summen mehr Zeit als andere).

Ändern Sie Ihre Blaupause so oft wie nötig

Wenn Sie das Modell Ihres Schicksals ausgearbeitet haben, gehen Sie es jeden Morgen nach dem Aufstehen und jeden Abend vor dem Zubettgehen durch. Zu diesen Zeiten kann sich der höhere Geist die gewünschten Dinge am besten einprägen und sie in den Mechanismus von Nerven und Körper verweben, der die Kräfte zu Erfüllung der gewünschten Dinge in Bewegung setzt.

Wenn Sie beim Durchlesen Ihrer Blaupause feststellen, daß sich einige der gewünschten Dinge inzwischen realisiert haben, ändern Sie den Text sofort. Schreiben Sie die ganze Blaupause neu, und zwar mindestens einmal in der Woche. Nehmen Sie dabei selbst kleine Alltagsdinge, die Sie demonstrieren möchten, in die Liste auf, und notieren Sie weitere Wünsche, die Ihnen wichtig sind.

Schreiben Sie auf eine Karte:

„Was ich mir vorstellen kann, kann ich auch erreichen." Tragen Sie diese Karte immer bei sich, am besten in Ihrem Portemonnaie, und jedesmal, wenn Sie es öffnen, denken Sie daran, daß Sie Ihre Vorstellungsbilder verwirklichen können und verwirklichen werden.

Legen Sie in Ihre Brieftasche einen auf Sie selbst ausgestellten Scheck über 100.000 Dollar oder mehr – das hängt davon ab, wie groß Ihr Geldbewußtsein ist. Dieser Scheck sollte unterschrieben sein: *Gott, Bankier der Welt.* Das wird Ihren Glauben an die Macht des göttlichen Geistes stärken, das Geld, das Sie sich wünschen, metaphysisch für sich zu manifestieren.

Erzählen Sie keinem Menschen, auch nicht Ihrem besten Freund, von dem Prozeß, den Sie anwenden, noch zeigen Sie jemandem die Blaupause des Schicksals oder den Scheck, der auf Ihren Namen ausgestellt ist. Der vielleicht nicht einmal böse gemeinte Spott oder die negativen Gedanken des anderen könnten leicht Ihre Intensität lähmen und Ihr Bewußtsein begrenzen. Schon manche große Idee ist daran gestorben, daß jemand seinen Freunden oder Angehörigen davon gesprochen hat. Denken Sie immer daran: „Der Prophet gilt nichts in seinem Vaterland".

Um ein Bewußtsein für große Geldsummen zu entwickeln, nehmen Sie zehn gleich große Zettel und schreiben Sie in jede der vier Ecken 10.000 Dollar. Dann zählen Sie sie zusammen, und Sie haben die Summe von 100.000 Dollar. Um einen Begriff davon zu bekommen, was eine Million Dollar tatsächlich ist, nehmen sie hundert dieser Zettel, auf denen in jeder Ecke 10.000 steht, multiplizieren Sie sie, und

Ihnen wird aufgehen, was eine Millionen Dollar wirklich ist.

Wollen Sie Ihr Bewußtsein für große Summen weiter ausbauen, dann studieren Sie die Finanzberichte der bekannten Weltfirmen. Sie können sich in jeder Bank entsprechend informieren. So werden Sie Ihr Bewußtsein für Geld und seinen Wert erweitern und möglicherweise später an der Börse investieren, wodurch einige der größten Vermögen der Welt entstanden sind.

Studieren Sie das Leben berühmter Erfolgsmenschen wie Rothschild, Rockefeller, Astor, Morgan, Vanderbilt, Hearst, Getty, Carnegie, Baruch und Morgenthau. Dadurch werden Sie erfahren, wie diese bedeutenden Männer gelebt haben, wie sie dachten, und Sie werden sogar aus ihren Fehlern lernen, was Sie in Ihrem eigenen Leben vermeiden sollten.

Wohnen Sie in der besten Gegend, die Sie sich im Augenblick leisten können. Wenn Sie ausgehen, ziehen Sie Ihre beste Kleidung an und speisen Sie ausnahmslos in erstklassigen Restaurants; mit anderen Worten: Setzen Sie Ihre Maßstäbe, damit Sie sich ein Bewußtsein der Position erarbeiten, die Sie erreichen werden, wenn Sie ein Vermögen anziehen.

Fangen Sie an, so zu handeln, zu denken und zu fühlen, als ob Sie bereits Millionär wären. Wenn Sie das Fernsehprogramm verfolgen, machen Sie sich klar, daß Sie eine Produktion sehen, die Hunderttausende gekostet hat. Sie können sich wie ein Potentat aus dem Fernen Osten von den großes Stars der Metropolitan Opera, Carnegie Hall und den berühmtesten Schauspielern der Welt unterhalten lassen. Das wird Ihnen schon jetzt das Bewußtsein von Reichtum geben und Sie die schönen Dinge des Lebens intensiver genießen lassen.

Zusammenfassung

1. Wie man die metaphysischen Wunder demonstriert, die Ihnen Geld, Ruhm, Macht und alles bringen, was Sie sich wünschen.
2. Der Speicher des Reichtums in Ihrem Geist, und wie Sie von dieser Macht alles bekommen können, was Sie wollen.

3. Die metaphysischen Wunder der verborgenen Schöpferkraft.
4. Wie große Geister sich dieser Kraft bedient haben.
5. Der 10.000 Dollar-Schein, und wie man ihn metaphysisch fotografiert.
6. Wie ernsthaft Studierende diese metaphysische Fotografie zur Demonstration unbegrenzter materieller Versorgung gebrauchten.
7. Wie man seine Blaupause des Schicksals gestaltet.
8. Das Millionenbewußtsein, und wie man es aufbaut.

18. Kapitel

Täglich unerschöpfliche Kraft durch metaphysische Meditation

Aus dem Orient sind zahlreiche Übungen und metaphysische oder mystische Meditationen auf uns zugekommen, deren Anwendung unser Bewußtsein auf eine höhere geistige Ebene zu heben vermag. Dieses metaphysische Wissen kann Sie seelisch bereichern und ermöglicht Ihnen, sich den Alltagsproblemen und materiellen und physischen Begrenzungen zu entheben und für jeden Bereich Ihres Lebens mehr Kraft zu gewinnen.

Metaphysische Lehrer wie Lao Tse, Konfuzius, Buddha und Zoroaster machten sich die Gesetze zu eigen, die sie in der Natur beobachtet hatten. Dort sahen sie diese Gesetze arbeiten, und indem sie sich ihrer bedienten, waren sie imstande, Wunder zu vollbringen und übernatürliche Kräfte zu entfalten. Sie lehrten, daß der Mensch ein Teil von Gottes Reich der Natur ist und sich somit den Kräften der Luft, des Wassers, des Feuers und der Erde verbinden und in wahrhaft wunderbarer Weise mit ihnen verschmelzen kann. Indem er sich mit diesen Naturkräften zu vereinen lernt, gewinnt er ein intensives Gefühl inneren Einsseins mit der kosmischen Kraft, die wir Gott nennen.

Um in der Kunst der Metaphysik wohlbewandert zu sein, sollte ein Schüler diese orientalischen Formen mystischer Meditation unbedingt studieren. Das wird ihm ein stärkeres Bewußtsein geistiger Kraft und inneren Friedens geben.

Es war Lao-Tse, der die Übung des geistigen Berggipfels zur Erlangung inneren Friedens und gelassener Heiterkeit lehrte.

Setzen Sie sich allein an einen Ort, an dem Sie mindestens eine halbe Stunde lang nicht gestört werden. Sitzen Sie in der Buddha-Pose: mit gekreuzten Beinen und im Schoß ruhenden Händen. Ihre Augen sollten sanft geschlossen sein, Ihr Atem langsam und regelmäßig.

Nun vergegenwärtigen Sie sich einen majestätischen Berggipfel in der Ferne. Vielleicht haben Sie Bilder vom Fudschijama oder vom Mount Everest in ihrer Schönheit und schneebedeckten Würde gesehen. Machen Sie sich in Gedanken klar, daß der Berg sich aus schattigen Tälern in seine majestätische und reserviert gelassene Heiterkeit erhebt.

Beginnen Sie nun, in Gedanken diesen entfernten Berg zu erklimmen. Aus den schattigen Tälern, die Sterblichkeit, Sünde und Krankheit repräsentieren, gelangen Sie allmählich heraus. Während Sie den ersten kleinen Hügel ersteigen, werden Sie sich im Geist zu dem Bewußtsein liebevollen Dienens, der Schönheit und der transzendentalen Freude erheben.

Nun fahren Sie fort, den geheimnisvollen Berg zu ersteigen, bis Sie die erhabenen schneebedeckten Gipfel erreichen, deren Bewölkung ihre scharfen Umrisse verdeckt.

Sie werden sich des Mondes, der Sterne und des Himmels über Ihnen bewußt. Ein geheimnisvoller Schleier von Heiterkeit und majestätischer Würde breitet sich über die schlummernde Erde, es überkommt Sie ein Gefühl tiefen Friedens und seelischer Freude. Alle Probleme, alle Ängste und Sorgen bleiben weit unten in den schattigen Tälern der Sterblichkeit.

Während Sie Ihre Gedanken auf den geistigen Berggipfel konzentriert halten, werden Sie den spontanen Ansturm von Begeisterung und Schönheit verspüren, der Ihre Seele durchflutet. Nun können Sie den gesamten Kosmos umfangen. Plötzlich ist in Ihnen eine absolute Stille, und mit einemmal werden Sie sich Ihrer Seele bewußt. Sie lauschen der Musik der Sphären, und Sie erkennen die kleine stille

Stimme der Intuition, die jetzt in Ihrem Inneren spricht. In diesem erhabenen Zustand mystischer Erhebung können Sie kosmisches Bewußtsein erlangen. Sie werden ein spontanes Erkennen inneren Wissens erfahren. Sie werden hohe Ideale haben, die Schönheit Ihrer Seele wird sich entfalten, und diese innere seelische Schönheit wird sich der Welt mitteilen. Sie können in die Unendlichkeit reichen und das Gewand von Gottes unerfaßbarem, leuchtenden Glanz berühren. Diese mystische Erfahrung meditionaler Erhebung zu den Gipfeln des Geistes wird Sie für alle Zeit verwandeln.

Die Lotosblumenübung für Inspiration

Sitzen Sie in stiller Meditation mit geschlossenen Augen und entspannt im Schoß ruhenden Händen. Vergegenwärtigen Sie sich im Geist die Lotosblume als Prototyp der menschlichen Seele: in ihrer Schönheit und Vollkommenheit repräsentiert sie alles, was rein und liebenswert ist.

Wünschen Sie, höhere geistige und inspirierende Kräfte zu erlangen, dann stellen Sie sich eine zarte, pastellfarbene Lotosblume, etwa in Blaßblau oder sanftem Rosa vor. Sehen Sie nun den Lotos in einer Höhe von etwa drei Fuß über dem Erdboden. An dieses Vorbild sind Sie in ähnlicher Weise gebunden, wie ein Kind durch die Nabelschnur mit seiner Mutter verbunden ist. Und genauso, wie die Lotosblume erhoben wird, wird auch Ihre Inspirationsebene erhoben, und Ihre Seele gelangt in höhere Sphären geistiger Aktivität.

Wenn Sie für eine ungewöhnlich intensive schöpferische Vorstellung eine extreme Erhöhung von Geist und Seele anstreben, dann erheben Sie die Lotosblume bis auf sechs Fuß. Ihr Geist wird sich mit der Lotosblume erhöhen. Diese Erhebung wird Ihnen mehr Idealismus, ästhetische Kraft, schöpferische Fähigkeit und Talent geben und Ihnen helfen, die Konzepte Ihrer Vorstellung zu intensivieren. Diese Emporhebung wird von zahlreichen Dichtern, Schriftstellern, Künstlern, Komponisten und anderen Schaffenden in ihrer schöpferischen Arbeit angewandt.

Die dritte Elevation des Lotos ist eine Höhe von 10 Fuß. Diese extreme Erhöhung dient der vollkommenen Loslösung von allen weltlichen Problemen und der geistigen Kontemplation des göttlichen Mysteriums des Lebens. Viele Mystiker bedienen sich ihrer bei der Heilung von Kranken. Wahrlich, man kann zehn Fuß hoch werden!

Der orientalische See zur Überwindung von Schwierigkeiten

Die mystische Meditation, die als der „orientalische See" bekannt ist, verfolgt zwei Ziele: den Menschen bei der Überwindung seiner Alltagsprobleme zu unterstützen und ihm zu helfen, einen Zustand inneren Friedens und heiterer Gelassenheit zu erreichen und zu bewahren.

Sitzen Sie in der Stille und meditieren Sie über einen ruhigen See. Sehen Sie diesen friedvollen See von Ihren geistigen Tempeln ausgehen und die ganze Welt umfassen. Wenn Ihre Gedanken trübe und erregt sind, bilden sich auf der Oberfläche des Wassers Wellen. Nun strecken Sie im Geist die Hand aus und stoßen Sie diese Wellen Ihrer Gedanken tief in das Wasser des Sees. Bald wird der See glatt und friedvoll sein, und Ihr Geist ist ruhig und still.

Die Mystiker des Orients setzen den menschlichen Geist dem Wasser gleich. So, wie ein Sturm die Macht hat, das Wasser aufzuwühlen und turbulente Wogen zu erregen, so verursachen die menschlichen Gedanken von Haß, Rache, Krieg und Zerstörung, von Angst, Sorge und allen anderen negativen Vorstellungen eine geistige Erregung; die Gedankenwellen kräuseln sich und stören die Ausgeglichenheit, den Frieden und die schöpferische Kraft des menschlichen Geistes und der menschlichen Seele.

Wenn Probleme Ihren seelischen Frieden bedrohen, so daß Sie vor Sorgen nicht schlafen können, dann wenden Sie diese orientalische Meditation an. Stoßen Sie jeden sorgenvollen Gedanken in das geistige Wasser, und wenn er tief genug eingetaucht wird, ist er dem Blick entzogen und wird aus Ihrem Geist verschwinden. Sie werden dann automatisch ruhig und friedvoll sein.

Die orientalische Mystik lehrt, daß die äußere Welt vorübergehend und dem Gesetz der Veränderung unterworfen ist. Die einzige wahre und dauernde Wirklichkeit ist das Reich des Geistes oder der Seele. Indem der Mensch in dieses verborgene geheimnisvolle Reich des innersten Selbst eintritt und echte Wahrnehmung erlangt, vermag er zu erkennen, daß die sogenannten Realitäten Leben, Materie, Qual, Krankheit, Leiden, Krieg, Armut, Alter und Tod lediglich Illusionen sind; sie sind nicht wirklich, sondern beständig wechselnd und wandelbar.

Diese innere Erkenntnis wird durch einen Prozeß physischer und metaphysischer Übungen einschließlich richtigen Atmens erlangt. Sitzen Sie in der Stille mit gelöst im Schoß ruhenden Händen. Beherrschen Sie Ihre Gedanken und Gefühle durch Ihren bewußten Willen. Sprechen Sie wiederholt zu sich selbst die Worte: „Ich bin jetzt ruhig und still. Meine Gedanken sind vollkommen unter Kontrolle. Mein Körper ist gelöst und völlig entspannt. Meine Nerven sind still, und alle meine geistigen und körperlichen Kräfte sind auf das Erreichen innerer Wahrnehmung konzentriert.

Atmen sie nun tief ein und verlangsamen Sie dann die Atmung bis zu dem Punkt, an dem Sie sich ohne Mühe oder Verkrampfung wohlfühlen.

Während Sie tief und ruhig ein- und ausatmen, werden Sie jeden Muskel und jeden Nerv Ihres Körpers alsbald unter Kontrolle haben. Dann werden Sie in die mystische Stille eintreten, in der Sie die wahre Kraft Ihres innersten Wesens finden.

Nun sind Sie bereit, in zwei der geheimnisvollsten Bewußtseinszustände einzutreten, die im Orient gelehrt werden: die Mond- und Sonnenverschmelzungsübungen, mit deren Hilfe Sie die Eigenschaften dessen erlangen, auf das Sie sich konzentrieren. Wenn Sie zum Beispiel an die Sonne denken, dann denken Sie an Kraft, an Wärme, an Leben, Wachstum und alle Attribute, die Ausdehnung und Bewegung bedeuten. Die Sonne wird zum geistigen und seelischen Symbol der Eigenschaften, die Sie Ihrem Geist und Ihrem Körper einverleiben wollen.

Man sagt von der Sonne, daß sie die männlichen Tugenden repräsentiert: alles sich Ausbreitende, Angreifende und metaphysisch Fruchtbare.

Der Mond, so heißt es, ist weiblich, passiv, strahlend, romantisch und schön; er repräsentiert alles Metaphysische und Inspirierende.

Die Elemente Feuer, Luft, Wasser und Erde sind auswechselbar. Jedes von ihnen ist im Aufbau der Erde zu finden und wird zu einer Eigenschaft der Sonne, des Mondes oder der Erde selbst.

Sonnenverschmelzung für Wachstum und Kraft

Um mit der Sonne zu verschmelzen, sitzen Sie mit geschlossenen Augen und sehen im Geist die goldene Sonnenscheibe hoch im Zenit. Dann meditieren Sie folgendermaßen:

„Die Sonne gibt Leben allem, was auf Erden wohnt. Sie ist Vater und Mutter des Himmels. Ich nehme jetzt die schöpferische Kraft, die Majestät und Macht der goldenen, belebenden Sonne an. So wie die Sonnenstrahlen jetzt die Erde erwärmen und alle Dinge zum Wachstum bewegen, so werde auch ich von der Sonne zu Wachstum und Entfaltung aller meiner inneren schöpferischen Kräfte angeregt. Mein Leben wächst und entfaltet sich unter dem Antrieb göttlicher Inspiration. So wie die Sonne der Mittelpunkt unseres Sonnensystems ist und der Erde Leben gibt, so ist Gott die geistige Sonne im Mittelpunkt des Alls, und seine göttlichen Strahlen erhellen die dunklen Orte der Erde, um Erleuchtung, Kraft, Licht, Liebe, Frieden, Weisheit und Schönheit in die gesamte Schöpfung zu tragen.

Während Sie über die obenstehenden Gedanken meditieren und sie zu Ihrer mentalen und geistigen Realität machen, werden Sie den inspirierenden Kraftstrom fühlen, der Ihr ganzes Wesen mitreißt.

Dann sehen Sie Ihren Geist wie eine Sonne, die ihr Licht, ihre Intelligenz und Kraft durch Ihre ganze Persönlichkeit ausstrahlt. Sie empfinden die Anziehungskraft der Sonne in einem dynamischen Strom stärkender, lebenspendender Energie Ihren Geist und Ihren Körper durchpulsend, der Sie anziehend macht und stärkt. Dann spüren Sie, wie die warmen, heilenden Sonnenstrahlen Ihr Nervensystem beruhigen, Ihren Geist beschwichtigen und alle Spannungen, alle Unregelmäßigkeiten in Ihrem Denken und Tun beseitigen.

Mondverschmelzung für Schönheit und Liebe

Führen Sie nun dieselbe Meditation mit Mondverschmelzung aus. Wiederholen Sie für sich die folgenden Worte und Gedanken oder gebrauchen Sie Ihre eigenen Formulierungen, die den Eigenschaften entsprechen, die der Mond repräsentiert.

„Ich verschmelze jetzt mit dem vollen, silbernen, romantischen Mond. Ich absorbiere die passiven Eigenschaften Schönheit, Licht und Romantik, die der Mond repräsentiert. Mein Geist und mein Körper spiegeln Frieden, Ruhe, Freude und Schönheit wider. Mein Herz weitet sich und erschauert vor der Macht der Liebe. Ich bin wie die fruchtbare Erde, die die Saat für die künftige Ernte empfängt. Alle Belange meines Lebens wachsen und gedeihen unter dem stillen Licht des friedlichen, schöpferischen silbernen Mondes. Meine Ideen wachsen und entfalten sich im Strom der kreativen Kraft dieser geheimnisvollen Kugel."

Verschmelzung mit allen Elementen

Diese Verschmelzung ist mit allen Elementen des Universums möglich, und Ihr Geist und Ihr Körper nehmen alle Eigenschaften dieser Elemente an.

Sie können sich mit dem Wasser verbinden und folgendes bejahen:

„Ich verschmelze nun mit dem lebenspendenden Strom des Wassers, das alles Lebendige ernährt. Ich empfinde die kühle, belebende Sanftheit des Bewußtseinsstroms, der über meinen Geist und meinen Körper fließt, mich heilt, wiederherstellt, verjüngt und meinen Körper neu belebt, mich erfüllt und stärkt. Meine Arbeit und mein Leben blühen, und die Ernte der Fülle ist gewiß. Der sanfte Strom göttlichen Bewußtseins wäscht nun alle Schuld und alle Gefühle der Verfehlung ab, schwemmt meine Probleme und Sorgen hinweg und macht mich wieder frei, rein und neu."

Die Feuerverschmelzungsübung

In alten Zeiten verehrten die Menschen die Sonne, das Feuer und die anderen Elemente in dem Glauben, diese seien mit besonderen Kräften für Gut und Böse ausgerüstet.

Die Feuerverschmelzungsübung hat den Zweck, die schöpferischen Gehirnzellen anzuregen und zu inspirieren. Sehen Sie im Geist das glühende Feuer alle physischen Behinderungen verzehren und die reine geistige Wirklichkeit von Kraft und Inspiration freisetzen.

Meditieren Sie für Feuerverschmelzung folgendermaßen:

„Ich verschmelze jetzt mit dem schöpferischen und belebenden himmlischen Feuer, das meinen Geist und meine Seele in seinem herabrieselnden Licht, in Feude, Frieden und Schönheit badet. Es werde Licht. Diese geistige Verfügung entfacht das schöpferische Feuer in mir, das mich läutert und von allen Problemen und Schwierigkeiten befreit, die mich hindern, die geistige Realität meines Wesens zu erkennen. Ich verschmelze jetzt mit dem geistigen Feuer göttlicher Inspiration, und dieses Feuer reinigt meinen Körper, mein Empfinden und meine Seele von allem Unrat irdischer Belanglosigkeiten und enthüllt mir den reinen goldenen Glanz von Gottes Bild und Gleichnis, das mir innewohnt."

Erdverschmelzung für größeren Wohlstand

Die Erde ist der feste Grund und Boden für die Existenz des Menschen, denn in ihren Elementen ist alles vorhanden, um alles Leben zu erhalten. So können sie mit der fruchtbaren, produktiven Erde verschmelzen, wenn Sie ein gedeihliches Leben anstreben. Erdverschmelzung bewirkt Erfolg, läßt Ideen wachsen, bringt pekuniären Lohn und materiellen Reichtum.

Sitzen Sie in der Stille und meditieren Sie:

„Ich verschmelze jetzt mit der lebenerhaltenden, fruchtbaren Erde. Ich nehme die Eigenschaften der Fruchtbarkeit, des Wachstums und der Entfaltung an, die die Erde allen Dingen verleiht. Ich werde eins mit den erhabenen Bergen und Gipfeln, die ihre majestätischen Häupter in beständiger Verehrung von Gottes Schöpferkraft gen Himmel heben. Ich nehme jetzt die Eigenschaften von Gottes wunderschöner Frühlingszeit an. Der berauschende Duft von Millionen Blüten, der sich in den goldglänzenden Sonnenschein verströmt, bezaubert meine Sinne. Ich bin eins mit dem fruchtbaren Boden, der die Saat für die kommende Ernte empfängt. Ich spüre den kühlen, erfrischenden Regen, der auf den Busen der Erde trommelt und in lachenden Kaskaden dahinspringt bis in die entfernte, gewaltige See. Ich schwelge im Wind und im Blitz und im Schnee; in allen Elementen, die unsere Mutter Erde bewegen, ein fröhliches Lied der Schöpferkraft summenend und ein Schaustück aus Regenbogenfarben und Blumengeriesel zu einem kosmischen Brautstrauß zu binden und ihn am Altar der göttlichen Liebe niederzulegen."

Verschmelzung mit der Luft für das Verlangen der Seele

Die Luft, die alles Leben erhält und die unsichtbaren kosmischen Ströme des Magnetismus und der Elektrizität in sich tägt, wird zur Verschmelzung gebraucht, wenn sich der Mensch dem inspirierenden

Seelenflug zu überlassen wünscht, der ihn über die sterblichen Begrenzungen unserer Erde mit ihren Problemen und ihrer Verworrenheit hinausträgt.

Sitzen Sie in der Stille und meditieren Sie wie folgt:

> Ich ziehe jetzt die reinigenden Elemente zu mir, die meinen Körper von allem Unreinen erlösen. Ich schwelge im sanften Wind einer tropischen Insel, der die Wipfel eines Palmenhains liebkost. Tief sauge ich den Duft ein, der einem blühenden Orangenbaum entsteigt. Ich fühle mich eins mit dem Wind in den Wipfeln der hohen Eichen, der den jungen Vögeln in ihrem Nest ein sanftes Wiegenlied singt. Fröhlich schreie ich mit dem Wind, der in unaufhörlicher Bewegung einander überstürzende Wogen auf eine Million sandiger Küsten wirft. Mein Geist schwingt sich empor und meine Gedanken vereinen sich mit der Freiheit des Windes, während er fröhlich singt in dem lustigen Karussell, das tausend würzige Inseln umfaßt und das Antlitz des Himmels rein wäscht, um dem erdgebundenen Menschen im purpurnen Schleier der Nacht die Sterne zu zeigen.

Sie können für Ihre Zeiten metaphysischer Meditation sanfte Musik und Kerzenschein benützen. Beide helfen den Zentren des höheren Geistes, ein Gefühl der Ruhe und Stille zu empfinden. Wählen Sie für Ihre metaphysischen Übungen einen Ort, an dem Sie mindestens eine halbe Stunde lang ungestört bleiben. Sie können in einer Sitzung eine oder auch alle Übungen machen. Wichtig ist allein, daß Sie das wahre geistige Verständnis dessen erlangen, was Sie zu erreichen suchen.

Zusammenfassung

Die großen Lehrer kannten und gebrauchten viele Unterweisungsmethoden:

1. Den geistigen Berggipfel der ruhigen Heiterkeit.
2. Das kosmische Bewußtsein durch mystische Erhebung.
3. Die Lotosblumenübung zur Inspiration.

310

19. Kapitel

Die wunderwirkende Kraft metaphysischer Liebe

Eine der stärksten wunderwirkenden Kräfte ist die Macht der Liebe. Wird diese Gefühlskraft richtig gelenkt, kann sie Ihnen unfehlbar Gesundheit, Glück, seelischen Frieden und wahre Erfüllung Ihres Schicksals bringen.

Zu Recht hat jemand einmal gesagt: „Liebe ist Reinigung des Herzens vom Ich; sie stärkt und veredelt den Charakter, führt zu edlen Motiven und hohen Zielen für jede Tat und macht Mann und Frau stark, großherzig und mutig."

Liebe ist ein Diamant mit vielen Facetten. Sie hat zahlreiche Schattierungen, und die meisten davon sind für ein harmonisches, ausgeglichenes Leben unerläßlich.

Selbstlose Liebe verströmt sich immer in großherziger Weise. Nur selten verlangt sie Lohn; zu lieben ist für den Liebenden bereits Lohnes genug. Sein Gefühl trägt ihm reiche Dividenden in Form von besserer Gesundheit, gesteigerter Energie und Vitalität und sogar ein längeres Leben ein.

Liebe ist die produktivste Kraft im Leben, und ohne Liebe verliert das Leben Zweck und Sinn.

Eine ausgezeichnete Definition dieses positiven, wunderwirkenden Gefühls finden wir in der Bibel, und zwar im 1. Korinther-Brief, Vers 13.

Wenn Sie die höchste Ausdrucksebene der Liebe erkennen wollen, lernen Sie das ganze Kapitel auswendig und behalten Sie es immer in Ihrem Herzen. Sie können es auf eine Karte schreiben und diese an stückweise; dann aber werde ich erkennen, gleichwie ich erkannt bin.

Nun aber bleibet Glaube, Hoffnung, Liebe, diese drei; aber die Liebe ist die größte unter ihnen.

Liebe als stärkende Kraft

Das Gefühl der Liebe vermittelt dem Körper intensive Kraft. Es ist ein wunderbares Stimulans für die meisten Drüsen. Das ist eine wissenschaftlich bewiesene Tatsache, die sich im Laboratorium bestätigt hat. Das Gefühl der Liebe setzt in den Drüsen des Menschen wichtige Chemikalien und wertvolle Hormone frei. Einige dieser Chemikalien fördern die Verdauung. Liebe entläßt Zucker in den Blutkreislauf, dieser Zucker wird für Notfälle in der Leber gespeichert. Labortests haben gezeigt, daß Menschen, die sich in Haß und Bitterkeit verzehren – Gefühle, die der Liebe entgegengesetzt sind – im allgemeinen schlapp und müde sind, erfüllt von Toxinen, die den Körper allmählich zerstören. Wenn solche Patienten sich vom Haß lösen und der Liebe zuwenden, sind erstaunliche Veränderungen in der Körperchemie und im Gesundheitszustand zu beobachten.

Ihr Körper speichert in seinen Zellen erstaunliche Reserven an Energie und Vitalität. Wenn Sie die machtvolle Emotion der Liebe empfinden, werden diese Kraftreserven frei, ihre Ströme durch Ihren Kreislauf und Ihr Hirn zu senden; sie wecken Energie, wundervolle Inspiration für Heilung und Wiederherstellung und beleben und stärken die Körperzellen.

Anwendungsschema für metaphysische Liebe als belebende Kraft

1. Es sollte in Ihrem Leben einen Menschen geben, den Sie lieben können. Wenn sie keine romantische Liebe haben, sollte wenigstens ein naher Verwandter oder Freund um Sie sein, an den Sie mit Liebe denken können. Emotionale Liebe zu einer Person des anderen

314

einer Stelle anbringen, wo es Sie jeden Tag an die Bedeutung dieses edelsten Gefühls erinnert.

Ein Ehepaar, das unsere Vorlesungen besuchte und 35 Jahre verheiratet war, begann sein Zusammenleben damit, das gesamte Kapitel auswendig zu lernen, und die beiden erklärten, ihr gemeinsames Leben sei eine Kette von Flitterwochen gewesen. Sie waren noch immer genauso ineinander verliebt wie am ersten Tag.

Wenn ich mit Menschen- und mit Engelzungen redete und hätte die Liebe nicht, so wäre ich ein tönend Erz oder eine klingende Schelle.

Und wenn ich weissagen könnte und wüßte alle Geheimnisse und alle Erkenntnis, und hätte allen Glauben, also daß ich Berge versetzte, und hätte der Liebe nicht, so wäre ich nichts. Und wenn ich alle meine Habe den Armen gäbe und ließe meinen Leib brennen, und hätte der Liebe nicht, so wäre mir's nichts nütze.

Die Liebe ist langmütig und freundlich, die Liebe eifert nicht, die Liebe treibt nicht Mutwillen, sie blähet sich nicht. Sie stellet sich nicht ungebärdig, sie suchet nicht das ihre, sie läßt sich nicht erbittern, sie rechnet das Böse nicht zu. Sie freuet sich nicht der Ungerechtigkeit, sie freuet sich aber der Wahrheit.

Sie verträgt alles, sie glaubet alles, sie hoffet alles, sie duldet alles.

Die Liebe höret nimmer auf, so doch die Weissagungen aufhören werden und die Sprachen aufhören werden und die Erkenntnis aufhören wird.

Denn unser Wissen ist Stückwerk, und unser Weissagen ist Stückwerk.

Wenn aber kommen wird das Vollkommene, so wird das Stückwerk aufhören.

Da ich ein Kind war, da redete ich wie ein Kind und war klug wie ein Kind und hatte kindische Anschläge; da ich aber ein Mann ward, tat ich ab, was kindisch war.

Wir sehen jetzt durch einen Spiegel in einem dunkeln Wort; dann aber von Angesicht zu Angesicht. Jetzt erkenne ich's

Geschlechts ist eine der größten aller belebenden Kräfte, aber da Liebe viele verschiedene Gesichter hat, kann sie auf eine Karriere oder einen Freund oder auf die Liebe zur Menschheit gelenkt werden.

2. Verbringen Sie mindestens eine Stunde am Tag damit, sich der wunderwirkenden Macht der Liebe bewußt zu werden. Konzentrieren Sie Ihre liebevollen Gedanken darauf, für jemanden, den Sie lieben, etwas Gutes zu tun. Gewiß, Mütter und Ehefrauen tun dies täglich Stunden um Stunden, kochend, einkaufend, putzend und ihre Kinder betreuend; so wird die Liebeskraft schöpferisch und konstruktiv eingesetzt. Aber machen Sie es sich zur Aufgabe, diese Kraft mindestens eine Stunde pro Tag bewußt anzuwenden. Sie werden Ihre Kräfte fast augenblicklich wachsen fühlen.

3. Bevor die positive Kraft der Liebe existieren kann, müssen Sie ihr negatives Gegenstück, den Haß, bannen. Er sollte ganz bewußt ausgemerzt werden. Prüfen Sie sich genau, ob es irgendjemanden gibt, den Sie bewußt nicht mögen, über den Sie sich ärgern oder auf den Sie eifersüchtig sind. Das alles sind milde Formen von Haß. Verwandeln Sie diesen Haß in eine neutrale Einstellung. Wenn Sie den Betreffenden nicht lieben können, hassen Sie ihn wenigstens nicht, denn der Haß wird Sie nur vergiften. Vermögen Sie, der Person, die Sie vielleicht verletzt hat, Gedanken der Vergebung zu senden, tun Sie es. Es wird helfen, Sie mit Energie zu erfüllen, und falls Sie an einer physischen Krankheit leiden, kann es Sie sogar gesund machen.

Eine Dame, die an meinen Kursen in der Carnegie Hall teilnahm, hatte 20 Jahre lang ihre Schwester gehaßt. Als die beiden jung waren, heiratete ihr Freund nicht sie, sondern die Schwester, während sie selbst eine alte Jungfer wurde. Das konnte und wollte sie ihrer Schwester nicht vergeben.

Diese Frau bekam in jungen Jahren Arthritis und Rheumatismus, und kein Arzt vermöchte ihr zu helfen. Als ihr schließlich jemand erklärte, der Haß gegen ihr Schwester könnte das Gift sein, das ihre Glieder verkrüppelte, machte sie ihrem Haß endlich ein Ende. Sie besuchte die Schwester, sprach zum erstenmal in all den Jahren mit ihr und vergab ihr. Innerhalb von sechs Monaten zeigten die Verkrüppelungen Anzeichen einer radikalen Wandlung zum Besseren.

Liebe als Inspirationskraft

Die Macht der Liebe als inspirierende Kraft ist seit langem bekannt; auf allen Gebieten menschlichen Strebens vermag sie wahre Wunder zu vollbringen. Tausende von Künstlern, Schriftstellern, Dichtern, Komponisten, Wissenschaftlern und Industriellen wurden durch die Macht der Liebe inspiriert, etwas Großes für die Welt zu tun.

Chopin schrieb einige seiner schönsten Kompositionen unter der Inspiration der Liebe. Florence Nightingale gründete den Beruf der Krankenpflegerin kraft ihrer tiefen Liebe zu ihren Mitmenschen. Das Tadsch Mahal in Indien, eines der schönsten Bauwerke der Welt, wurde als Erinnerungsmal für die inspirierende Liebe einer Frau geschaffen.

Schema zur Anwendung metaphysischer Liebe als Inspirationskraft

1. Wenn Sie sich für eine kreative Arbeit mehr Inspiration wünschen, machen Sie es sich zur Aufgabe, jemanden zu lieben. Diese Liebe kann persönlich oder auch ein Ideal sein. Sie können sie auf jemanden konzentrieren, den Sie kennen, oder es kann Liebe zur Menschheit sein, wie sie Madame Curie und ihren Mann bewegte oder Pater Damien veranlaßte, sein Leben den Aussätzigen zu widmen.

2. Wenn Sie ein schöpferisches Werk planen, sollten Sie sich hinsetzen und einige Augenblicke über den Zweck Ihrer Arbeit meditieren. Dann widmen Sie Ihre kreative Kraft liebevoll dem Wohl der Menschheit. Große Künstler und Bildhauer hatten gewöhnlich ein solches Ideal im Sinn, während sie ihre Meisterwerke schufen. Häufig waren sie von einer bestimmten Person inspiriert, die zu der Zeit, als sie ihre Meisterwerke schufen, Gegenstand ihrer Zuneigung war. Hinter den meisten herrlichen Werken von Michelangelo in Öl und in Marmor stand die Inspiration der Liebe.

3. Sie können die inspirierende Lebenskraft der Liebe frühzeitig erschließen, indem Sie sich verlieben und heiraten. Es ist vernünftig, so früh wie möglich eine Familie zu gründen. Die Liebe der Ihren wird Sie zu größeren Anstrengungen beflügeln.

4. Lassen Sie sich von einigen der großen Liebesgeschichten oder Gedichte der Vergangenheit zu neuer, frischer Tätigkeit anregen. Die Inspiration der Liebe braucht nicht immer Ihre eigene Liebesgeschichte zu sein; auch irgendeine der großen Liebesgeschichten der Welt kann Sie zu Großem begeistern.

Metaphysische Liebe als Verjüngungskraft

Für jene, die lieben, gibt es so etwas wie Altersschwäche nicht. Das Gefühl der Liebe ist eine Verjüngungskraft, die ewigen Frühling in Herzen und Seelen strahlt. Leute, die ihre Mitmenschen nicht lieben, zeigen die Wirkung des Alters viel früher als jene, die diesem stimulierenden Gefühl unterstehen. Der Lieblose welkt am Weinstock des Lebens. Wahre Liebe ist wie der Frühling: sie läßt den verjüngenden Lebenssaft stärker strömen. Ein Leben, das selbstloser Liebe gewidmet ist, lernt nie den eisigen Sturm des Winters kennen, denn es trägt die Blüten des Frühlings immer frisch in seinem Herzen.

2. Umgeben Sie sich mit jungen Menschen, wenn Sie älter werden; dienen Sie ihnen, lieben Sie sie und helfen Sie ihnen, sich selbst zu finden. Die Arbeit in einem Waisenhaus ist dazu ein guter Weg. Ich kannte eine ältere Dame, deren Mann gestorben war, sie fühlte sich ohne einen Menschen, den sie lieben konnte, verlassen und sah keinen Grund mehr, weiterzuleben. Ihre Gesundheit verschlechterte sich zusehends, und sie kam zu einer Beratung zu mir. Ich sagte ihr, daß sie jetzt anfangen müsse, andere zu lieben, denn diese Form der Liebe würde ein passendes Andenken an ihren Mann sein. Dann riet ich ihr, sich mehreren charitativen Organisationen zu freiwilliger Arbeit anzubieten. So wurde sie schließlich in ein Findelheim gebeten, wo sie sich liebevoll kleinen Kindern widmete, die keine Angehörigen hatten. Alsbald wurde die Dame in ihrer Erscheinung lebhaft und jugendlich, und sie strahlte ein Glück aus, das jeden erfreute, der sie sah.

3. Nehmen sie eine aktive, schöpferische Nebenbeschäftigung auf, in der Sie sich einer Gruppe anschließen können, die ein gemeinsames

Ziel verfolgt. Einem Geselligkeitsklub oder einem Tanzkursus beizutreten, wird Ihnen Gelegenheit geben, dem Gefühl der Liebe in der Gemeinschaft Ausdruck zu geben. Manche älteren Bürger, die sich solchen Gruppen angeschlossen haben, konnten von erstaunlicher neuer Vitalität und Energie berichten.

Liebe als Heilmittel

Echte Liebe ist eine machtvolle, heilende Kraft. Die Wissenschaft hat jetzt bewiesen, daß Liebe die Chemie des Körpers metaphysisch in einer solchen Weise anregt, daß der Herzschlag sich beschleunigt und die Blutzirkulation erleichtert wird. In Laborversuchen wurden Leute getestet, während sie an eine Person dachten, die sie liebten. Dann wurden Blutdruck, Puls und Stoffwechsel gemessen, und es ergab sich, daß diese alle durch Gedanken der Liebe beeinflußt wurden.

Daß Liebe ein Heilmittel ist, ist ganz natürlich. Dem vorgeburtlichen Impuls der Liebe entspringt das größte Wunder: das neue Leben. Welchen stärkeren Beweis brauchen wir, als diese schöpferische Macht der Liebe? Wenn sie neues Leben schaffen kann, vermag sie mit Sicherheit auch den Lebensfunken im menschlichen Körper zu erhalten und zu intensivieren.

Sie können Ihrem Leben Jahre hinzufügen, wenn Sie jemanden lieben, für den sie leben wollen. Sollten Sie allein zurückbleiben, trauern Sie nicht zu lange um den Verblichenen. Widmen Sie Ihr Leben erneut dem Dienen und der Liebe und machen Sie sich daran, entweder jemanden zu finden, den Sie lieben können, oder dienen Sie einer großen Sache, die Ihnen helfen kann, sich erneut zu begeistern.

Wie man Liebe als Heilmittel anwendet

1. Sollten Sie krank sein, prüfen Sie sorgfältig Ihr Unterbewußtsein, um zu sehen, ob es nicht daran liegt, daß Sie Ihrer Liebe nicht wirklich täglich Ausdruck geben. Eine mir bekannte Dame war seit

zehn Jahren verheiratet, aber sie liebte ihren Mann nicht. Sie wollte sich scheiden lassen, nahm davon aber Abstand wegen der zwei Kinder, die der Ehe entsprossen waren. Sie war gleichgültig und teilnahmslos und litt an Sinusbeschwerden, Verdauungsbeschwerden und Unterblutdruck. Nachdem sie vielen Ärzten viel Geld gezahlt hatte, geriet sie schließlich an jemanden, der sie über die Ursache ihres Kränkelns aufklärte. Sie liebte ihren Mann nicht, und so konnte die Chemie ihres Körpers einfach nicht so funktionieren, wie sie sollte. Auf den Rat des Arztes unterzog sie sich einer Reihe von therapeutischen Behandlungen, um sich ihrem Mann seelisch anzupassen, und als sie begann, in ihrer Verbindung mit ihm mehr Liebe zu zeigen, verschwanden ihre Symptome allmählich, ihre Kräfte kehrten zurück, und sie war auf dem Weg, wieder gesund und normal zu werden.

2. Es gibt viele verschiedene Formen der Liebe, wie Güte gegenüber anderen, die Freude, ihnen zu dienen, Freunden zu raten und beizustehen, Mitarbeiter zu unterstützen, um eine erfreuliche und angenehme Arbeitsatmosphäre zu schaffen, an den Geburtstag oder ein Jubiläum von jemandem zu denken, kleine Geschenke zu machen – das sind die konkreten und netten Möglichkeiten, unsere Mitmenschen zu erfreuen.

Ein selbstsüchtiger Mensch, der weder Liebe fühlt noch Liebe gibt, wird bald bitter, asozial und wunderlich. Und ein solcher Mensch ist wesentlich anfälliger für Krankheiten als einer, der täglich liebevoll ist.

3. Der Ausdruck geistiger Liebe hat eine ebenso große Heilkraft wie jener der körperlichen und seelischen Liebe. Ein Mensch, der geistige Liebe ausstrahlt, glüht von einem inneren Leuchten, das eine eigene, ganz besondere Schönheit hat. Ihre Liebe sollte nicht nur persönlich sein, sondern die gesamte Menschheit einschließen. Hören Sie nie auf, zu lieben; selbst wenn Ihre Kinder erwachsen sind und eigene Kinder haben, können Sie noch immer das schöpferische Wunder der Liebe zum Ausdruck bringen. Sie können in irgendeiner Form für die Kirche tätig sein, Sie können sich einer Gruppe anschließen, die sich verpflichtet hat, caritativ tätig zu sein. Auf diese Weise können Sie fortfahren, die wunderwirkende Macht geistiger Liebe ihr ganzes Leben hindurch einzusetzen.

4. Sehr oft hilft Liebe, den physischen Körper zu heilen, doch sie hat sich auch als Heilmittel für Persönlichkeitsstörungen erwiesen. Viele Menschen, die an Minderwertigkeitsgefühlen, Befangenheit und Unzulänglichkeit gelitten hatten, haben diese Mängel völlig überwunden, als sie sich in jemanden verliebt hatten und ein großes Ziel vor sich sahen, auf das sie hinarbeiten konnten. Jane Addams war eine solche schwache und unzulängliche Persönlichkeit. Sie wohnte in Chikago in einem wunderschönen Haus, war aber gebrechlich und kränklich, und ihr Leben schien unvollkommen und sinnlos. Die Ärzte sagten ihr, sie hätte nur noch sechs Monate zu leben. Aber dann hatte Jane Addams eine plötzliche Inspiration. Als sie eines Tages durch Chicago ging, sah sie die Kinder der Armen, elend, schmutzig und verwahrlost. Sie traf eine große Entscheidung: sie würde ihr schönes Zuhause in einen Hafen für diese verlassenen Kinder verwandeln. Die meisten Mütter mußten arbeiten gehen, und die Kinder liefen unbeaufsichtigt und verwahrlost durch die Straßen.

Jane Addams öffnete diesen unglücklichen Kindern ihr Haus. Sie kümmerte sich um sie, sie kochte für sie, sie wusch sie, sie pflegte sie. Bald meldeten sich andere Frauen, ihr zu helfen. In wenigen Monaten erblühte, was später Hull House Settlement heißen sollte. Wesentlicher aber war: die zarte, zerbrechliche Jane, von der man annahm, daß sie bald sterben würde, lebte weiter und weiter; sie wurde gesünder und stärker, als ihre Aufgaben zunahmen, und, wie sie in ihrer Autobiographie berichtet, überlebte sie vier der Ärzte, die ihr seinerzeit gesagt hatten, daß sie früh sterben würde. Ihr Leben dauerte bis in ihre späten Achtziger.

Wahrlich, die Liebe ist eine wunderwirkende Kraft, die unsere Energiereserven freisetzt, unsere Gesundheit fördert und sogar unser Leben um viele Jahre verlängert.

Zusammenfassung

1. Liebe ist die größte und einzige metaphysische Kraft, die Wunder vollbringt.
2. Liebe ist eine Begeisterungskraft und kann dir die Welt erobern.
3. Wie Jane Addams diese Kraft für Gesundheit und langes Leben anwandte.
4. Wege zur Nutzung der metaphysischen Liebe in allen ihren Formen.

20. Kapitel

Kosmische Erfüllung – das Endziel der Metaphysik

Nachdem wir nun miteinander auf der Suche nach metaphysischer Wahrheit und geistiger Wissenschaft den geheimnisvollen Pfad des Lebens entlanggegangen sind, haben wir vieles erkannt, das uns helfen kann, unsere Reise in die goldenen Sonnenuntergangsjahre fortzusetzen.

Sie haben eine Lebenszeit damit verbracht, die wundervolle metaphysische Kraft zur Erlangung von Ruhm, Glück, Macht, materiellen Besitztümern und körperlicher Befriedigung einzusetzen; nun ist es an der Zeit, zu erkennen, daß diese Dinge nicht das ganze Leben sind. Es gibt noch eine weitere Lebensdimension, die geistige Bewußtseinsebene, auf der Sie das Endziel finden müssen – kosmische Erfüllung.

Des Menschen Seelenforschung durch Zeit und Raum gilt den köstlichen Hyazinthen des Daseins: der Schönheit, dem Frieden, der Liebe und der Freude; die das Leben zu einem Festzug strahlender Lieblichkeit gestalten.

Sie besitzen nun alles metaphysische Wissen, das Sie brauchen, um alles zu bekommen, was das Leben zu bieten hat und das menschliche Verlangen nach Besitz und materiellen Dingen befriedigen kann. Erkennen Sie nun, was Ihre Seele zu ihrer kosmischen Erfüllung in Wahrheit sucht. Im alten Sanskrit heißt es „Darshan" – die höchste Erfüllung.

Die Seele befindet sich auf einer mystischen Reise durch Raum und Zeit, und in ihrem Forschen nach Gott lernte sie viele Freuden und viele Versuchungen kennen. Am Ende trägt jede Lebenserfahrung zur

Gesamtsumme Ihrer geistigen Entfaltung bei, so wie eine Lotosblume sich Blatt um Blatt entfaltet, bis sie ihre innerste, verborgenste Schönheit enthüllt.

In ähnlicher Weise ist auch Ihre Seele vielfältig schillernd und enthüllt ihren verborgenen Glanz, wenn Sie den Herausforderungen des Lebens mutig entgegentreten und die irdischen Gegenkräfte überwinden.

„Wer die Krone anstrebt, muß erst das Kreuz tragen."

Was ist kosmische Erfüllung?

Kosmische Erfüllung können Sie überall erlangen, während Sie auf Erden sind. Es ist keine zukünftige Herrlichkeit, die Sie nach dem Tod erben werden. Wenn Sie hier auf unserer Erde nach den kosmischen Gesetzen leben und handeln, können Sie ganz sicher sein, daß Sie nach Ihrem irdischen Leben auch an jedem zukünftigen Himmel teilhaben werden, der existiert.

Kosmische Erfüllung erfahren Sie in dem Augenblick, in dem Sie erkennen, daß Sie zu mehr geschaffen wurden als zu heiraten, eine Familie zu gründen, Geld zu verdienen und schließlich zu sterben und alles Erreichte und Erworbene hinter sich zu lassen.

Was ist dieses „mehr", jener höhere Sinn, jenes letzte Ziel, das der Mensch zu erlangen strebt?

Es ist der uns angeborene Wunsch, glücklich zu sein und dieses Glück mit jedem Menschen zu teilen, der uns begegnet.

Aristoteles erklärte, Glück ist die Gesamtsumme der menschlichen Existenz und somit nicht als persönliche Erfahrung eines einzelnen zu sehen, dem persönliche Freude zuteil wird.

Ein anderer bedeutender Lehrer hat gesagt, daß man einen Menschen glücklich preisen kann, wenn er die guten Dinge des Lebens besitzt; die Dinge, die uns Befriedigung und ein Gefühl der Vollendung und Erfüllung geben. Ob ein Mensch wahrhaft glücklich ist, läßt sich einzig daran erkennen, daß er keinerlei Verlangen nach materiellem oder leiblichem Besitz verspürt. Das betrifft auch alle jene tiefsitzenden Triebe, die den Menschen heimsuchen und frustrieren. Dazu gehören öffentliche Anerkennung, Freundschaften, Liebeserfüllung und Arbeitsfreude. Diese oft unerfüllten Wünsche können den Menschen deprimieren und ihm das Gefühl geben, daß das Leben nicht lebenswert ist.

Materieller Besitz allein bringt keine Freude. Dinge wie Häuser, Landbesitz, Autos, Schmuck und wertvolle Möbel gelten in der modernen Gesellschaft als Statussymbole, die beweisen, daß der Eigentümer eine gewisse finanzielle und gesellschaftliche Position erreicht hat.

Diese Dinge sind an sich gut, und die metaphysischen Gesetze, die Sie in unserem Studium gelernt haben, können Ihnen alle diese materiellen Besitztümer einbringen. Jedoch auf der Suche nach kosmischer Erfüllung – dem endlichen Ziel des Lebens – sollten Sie sich darüber klar sein, daß es andere, immaterielle Werte im Leben gibt, die beglücken. Diese Werte lassen sich nicht nach Mark und Pfennig schätzen, doch sie bringen uns Glück auf der Ebene unserer Gefühle. Dieses Glück resultiert aus guter Gesundheit, aufrichtiger Freundschaft, gesellschaftlicher Anerkennung, seelischem Frieden und einem reinen Gewissen.

Wie wenige Millionäre können diese Form des Glücks für sich beanspruchen!

Kosmische Erfüllung können Sie selbst dann erfahren, wenn Sie weder über ein Vermögen verfügen, noch auch nur ein einziges der Ziele erreicht haben, die Sie sich für Ihr Leben gesetzt hatten.

Kosmische Erfüllung hat etwas mit bestimmten geistigen und seelischen Eigenschaften zu tun, die das tiefste und beständigste Glück einbringen können, das der Mensch kennt. Es sind die kosmischen Eigenschaften Mitleid, Verständnis, Vergebung, Rechtschaffenheit, Ehrlichkeit, Güte, Großherzigkeit und hohe Moral.

Kosmische Erfüllung läßt sich auch durch intellektuelle und seelische Bereicherung erlangen. Intellektuelles Glück erwächst aus Wissen und Weisheit, aus der Freude an guter Musik, wertvoller Literatur und echter Kunst. Es kann auch durch ideellen Gedankenaustausch in geistvoller Konversation vermittelt werden.

Geld allein macht nicht glücklich

Ohne kosmische Erfüllung wird auf dieser Erde selten wahres Glück gefunden. Bei zwölf Toto-Gewinnern, die ich interviewt habe und die über tausend Dollar gewonnen hatten, fand ich, daß neun von ihnen inzwischen alles verloren hatten und ärmer waren als zuvor. Nur drei von den zwölf kamen mit einem gewissen Glück zu einer bescheidenen finanziellen Sicherheit. Diese drei Gewinner waren über 60 Jahre alt.

Geld allein macht nicht glücklich. Von allen Multimillionären, die vor der großen Inflation der dreißiger Jahre lebten und die Börsen der Welt beherrschten, machte ein Großteil entweder Bankrott, starb im Gefängnis oder fand sich auf Lebenszeit entehrt und verarmt.

Geld ist wichtig für die leiblichen und materiellen Annehmlichkeiten, die der Mensch benötigt, aber lassen sie sich deshalb nicht vom Glanz des Goldes blind machen für die kosmischen Realitäten, die das wahre Gold des metaphysischen Geistes sind.

Schema für kosmische Erfüllung

1.   Ein schöpferischer Geist, der damit beschäftigt ist, zum Guten anderer zu schaffen, ist ein glücklicher und zufriedener Geist. Alle jene kosmisch erleuchteten Seelen der Vergangenheit, die ihre Musik, Poesie, Kunst und Literatur den Menschen zur Freude geschaffen haben, waren glücklich und fanden ihre letzte Erfüllung darin, ihre schöpferischen Werke der Menschheit zu hinterlassen. Halten Sie Ihren Geist damit beschäftigt, Gutes für andere zu schaffen. Fragen Sie sich jeden Tag, was Sie tun können, um andere zu beglücken und ihr Leben angenehmer zu machen. Dazu braucht es kein Geld, sondern nur ein wenig Zeit und Mühe.

2.   Um glücklich zu werden, müssen sie Glück verdienen. Kosmische Erleuchtung wird dem Menschen zuteil, wenn er mehr an andere denkt als an sich selbst. Der Eigensüchtige, der nur an sich denkt, erreicht selten kosmische Erleuchtung oder wahres Glück.

3. Zur Erlangung kosmischen Bewußtseins und kosmischer Erfüllung machen Sie es sich zum Prinzip, die kosmischen und geistigen
Eigenschaften täglich zu üben. Diese sind: Güte, Ehrlichkeit, Liebe,
Vergebung, Gerechtigkeit, Wahrheit, Mildtätigkeit, Mitgefühl, Redlichkeit.

4. Die häufigsten Ursachen von Elend und Enttäuschung im Leben
sollten studiert und verstanden werden. Im Streben nach Überwindung der Schwerkraft irdischer Probleme und durch Erhebung in das
Reich kosmischer Erleuchtung überwinden Sie metaphysisch einige
jener negativen Kräfte, die dazu tendieren, den Menschen erdgebun-
den zu halten.

A. Enttäuschung in Liebe und Ehe.
B. Verlust geliebter Menschen durch Tod.
C. Armut.
D. Krankheit.
E. Unfälle und anderes Mißgeschick.
F. Unfähigkeit, gesellschaftlich akzeptiert zu werden.
G. Versagen im Beruf.
H. Minderwertigkeitsgefühl im Selbstausdruck.
I. Einsamkeit und Mangel an Freunden.
J. Ängste und Phobien, einschließlich der Angst vor Alter, Krank-
heit und Verunstaltung.
K. Gefühlsmäßige Unsicherheit.
L.u Unwissenheit und Aberglaube.
M. Maßlosigkeit im Trinken und anderen Gewohnheiten.
N. Negative Gefühle wie Haß, Rache, Habsucht, Neid, Angst,
Sorge, Eifersucht und Bosheit.
O. Verletzen der mentalen, moralischen, ethischen, sozialen, kör-
perlichen und geistigen Gesetze des Universums. Das schließt die
Goldene Regel und die zehn Gebote ein.

5. Schauen Sie sich jetzt um und sehen Sie, wieviele Dinge Sie in
Ihrem Leben finden können, um sich darüber zu freuen.
„Ein Mann jammerte, weil er keine Schuhe hatte, bis er einen Mann
sah, der keine Füße hatte."

6. Fügen Sie allem, was Sie im Leben tun, das geistige Plus hinzu. Zum Beispiel, Ihre Ehepartnerin ärgert Sie durch Nörgeln oder eine andere irritierende Gewohnheit. Fügen Sie das geistige Plus hinzu und neutralisieren Sie die Eigenschaft, indem Sie in Ihrer Frau die Güte, die Rücksicht sehen und die gute Hausfrau, die sie ist. Auf diese Weise wird Ihr geistiges Plus das Minus des Nörgelns aufwiegen. Dasselbe können Sie mit Ihrer Arbeit, Ihrem Chef und Ihren Freunden tun: immer das geistige Plus zufügen, das die ärgerliche Eigenschaft auflöst.

7. Entwickeln Sie Ihren Geist, damit Sie Klugheit regieren lassen können anstatt Gefühl. Kosmische Erleuchtung kommt, wenn wir jeden Aspekt des menschlichen Geistes entwickelt haben. Untersuchen Sie alle Wissenszweige, Psychologie, Philosophie, Literatur, Musik, Kunst, Wissenschaft und Sozialwissenschaften; denn wenn Sie Ihren Geist mehr und mehr entwickeln, werden Sie den Zustand erreichen, den man als kosmische Erleuchtung bezeichnet.

8. Prägen Sie Ihrem Bewußtsein einige der großen geistigen Gebote und Prinzipien ein, die von den erhabenen Lehrern der Vergangenheit verkündet wurden. Von Moses haben wir die Zehn Gebote. Sie sind moralische Richtlinien, nach denen die Gesellschaft lebt. Lernen Sie sie, und leben Sie nach ihnen. Sie werden Ihnen gößere kosmische Erleuchtung geben. Ebenso die Goldene Regel und die Seligpreisungen Jesu aus der Bergpredigt. Letztere sollten auswendig gelernt werden, denn sie erklären kosmische Prinzipien, die Ihren Geist erhellen und Ihnen kosmische Erleuchtung bringen werden.

Um dieselbe Form kosmischer Erleuchtung wie einige unserer großen Genies der Geschichte zu erlangen, gehen Sie in die Bibliothek und studieren Sie ihr Leben und ihre Werke.„Um ein Held zu sein, denke wie ein Held," sagte Voltaire. Wenn Sie sich nach den großen Gedanken der erleuchtetsten Männer der Geschichte ausrichten, können sie nicht anders, als kosmisch erleuchtet zu werden.

Einige dieser Großen der Geschichte sind: Michelangelo, Leonardo da Vinci, Shakespeare, Shelley, Keats, Byron, Galilei, Columbus, Marco Polo, Sokrates, Plato, Aristoteles, Pasteur, Edison, Burbank, Einstein, George Washington Carver, Lincoln, Marconi, Washington und viele andere, die zum Wissen und Fortschritt der Welt beigetragen haben. Dieses Verfahren kann ausgedehnt werden auf Kunst, Literatur, Musik, Politik, Industrie und Forschung.

9. Studieren Sie auch einige der großen Weltreligionen einschließlich der metaphysischen Lehren des Orients. Von den großen Propheten der Vergangenheit können Sie viele erleuchtende Wege lernen, die Ihnen den wahren mystischen Sinn des Lebens enthüllen werden.

10. Lassen Sie sich niemals so intensiv von einem Gefühl beeindrucken, daß Sie für immer seelische Narben behalten. Der Frieden und die Heiterkeit der Seele können nur bewahrt bleiben, wenn Sie aufhören, auf jede Enttäuschung und jedes Versagen mit emotioneller Heftigkeit zu reagieren, die dauernde Narben auf Ihrer Seele hinterläßt. Manche Menschen kommen nie über eine zerbrochene Liebe oder den Verlust eines Angehörigen hinweg. Das ist eine falsche Einstellung, die uns abhält, an den fröhlichen und erleuchtenden Erfahrungen teilzunehmen, die noch vor uns liegen. Trauer ist natürlich, wenn man einen lieben Menschen verliert, aber sie sollte nicht so tief ins Bewußtsein eingegraben werden, daß sie uns aller zukünftigen Freuden beraubt.

11. Erkennen Sie, daß alle Dinge vergänglich sind, auch das Leben. Versuchen Sie nie, an einem Menschen, einem Gefühl oder einem Gegenstand für immer festzuhalten. Diese intensive Besitzgier macht viele Menschen für ihr ganzes Leben elend. Seien Sie bereit, jede einzelne Erfahrung, die das Leben Ihnen gibt, zu genießen, aber seien Sie auch ebenso bereit, sie loszulassen, wenn das Gesetz der Zyklen seinen Lauf vollendet hat und sie Ihnen nimmt. Statt daran zu denken, was Sie verloren haben, denken Sie lieber an die Jahre der Freude, die sie bekommen haben.

12. Schaffen Sie sich Ihren eigenen geistigen Garten, in den andere kommen, um Ihr einfaches Leben mit Ihnen zu teilen, statt in der äußeren Welt der wechselnden und sich beständig umschichtenden Werte ihr Glück zu suchen. Häufig führt ein rastloses Suchen nach Vergnügungen zu Elend und Ernüchterung. Menschen, die beständig in Nachtklubs und Vergnügungsstätten rennen und nach immer mehr geistigen Getränken und anderen Anregungsmitteln verlangen, verfallen bald einer stumpfsinnigen Routine, die ihnen bald den seelischen

Frieden und häufig auch ihre geistige und körperliche Gesundheit nimmt.

13. Leben Sie in der Gegenwart, anstatt Ihr wirkliches Leben aufzuschieben und auf irgend etwas zu warten, das ohne eigene Initiative niemals kommt. Wie oft warten die Menschen viel zu lange, bis sie anfangen zu leben! Das ist die Tragödie der modernen Zeit. Ein lateinisches Sprichwort sagt: „Dum vivimus, vivamus." Laßt uns leben, während wir noch leben.

14. Genießen Sie die Schönheit der Natur und den Wechsel der Jahreszeiten. Fühlen Sie sich im Einklang mit dem Kosmos, während Sie Gottes herrliches Universum schauen und spüren. Nur wenn Sie mit Ihrer Welt im Einklang sind, können sie in Harmonie mit dem Ewigen sein. Kosmische Erleuchtung blüht auf, wenn Ihre Sinne voll erwacht und Sie für die Herrlichkeit der Natur aufgeschlossen sind; die Schönheit des Frühlings, das Wunder des Sommers, die herbstliche Ernte und der friedvolle winterliche Schnee.

Wie Emerson sagte:

Wenn Schwierigkeiten und Belastungen überhandnehmen, machen Sie es sich zum Prinzip, in die Natur zu gehen. Wandern Sie durch einen Wald und genießen Sie die Schönheit, die Gott so verschwenderisch über seine Erde ausgebreitet hat. Stehen Sie am Meer und betrachten Sie den Horizont, fühlen Sie die Majestät und das Mysterium Gottes in seiner Schöpfung. Wenden Sie bei Sonnenuntergang Ihr Gesicht dem westlichen Himmel zu und lassen Sie sich von dem leuchtenden Rot und Gold mit Wärme und Freude durchfluten.

Sonne, sanfte Luft, Felder, die sich wiegen im Wind, Vogelstimmen aus den Wipfeln der Bäume und Regen, der sich herabstürzt ins Meer; das Schauspiel dieser lebendigen Wunder vermag Herz und Sinn des Menschen zu klären, wenn er von den Problemen des Lebens belastet ist. Machen Sie es sich zur Gewohnheit, immer wieder einmal der Natur einen Besuch abzustatten und sich von Gottes wunderbaren kosmischen Kräften der Schönheit und Güte heilen und wiederherstellen zu lassen.

15. Erheben Sie jeden Abend vor dem Schlafengehen Ihr Herz und Ihre Seele im Gebet. Die geistige Erhebung in gläubigem Beten kann

zu einem heilenden Balsam für jede Schwierigkeit im Leben werden. Das Gebet bringt den Menschen in kosmische Harmonie mit Gott, der Quelle allen Lebens und aller Macht.

Die Bibel gibt uns ein gutes Rezept zur Erlangung kosmischer Erfüllung.

Zusammenfassung

1. Kosmische Erfüllung, das letzte Ziel.
2. Was ist kosmische Erfüllung?
3. Geld allein macht nicht glücklich.
4. Wie man kosmische Erfüllung erreicht.
5. Die häufigsten Ursachen des Elends.
6. Die großen Religionen der Welt.
7. Schaffen Sie sich geistige Werte.
8. Das biblische Rezept für kosmische Erfüllung.

UNSERE BESTEN ERFOLGSBÜCHER

mit Goldprägung und cellophaniertem, farbigem Schutzumschlag

Anthony Norvell   **SEI ERFOLGREICH UND WOHLHABEND**

Dieses Buch zeigt Ihnen, wie Sie ein „Erfolgsmagnet" werden können, wie Sie dem kosmischen Überfluß befehlen, in Ihr Leben zu strömen, wie Sie ein magnetisches Glücksrad für sich erschaffen und Erfolg und Reichtum unwiderstehlich zu sich heranziehen, u. v. a. m. 256 Seiten.

Dr. Joseph Murphy   **MEHR GLÜCK UND ERFOLG DURCH DIE RICHTIGE ANWENDUNG DER GEISTIGEN GESETZE**

Dieses Buch zeigt Ihnen, wie wichtig es ist, die geistigen Gesetze im Leben zu beachten und danach zu handeln. Denn diese Gesetze sind ebenso gültig wie die aus Mathematik und Physik. Dieses Buch bietet eine Vielzahl von Suggestionshilfen und Techniken, die von jedermann anwendbar sind, um unser Leben bewußt durch konstruktives Denken positiv zu verändern. 255 Seiten.

**ASW
IHRE AUSSERSINNLICHE KRAFT**

Jeder Mensch besitzt übersinnliche Kräfte und kann diese Tatsache jederzeit an sich erfahren. Sie können ohne Schwierigkeiten lernen, diese außerordentlichen Kräfte, wie Hellsichtigkeit, Telepathie, Präkognition und Retrokognition im täglichen Leben sinnvoll einzusetzen und das mit Ergebnissen, die Sie nicht für möglich gehalten haben. 244 Seiten.

**TELE-PSI
DIE MACHT IHRER GEDANKEN**

TELE-PSI ist eine einfache, praktische, logische und wissenschaftliche Methode, durch deren Anwendung Sie Ihre sehnlichsten Wünsche erfüllen können. Dr. Murphy stellt hier ganz entschieden und unmißverständlich fest: wenn Sie den Instruktionen des Buches folgen, werden Wunder in Ihrem Leben geschehen. 256 Seiten.

**DAS SUPERBEWUSSTSEIN
WIE SIE UNMÖGLICHES MÖGLICH MACHEN**

Jeder Mensch kann sich erheben, wachsen und sich entfalten, unabhängig von Geburt und Herkunft, wenn er es versteht, das SUPERBEWUSSTSEIN im Innern zu berühren. Ihre Aktionen gehen vom wachbewußten Verstand aus, Ihre Reaktionen sind Sache des Superbewußtseins. 252 Seiten.

**GROSSE BIBELWAHRHEITEN
FÜR EIN PERFEKTES LEBEN**

Der weltberühmte Autor hat eine Vielzahl von interessanten Bibelstellen auf ihre wahre, innere Bedeutung hin untersucht. Seine Interpretationen und Erkenntnisse weichen absolut von der „Buchstäblichkeit" der Gleichnisse und Allegorien ab. Er zeigt Ihnen, daß diese Bibelwahrheiten der Schlüssel für ein perfektes Leben in Glück und Freiheit sind. 242 Seiten.

MEDITATIONEN I + II

Diese Meditationen sind Musterprogrammierungen, die schon Zigtausenden von Menschen geholfen haben ihr Leben zu ihren Gunsten zu verändern. Sie sind absolut gezielt und sicher anwendbar. 54 Seiten, 70 Seiten.

UNSERE BESTEN ERFOLGSBÜCHER

mit Goldprägung und cellophaniertem, farbigem Schutzumschlag

Catherine Ponder **DIE DYNAMISCHEN GESETZE DES REICHTUMS**

Sie können durch DIE DYNAMISCHEN GESETZE DES REICHTUMS einen goldenen Strom von Reichtümern in Ihr Leben leiten. Dieses Buch enthüllt Ihnen, wie bestimmte geistige Einstellungen in Ihrem Leben Wohlstand hervorrufen, warum die stärkste Kraft der Welt zu Ihren Gunsten wirkt und wie man die geheimen ,,Gesetze für Wohlbefinden" zur Erlangung des eigenen Glücks anwendet. 349 Seiten.

DIE HEILUNGSGEHEIMNISSE DER JAHRHUNDERTE

Die Heilungsgeheimnisse der Jahrhunderte bestehen darin, daß jeder Mensch zwölf dynamische Geistekräfte besitzt, die in zwölf beherrschenden Nervenzentren im Gehirn und mitten im Körper liegen. Das Buch zeigt ihnen weiterhin, wie dieses Wissen angewendet werden muß, um jedes Leiden ihres Körpers zu heilen. 282 Seiten.

DAS WOHLSTANDSGEHEIMNIS ALLER ZEITEN

Sie können alles haben, sobald Sie das Wohlstandsgeheimnis aller Zeiten kennen- und anzuwenden gelernt haben. Dieses Buch zeigt Ihnen Seite für Seite, was es mit diesem verblüffenden Geheimnis auf sich hat, wie es angewendet wird und wie es den Weg in Ihr Leben finden kann. 265 Seiten.

BETE UND WERDE REICH

Dieses Buch möchte Sie mit vielen faszinierenden Arten bekanntmachen, auf die man beten kann: durch Entspannung, Verneinung, Bejahung, Konzentration, Meditation, in der Stille, durch Erkenntnis, durch Danksagung. Sie werden sehen, es gibt für jede Lebenslage einen Weg, zu beten – der zu Stimmung und Umständen paßt – eine Methode, die unweigerlich funktioniert! Auf keine bessere Weise können Sie sich die Lebensqualität sichern, die Sie sich so sehnlich wünschen. 272 Seiten.

Dr. Emmet Fox **MACHT DURCH POSITIVES DENKEN**

Dieses Buch gehört zu den Klassikern, die konstruktives Denken lehren. Es lehrt Sie die Prinzipien für einen erfolgreichen Lebensaufbau und es verweist auf die einzig mögliche Methode, um Furcht, die Ursache und Wurzel allen Versagen ist, zu überwinden. 256 Seiten.

Dr. Donald Curtis **DIE MAGISCHEN KRÄFTE DEINES UNTERBEWUSSTSEINS**

Der Autor zeigt hier auf, wie Sie das destruktive, negative Denkmuster aus Ihrem Bewußtsein entfernen. Sie lernen, wie Sie die fünf schwierigkeitsverursachenden Gemütshaltungen eliminieren und durch andere glückbringende Einstellungen ersetzten. 287 Seiten.

Dr. Jack Addington **VOLLKOMMENE GESUNDHEIT AN KÖRPER GEIST UND SEELE**

Warum ist Heilung so wichtig? Irgendwann braucht jeder Heilung. Niemand ist völlig immun gegen Krankheit oder Verwundungen. Warum werden einige Leute rasch gesund, während andere unheilbar zu sein scheinen? Gibt es Spontanheilung? Geschehen heutzutage noch Wunder? Dieses Buch zeigt uns, daß heute tatsächlich Wunder geschehen und daß sie alle einen gemeinsamen Nenner aufweisen. Jeder der diesen gemeinsamen Nenner anzuwenden versteht, hat das Geheimnis der vollkommenen Gesundheit entdeckt. 206 Seiten.